SCHLÖSSER UND LUFTSCHLÖSSER

Zu diesem Buch:

Der Autor hat sich die Aufgabe gestellt, das in seiner Familie in großer Zahl erhalten gebliebene Schriftgut aus dem 19. Jahrhundert, Briefe, Memoiren, Zeitungsausschnitte und andere Dokumente, zu sichten und digital zu speichern.

Dass daraus dieses Buch entstand, verdankt der Autor der Ermunterung und Unterstützung durch den Musikwissenschaftler Theophil Antonicek, mit dem er freundschaftlich verbunden war. Sein unerwarteter Tod hat die Fertigstellung und Veröffentlichung verzögert.

Das Buch erhebt keinen wissenschaftlichen Anspruch, es gibt die verschiedenen Quellen unverändert und meist unkommentiert wieder.

Vor dem Auge des Lesers entstehen so einige Lebensbilder einer bürgerlichen Familie im 19. Jahrhundert, er erfährt aber auch manches unbekannte oder vergessene Detail aus dem Wiener Musikleben in den zwei Jahrzehnten vor 1900.

ERICH HERMANN

SCHLÖSSER UND LUFTSCHLÖSSER

LEBENSBILDER EINER BÜRGERLICHEN FAMILIE IM 19. JAHRHUNDERT

Bibliografische Information der Deutschen Nationalbibliothek:

Die Deutsche Nationalbibliothek verzeichnet diese Publikation in der
Deutschen Nationalbibliografie; detaillierte bibliografische Daten sind
im Internet über www.dnb.de abrufbar.

Umschlaggestaltung und Layout: Erich Hermann

Umschlagbild: Schloss Orlik nad Vltavou, ©Erich Hermann

Herstellung und Verlag: BoD – Books on Demand, Norderstedt

ISBN: 9783751904698

*Wirkliche Schlösser spielen in dieser
Familiengeschichte nur Nebenrollen.
Luftschlösser gab es häufiger.*

*Schlösser und Luftschlösser,
damit meine ich
alle Wechselfälle des Lebens:
Gelingen und Scheitern,
Erfolg und Misserfolg,
Glücksfälle und Katastrophen,
Gaben des Schicksals, mit denen die
handelnden Personen dieses Buchs
in reichem Maß bedacht wurden.*

INHALT

6

I. VORMÄRZ: ENTTÄUSCHTE ERWARTUNGEN

Friedrich von der Decken

Vorgeschichte: Schloss Worlik

In den vier Generationen, von denen hier die Rede sein wird, hat keiner meiner Vorfahren Grund und Boden oder gar ein Schloss besessen. Als mein Urgroßvater Alois Hermann, der wiederholt ausgezeichnete Ministerialbeamte, statt einer finanziellen Abgeltung eine neue Ehrung erhalten sollte und gefragt wurde, ob er Baron werden wolle, soll er geantwortet haben: „Wenn man mir ein dazu passendes Schloss schenkt …"

Abbildung 1: Schloss Worlik, historische Ansicht

Dennoch soll meine Geschichte auf einem böhmischen Schloss beginnen. Es hieß am Anfang des 19. Jahrhunderts Worlik, „der Adler", gehörte dem Fürsten Schwarzenberg und stand inmitten eines riesigen Waldgebietes auf einem Felsen 60 Meter hoch über der Moldau. Heute heißt das Schloss Orlik und steht auf demselben Platz, sieht aber aus wie ein Wasserschloss, denn nur wenige Meter unterhalb befindet sich der Wasserspiegel des riesigen Moldau-Stausees, der in den Fünfzigerjahren des vorigen Jahrhunderts angestaut wurde.

Anfang des 19. Jahrhunderts war es zu einer Teilung des riesigen Vermögens der Familie Schwarzenberg gekommen. Karl I., der spätere Sieger in der Völkerschlacht von Leipzig, erhielt als Begründer der Sekundogenitur den wesentlich kleineren Teil der Besitzungen. Er wählte zu seinem Stammsitz das Schloss Orlik und beschloss es um- und auszubauen. Während der Umbauarbeiten brannte 1802 das Schlossgebäude ab.

Dieser Brand führte zu einer Verzögerung und Änderung der ursprünglichen Pläne. Im Zuge des nunmehrigen Wiederaufbaus wurde das Schloss im klassizistischen Stil wesentlich verändert, vor allem wurde ein drittes Stockwerk aufgesetzt.

Alle diese Ereignisse um die Schaffung eines repräsentativen Sitzes für die neu entstandene zweite Linie der Familie Schwarzenberg dürften der Anlass gewesen sein, der einen meiner Vorfahren, den 1772 geborenen Bauingenieur Franz Josef Ludwig Hüttenbacher, nach Orlik führte. Hüttenbacher stammte aus Wien. Sein Vater, ein Doktor der Medizin und Philosophie, war aus Passau nach Wien zugezogen, hatte hier 1770 die Tochter eines Advokaten geheiratet und war noch vor der Geburt seines Sohnes im Alter von 30 Jahren gestorben.

Über Franz Hüttenbachers Kindheit und Jugend in Wien geben die vorhandenen Quellen keine Auskunft. Obwohl er Halbwaise war, erlangte er aber offenbar eine solide technische Ausbildung. Denn in Orlik wird er einmal als „fürstlicher Bauingenieur", ein anderes Mal als „fürstlicher Bauverwalter" bezeichnet. Welche konkreten dienstlichen Aufgaben ihm übertragen waren, ist nicht bekannt.

1804 heiratete Hüttenbacher in der Pfarrkirche der Wiener Vorstadt Schottenfeld Anna Maria Halirsch, die Tochter eines aus Brünn zugezogenen „bürgerlichen Chirurgen". Zwischen den Familien Halirsch und Hüttenbacher kam es so zu einer doppelten Verbindung: Ein Bruder von Anna Maria Halirsch, der Wiener Advokat Thomas Halirsch, hatte bereits drei Jahre zuvor die Schwester des Franz Hüttenbacher, Antonia Hüttenbacher, geheiratet. Dieser beider Sohn (Friedrich) Ludwig Halirsch, also ein Neffe von Franz Hüttenbacher und Anna Maria

Halirsch, erreichte als Dichter eine gewisse Bekanntheit. Er wurde Beamter des Hofkriegsrates und starb in jungen Jahren in Verona.[1]

Bereits in Orlik kam am 21.8.1813, knapp zwei Monate vor der Völkerschlacht von Leipzig, Johanna Hüttenbacher zur Welt, die mütterliche Großmutter von Albert, Johanna und Tona Hermann. Weitere Kinder gingen aus der Ehe des Franz Hüttenbacher mit Anna Maria Halirsch nicht hervor.

Abbildung 2: Johanna Hüttenbacher

Ihre Kindheit und Jugend verbrachte Johanna Hüttenbacher in Orlik. Trotz der ländlichen Abgeschiedenheit standen offenbar sehr gute Lehrer zur Verfügung. Ihre Briefe zeigen hohes sprachliches Niveau, eine makellose Rechtschreibung und eine umfassende Allgemeinbildung.

Einen Höhepunkt ihrer Jugendzeit bildete ein Besuch in der Residenzstadt Wien. Wahrscheinlich hatte ihr Vater hier einen dienstlichen Auftrag zu erfüllen und benützte die Gelegenheit, seine heranwachsende Tochter ihrem Onkel Thomas Halirsch zu präsentieren; ihn schloss sie ins Herz. Noch viele Jahre später spricht sie von ihm in den Briefen an ihren Mann als von einem besonders lieben, verehrungswürdigen väterlichen Freund.

Von den Sehenswürdigkeiten Wiens berichtet Johanna nicht viel: der Augarten und der Schwarzenberg-Garten haben ihr besonders gefallen.

Die Hofhaltung der Familie Schwarzenberg in Orlik dürfen wir uns nicht allzu glanzvoll vorstellen. Die Orliker Linie war bei weitem nicht so begütert wie die Primogenitur und Anfang des 19. Jahrhunderts, als

---

[1] *Johann Gabriel Seidl, Ludwig Halirsch's literarischer Nachlaß, Gerold, 1840*

Franz Hüttenbacher seinen Dienst antrat, war nicht nur das Schloss
selbst sondern wohl auch die gesamte Infrastruktur mit Nebengebäuden
und sonstigen notwendigen Einrichtungen erst aufzubauen, denn bevor
Karl I. den Entschluss fasste hier seinen Fürstensitz einzurichten, war
Orlik ein eher bescheidenes Verwaltungszentrum für die umliegenden
Forstreviere gewesen.

Karl I. war zudem nur selten im Schloss anwesend. Die napoleonischen
Kriege und seine Tätigkeit als Botschafter zuerst in Russland, danach
in Frankreich führten ihn immer wieder außer Landes. Die Botschafter-
posten in St.Petersburg und Paris waren die teuersten im damaligen
Europa. Die Leipziger Völkerschlacht brachte dem Schlossherrn von
Orlik zwar viel Ruhm aber auch große finanzielle Probleme. Karl I. war
gezwungen gewesen, die Kosten des Hauptquartiers vorzufinanzieren,
erhielt aber nur vom russischen Zaren etwa ein Drittel seiner Aufwendungen ersetzt, während vom österreichischen Kaiser Franz I., der
zweimal Staatsbankrott gemacht hatte, keine Zahlung zu erreichen war.
Diese Schuldenlast wirkte jahrzehntelang nach, und so waren nie genug
Mittel vorhanden, um die Räume des Schlosses mit der Pracht auszu-
statten, wie sie in anderen Schlössern der Zeit üblich war.[2]

Nach dem Tod Karls I. übernahm sein Sohn Karl II. Schwarzenberg im
Jahr 1820 die Herrschaft. Er konnte sich mehr als sein Vater um den
Besitz kümmern und widmete sich der Aufgabe, die wirtschaftliche
Lage zu konsolidieren und zu diesem Zweck die Bewirtschaftung der
großen Ländereien, vor allem des Waldbesitzes, nach modernen
Grundsätzen zu verbessern. Dafür brauchte er Fachleute. Der geeignete
Mann dafür war ein junger Absolvent der Forstwissenschaft an der Uni-
versität Giessen, der aus Westfalen stammende Friedrich von der
Decken zu Himmelreich.

---

[2] *Johannes Jetschgo: Schlösser in Böhmen, Reisereportagen und Familiengeschichten*
Linz, Landesverlag, 1996

Friedrich von der Decken

Abbildung 3: Friedrich von der Decken

Friedrich von der Decken kam am 19.6.1803 zur Welt, als Geburtsort wird meist Halle in Westfalen angegeben. Die Familie von der Decken war ein weit verzweigtes deutsches Adelsgeschlecht, dessen Anfänge ins 13. Jahrhundert zurückreichen. Ursprünglich im Gebiet des Bistums Bremen ansässig finden wir sie in den folgenden Generationen in mehreren Gegenden Deutschlands, so etwa auch in Westfalen. Der Zusatz „zu Himmelreich", den Friedrich führte, bezieht sich auf den Stammsitz des Familienzweigs, dem er entstammte. Himmelreich ist der Name eines Guts in Minden in Westfalen.[3]

Friedrichs Vater, Friedrich Anton Raban Wilhelm von der Decken, war königlich preußischer Rittmeister und Landrat und – ich erwähne es, weil es im speziellen Fall von Bedeutung ist – Katholik. Den größten Teil seines Lebens verbrachte er auf dem Deckenschen Besitz Kuhhof am westlichen Rand des Teutoburger Waldes in der Nähe von Halle. Hier war er geboren und hier kamen auch die meisten seiner neun Kinder zur Welt. In erster Ehe war er mit Ernestine Rust, der Tochter des Taglöhners Johann Heinrich Rust, verheiratet. Friedrich, ihr Erstgeborener, war zum Zeitpunkt der Hochzeit schon zweieinhalb Jahre alt. Ihm folgten im Zeitraum von 1806 bis 1819 noch acht Geschwister.

---

[3] *Stammtafeln der Familie von der Decken, S. 185*

Friedrich Anton Raban Wilhelm von der Decken war zunächst drei Jahre als Justizkommissar in Münster und dann im französischen Satellitenstaat „Königreich Westphalen" (1807–1813) als französischer Maire und Notaire public im Kreis Halle tätig. Im November 1813 trat er als Hauptmann im hannoverschen Grenadier-Landwehr Bataillon in den Militärdienst ein. 1818 wurde er (als Nachfolger von Maximilian Franz Xaver Graf von Korff gen. Schmising–Kerssenbrock) zum Landrat des Kreises Halle ernannt und blieb bis 1831 im Amt.

Die Katholiken waren in diesem Teil Westfalens in der Minderheit; die ehemals katholischen Gotteshäuser wurden von Protestanten genutzt. Einige katholisch gebliebene Gutsherren in dieser Gegend um Halle, darunter auch die Familie Korff-Schmising von Schloss Tatenhausen und die Reichsfreiherren von Wendt vom Schloss Holtfeld, kamen daher überein, eine neue Kirche im benachbarten Stockkämpen zu errichten, um sich den weiten Weg in die nächstgelegene katholisch gebliebene Kirche in Borgholzhausen mitten im Teutoburger Wald zu ersparen.

Stockkämpen wird in einer Quelle als Geburtsort Friedrichs angegeben, auch bei einigen seiner Geschwister sind Stockkämpen und Tatenhausen als Geburts- oder Tauforte angeführt. Vater und Mutter fanden schließlich in Stockkämpen ihre letzte Ruhestätte. Dass ein starker Zusammenhalt der katholischen Minderheit bestanden haben dürfte, lässt sich schon aus den bisher geschilderten Umständen schließen. Tatenhausen, Holtfeld, Stockkämpen und Kuhhof liegen voneinander jeweils weniger als 10 Kilometer entfernt.

Seine Kindheit verbrachte Friedrich zunächst im Elternhaus, bis der Krieg gegen Napoleon seinen Vater zu den Waffen rief. Die Frau blieb mit den Kindern allein zurück, „ohne Vermögen, auf ein Einkommen hingewiesen, welches aus einer Pachtung errungen werden musste, die keineswegs brillant war". Diesen Pachtbetrieb musste sie während der jahrelangen Abwesenheit des Vaters auf sich allein gestellt führen.

Friedrichs Leben erfuhr mit der Einberufung seines Vaters zum Kriegs-
dienst eine grundlegende Änderung, die seinen ganzen weiteren Lebensweg entscheidend prägte. Er wurde von seiner Mutter und seinen
Geschwistern getrennt und fand – als einziger von allen Geschwistern –

Abbildung 4: Friedrich Leopold Graf Stolberg

Aufnahme als Pflegesohn in der
Familie des Grafen Friedrich
Leopold Stolberg.

Friedrich Leopold Graf zu
Stolberg-Stolberg, geboren 1750,
zählt zu den herausragenden Persönlichkeiten Deutschlands an
der Wende vom 18. zum 19.Jahr-
hundert. Er studierte in Halle an
der Saale und danach in Göttingen und trat zunächst als Dichter
in Erscheinung. Mit Gleichge-
sinnten gehörte er dem „Hain-
bund" an, einem national-
schwärmerischen Dichterkreis.
Seine glänzende diplomatische
Karriere im Dienste des Herzogs
von Oldenburg fand ihr jähes
Ende, als er 1800 zum katholischen Glauben konvertierte und in die
Gegend von Münster in Westfalen übersiedelte. Hier schloss er sich
dem „Münsterschen Kreis" an, einer kleinen Gruppe von einflussreichen Persönlichkeiten um die Fürstin Gallitzin, die eine innere Erneuerung des Katholizismus zum Ziel hatten.

Stolbergs Abfall vom evangelischen Glauben erregte damals großes
Aufsehen. Nach seiner Übersiedlung nach Münster fand Stolberg zunächst bei der Fürstin Gallitzin Aufnahme, ab 1801 auf dem Gut des
Freundes Adolf von Droste-Vischering in Lütgenbeck, der zum inners-
ten Kern des Münsterschen Kreises gehörte. Von 1812 bis 1816 hielt er
sich in Tatenhausen bei den Korff-Schmising auf, die letzten Jahre bis
zu seinem Tod 1819 in Sondermühlen am Nordrand des Teutoburger
Waldes.

Friedrich Leopold Stolberg war zweimal verheiratet und hatte aus diesen beiden Ehen insgesamt 18 Kinder. Als der elfjährige Friedrich von der Decken 1814 in Tatenhausen bei ihm Aufnahme fand, lebten in seiner großen Familie nicht nur die Kinder aus der zweiten Ehe, sondern zumindest zeitweise auch Enkel aus der ersten Ehe und noch ein weiterer Pflegesohn.

Seine Jugendjahre bei den Stolbergs behielt Friedrich in bester Erinnerung, vor allem den Umgang mit den vielen Kindern der gräflichen Familie, die ihn noch in späteren Jahren wie einen Bruder behandelten. Unter ihnen befand sich auch der um ein Jahr jüngere Friedrich zu Stolberg-Wernigerode, ein Enkel des Pflegevaters, dem für den Lebensweg Friedrichs später eine entscheidende Rolle zukommen sollte[4]. Friedrich blieb bei der Familie Stolberg nach eigenen Angaben fünf Jahre bis 1819. In diesem Jahr starb sein Pflegevater.

Welche Schulen Friedrich besuchte, ist nicht überliefert; ohne Zweifel hatte der Pflegevater für seine Kinder gute Lehrer zur Hand. Die Stationen von Friedrichs beruflichem Werdegang sind dagegen durch verschiedene Dienstzeugnisse gut dokumentiert. Ab Februar 1819, dem Todesjahr Stolbergs, Friedrich war da noch nicht sechzehn Jahre alt, war er beinahe drei Jahre lang im Freiherrlich Drosteschen Forst- und Rentamt in Darfeld beschäftigt, „um sich im Rechnungsfach und vorzüglich im Forstfach zu qualifizieren". Das prächtige barocke Wasserschloss der Freiherren Droste zu Vischering – Anfang des 20. Jahrhunderts erfuhr es nach einem Brand bauliche Veränderungen – liegt etwa 30 km nordwestlich von Münster. An diese Ausbildungszeit – in einem Lebenslauf für den Schwarzenbergischen Dienst spricht Friedrich von einer „Forstlehranstalt", die er bei den Drostes absolviert habe – schloss ab 1823 eine Tätigkeit als Sekretär bei dem Grafen Max von Droste in Münster an, ehe er 1825 eine Stellung als Sekretär und Verwalter bei Wilhelm Freiherr von Mirbach zu Harff antrat und damit erstmals das Gebiet um Münster verließ. Von dem etwa 40 km westlich von Köln im Bergischen Land gelegenen Schloss der Mirbachs ist kein

---

[4] *Eine Tochter von Friedrich Leopold Graf zu Stolberg-Stolberg war mit Ferdinand Graf zu Stolberg-Wernigerode, dem Vater des Friedrich zu Stolberg-Wernigerode, verheiratet.*

Stein erhalten; es wurde 1972 zur Gänze abgerissen, um einem Braun-
kohlen-Tagbau Platz zu machen. Friedrich war dort bis Mitte 1825.

Alle drei Dienstherren stellten ihm hervorragende Zeugnisse aus,
Mirbach hebt besonders seine Kenntnisse im Forstwesen hervor, „welche er durch mehrere zweckmäßige Ausarbeitungen, Begutachtungen
und Einrichtungen zur Verbesserung der Waldkultur" bewiesen habe.

Ende des Jahres 1827 übernahm er für zwei Monate in Wewer im Kreis
Paderborn die Funktion eines Cantons-Verwaltungs-Secretärs und besorgte, wie es im Dienstzeugnis heißt, *„bei der öfteren längeren Abwe-*
senheit und Kränklichkeit des Cantonsbeamten ... die Cantons Verwal-
tungs Geschäfte allein und zwar so," dass der Landrat des Kreises
Paderborn, Maximilian Freiherr von Elverfeldt, *„darüber nicht allein*
seine völlige Zufriedenheit zu erkennen geben konnte, sondern den
Herrn von der Decken zugleich als einen Mann, der eine gute Ge-
schäftsbildung besitzt zu empfehlen sich verpflichtet fühlte".

1828, also eigentlich in einem schon vorgerückten Alter, begann er ein
zweijähriges Studium an der Universität Gießen. Er hörte Vorlesungen
über „Logik" bei Joseph Hillebrand, „Mineralogie" und „Gebirgs-
kunde" bei Friedrich Wernekink, „Mathematik" und „Naturlehre" bei
Georg Gottlieb Schmidt, „Allgemeine Chemie" bei dem gleichaltrigen
(!) Justus (von) Liebig; bei Johann Bernhard Wilbrand, einem Schwager seines Vaters, einem Vertreter der naturphilosophischen Medizin,
hörte er „Naturgeschichte des Tierreichs" und „Kryptogamische
Gewächse" und je zweimal die Vorlesungen über „Botanik" und „Prin-
zipien der Naturphilosophie". Für Friedrichs engeres Fach, die Forstwissenschaft, verfügte die Universität über einen hervorragenden
Mann; Johann Christian Hundeshagen war der Begründer einer wissenschaftlichen Schule, die den Ruhm der kleinen Hochschule Gießen weit
verbreitete. Er baute in seinen Schriften insbesondere das System der
Forstwissenschaft aus und fügte eine Reihe neuer wissenschaftlicher
Aufgaben in die Tagesordnung der Forstwissenschaft ein. Dem Thema
der „Forstabschätzung", der dem Zweck der Waldwirtschaft entsprechenden Regelung des Waldzustandes und des Waldertrags, galt sein
besonderes wissenschaftliches Interesse. Bei Hundeshagen belegte

Friedrich die Vorlesungen über „Physiologie der Gewächse" und „Forstliche Gewerbslehre".

Seine Studien in Giessen schloss Friedrich im Herbst 1829 mit der Erlangung des Absolutoriums ab. Erst 1837 wurde er zum Doktor der Philosophie promoviert. Ob und welche Prüfungen er dazu ablegen musste, und wie er das neben seiner beruflichen Tätigkeit im fernen Orlik bewerkstelligte, ist nicht bekannt. Eine Kopie der Promotionsurkunde ist im Schwarzenberg-Archiv in Třebon erhalten. Offenbar verlangte der Dienstgeber die Vorlage. In den späteren Orliker Dienstzeugnissen wird er als „Doctor der Philosophie im Forst- und Kameralfache" bezeichnet.

Mit dem Hof des Fürsten Schwarzenberg muss Friedrich von der Decken noch während seines Studiums in Verbindung getreten sein. Sein Abgangszeugnis von Gießen ist am 3. November 1829 ausgestellt, bereits Anfang Dezember traf er in Orlik ein, nachdem er *„von der hiesigen fürstlichen Obrigkeit im Jahre 1829 den Ruf in den hiesigen fürstlichen Dienst"*[5] erhalten hatte. Und wieder hatte bei dieser Berufung die gräfliche Familie Stolberg die Hände im Spiel: Das Zeugnis erwähnt ausdrücklich eine Empfehlung des Grafen Leopold Stolberg, der damals k.k. Kreishauptmann zu Chrudim war. Vermutlich handelte es sich dabei um den 1799 (?) geborenen Sohn des „Pflegevaters" Friedrich Leopold Stolberg. Dieser selbst war ja bereits 1819 verstorben.

Die Reise an den neuen Dienstort bedurfte einer längeren Vorbereitung und ging unter dem stets wachsamen Auge der Behörden gemächlich vor sich. Friedrich war königlich preußischer Untertan, Orlik lag in der k.k. österreichischen Monarchie, also im Ausland. Die für seinen Geburtsort Halle in Westfalen zuständige Behörde der Königlich Preußischen Regierung, der Landrat in Minden, stellte am 20. Oktober 1829 einen Reisepass aus, der ihn berechtigte, „von Halle über Gießen,

---

[5] *Dienstzeugnis des Oberamts der Herrschaft Worlik vom 7.10.1841 mit Ergänzung von 31.8.1843*

Regensburg nach Prag und Gegend [!] zu reisen". Aus diesem Dokument lässt sich die Reise ganz genau nachvollziehen.

Am 6. November, also drei Tage nach Ausstellung seines Abgangszeugnisses von der Universität, bestätigte das Polizei Commissariat in Gießen seine Abreise nach Frankfurt. Dort erhielt er am 10. November drei Visa: eines von der Königlich Preußischen Bundestags Gesandtschaft „zur Reise nach Prag über Baiern", ein zweites von der Königlich Bayerischen Gesandtschaft und schließlich ein drittes von der Kais. Österreich.Gesandtschaft zu Darmstadt, Nassau und Frankfurt „zur Reise nach Böhmen und Österreich". Daraufhin überschritt er die Grenze Preußens und erreichte am 12. November das in Bayern gelegene Aschaffenburg. Dort erhielt er vom Kön.Bai.Commissariat den Sichtvermerk zur Weiterfahrt nach Würzburg. Mit dem K.[öniglich] B.[ayerischen] Postwagen kam er am 16. November beim Königl. Bayer. Zollamt Oberneuhaus an und traf noch am selben Tag aus Hof kommend in Asch in Böhmen ein, was das dortige Kommerzialzollamt bestätigte. In Prag hielt er sich einige Tage auf – möglicherweise um den Schwarzenbergischen Zentralstellen seine Aufwartung zu machen. Am 20. November erteilte die k.k.Polizey Direction die Erlaubnis zur Fahrt über Czaslau nach Chrudim. Wahrscheinlich besuchte er hier den Grafen Leopold Stolberg. Am 24. November bestätigte das Chrudimer Kreisamt seine Rückreise nach Prag. Von hier ging es mit dem nochmaligen Segen der Polizey Direction Prag am 30. November endlich weiter nach Orlik.

Das „Signalement" im Reisepaß des Friedrich von der Decken besagt, dass er katholisch, blond und blauäugig war, einen blonden Bart, ein rundes Gesicht und eine gesetzte Statur hatte und fünf Fuß und vier Zoll maß. Nachdem es aber in Deutschland vor der Einführung des metrischen Systems weit mehr als hundert verschiedene Fuß-Maße zwischen 25 und 34 cm gab und auch die Unterteilung in Zoll verschieden war, ist nur gesichert, dass er nicht größer als 1,84 m war. Als besonderes Kennzeichen wird eine Narbe am Daumen der linken Hand angeführt.

Friedrich von der Decken traf also im Spätherbst 1829 in Orlik ein. Nach einigen Monaten der Einführung wurde er, *„da die bedeutenden Forste der Herrschaft Worlik ein größeres Personale im Centrale der*

Forstaufsicht erfordern", mit Wirkung vom 1. März 1830 als „Aktuar beim hiesigen Forstamt mit dem Range als Revierjäger" eingestellt und bereits 1832 zum Vorsteher eines Teilbereichs der Schlossgüter, nämlich des Reviers in Itzkowitz (heute Jickovice), befördert.

Im selben Jahr, am 5. Juni 1832, im Alter von 29 Jahren, heiratete er in der damals zum Schloss Orlik gehörigen Pfarrkirche Stare Sedlo (Altsattel) die um zehn Jahre jüngere Johanna Hüttenbacher. Eine derartige Eheschließung bedurfte der Bewilligung des Fürsten, die dieser gnädig erteilte.

Die jungen Eheleute nahmen ihren ersten gemeinsamen Wohnsitz am Dienstort Friedrichs in Itzkowitz. War schon Orlik nicht von pulsierendem Leben erfüllt, so war das 15 km entfernte Itzkowitz, inmitten von Wäldern gelegen, auf den schlechten Straßen nur mühsam zu erreichen, an Einsamkeit und Bedeutungslosigkeit nicht zu überbieten. Zudem waren die vorhandenen Unterkünfte nicht auf die Bedürfnisse eines jungen Ehepaars abgestimmt. Für die „erste Einrichtung" nahmen Friedrich und Johanna ein Darlehen von 400 Gulden Konventionsmünze in Anspruch, das ihnen der Fürst mit einer fünfprozentigen Verzinsung für eine Laufzeit von 8 Jahren gewährte. Mit „hoher Ordre" vom 30.5.1832[6] legte die Fürstlich Friedrich Schwarzenbergsche Administration in Prag außerdem dem Orliker Oberamt nahe, sich eine Sicherstellung aus den Johanna gehörigen Staatsobligationen zu verschaffen. Vermutlich war das Erbe Johannas nach ihrem 1826 verstorbenen Vater in mündelsicheren Wertpapieren angelegt worden, die nun als Sicherheit dienen konnten. Es war auch beschlossen, dass die Witwe Maria Anna Hüttenbacher, geb. Halirsch im Haushalt von Tochter und Schwiegersohn in Itzkowitz Aufnahme finden würde.

Die Ehe der beiden blieb zunächst kinderlos.

Ein „Stimmungsbild" vom Leben in Itzkowitz während der ersten vier Ehejahre und zugleich einen Hinweis auf die literarischen Interessen Johannas geben uns eine Handvoll Briefe Johannas an eine nicht mehr

---

[6] *Schwarzenberg-Archiv in Třebon*

identifizierbare Jenny[7], eine Bekannte aus der Jugendzeit in Orlik. Johanna schrieb sie zwischen Dezember 1835 und Februar 1836. Jenny war älter als Johanna, Johanna spricht sie mit „Sie" an, obwohl ein vertrautes Verhältnis zwischen ihnen bestand.

Johanna hatte sich in jenem Winter in Itzkowitz in einer Ausnahmesituation befunden.

„Ich verlebe meine Zeit jetzt sehr einsam, mein Mann ist viel außer Hause, da durchwandre ich den Tage in meiner Hausarbeit, und durchdenke den Abend, wiederkäue manche frohe Stunden der Vergangenheit... Vielleicht können Sie liebe Jenny mir einige Abende freundlich schmücken, wenn sie eine Lektüre für mich haben, und sie mir zukommen lassen."

Aus einer zarten Andeutung konnte Jenny erkennen, dass Johanna schwanger war. Sie schickte ihr Bücher und fragte offenbar genauer nach ihrem Zustand.

Johanna bedankte sich im nächsten Brief zunächst für die ihr gesendeten Erzählungen von Heinrich Zschokke[8], die ihr und der Mutter heitere Stunden bereiteten, dann bricht es aus ihr hervor: sie hat entsetzliche Angst vor den nächsten zwei Wochen, in denen sich nach der Aussage ihres Arztes entscheiden werde, ob sie das Kind behalten oder wie schon viermal zuvor eine Fehlgeburt erleiden werde.

„Was jedes andere glückliche Weib auf den Gipfel ihrer Seligkeit stellen würde, drückt mein sonst starkes Gemüth, und meinen heiteren Sinn zu Boden, nur die liebreichen Bemühungen meiner Angehörigen, und meine Ergebung in den Willen Gottes, vermögen es mich so weit aufrechtzuerhalten, dass ich meinen häuslichen Geschäften Genüge

---

[7] *Wie diese Briefe wieder in die Hände Johannas bzw. ihrer Familie gelangten, ist nicht klar. Vielleicht hat „Jenny" sie nach dem frühen Tod von Johanna ihren Töchtern übergeben.*
[8] *Heinrich Zschokke (* 22. März 1771 in Magdeburg, † 27. Juni 1848 in Aarau), war zu seiner Zeit einer der meistgelesenen deutschsprachigen Schriftsteller. Seine Novellen (Der tote Gast, Das Goldmacherdorf, Die Nacht in Brczwezmcisl) waren beim Publikum sehr beliebt, ebenso sein Erbauungsbuch "Stunden der Andacht".*

*leiste... Und geht es wieder so schreckbar unrecht wie bis jetzt jedes-
mal, so bitte ich Gott um kräftigen Beistand um mich vor Wahnsinn zu
schützen. "*

Später heißt es in diesem Brief:

*„Herzlichen Dank sage ich Ihnen für Ihren gütigen Antrag mir aus der
Bibliothek Bücher zu besorgen, ich werde Ihre Güte in Anspruch nehmen, doch ist es mir sehr schwer zu wählen, denn was ich immer kenne
von den Büchern der Bibliothek das habe ich auch gelesen, und auf
etwas mir Unbekanntes muss mich gewöhnlich der Zufall führen. "*

In Orlik gab es also eine Bibliothek, und Johanna war eine eifrige Le-
serin gewesen. Leider erfahren wir nicht, welche Bücher dort zur Verfügung standen. – Jenny schickte ihr nochmals Werke von Zschokke,
darunter auch seine Erzählung „Der zerbrochene Krug".⁹

Als Johanna den fünften Schwangerschaftsmonat ohne Probleme erreicht hatte, wich die depressive Stimmung. Ausführlich widmete sie
sich in einem Brief den von Jenny übersendeten Büchern und verglich
Zschokkes „Krug" mit dem Theaterstück von Kleist, das sie sich an-
derswo besorgt hatte. Neben Zschokke, dem reinen, edlen Dichter,
kommt Kleist bei ihr nicht gut weg. Sie wirft ihm die derbe Sprache der
„gemeinen" Charaktere vor, „die zanken um den zerbrochenen Krug,
wie man es leicht in einem Dorfe wie unser Itzkowitz ist, erleben kann,
ohne eines Dichters zu bedürfen." Mit diesem Urteil stand sie in der
damaligen Zeit sicher nicht allein. Kleist überschritt wohl die Grenzen
des für Damen der Gesellschaft Zumutbaren.

Am 23. Februar schrieb sie schließlich hoffnungsfroh an Jenny:

*„ ...mein Arzt erkennt mich nun außer Gefahr, und hat seine Kur been-
det gefunden. Es beginnt ein neues Leben für mich, und es ist doch erst*

---

⁹ *Zschokke hatte diese Erzählung im Rahmen eines Dichterwettstreits mit Ludwig Wie-
land, Heinrich von Kleist und später auch Heinrich Geßner geschrieben, bei dem ein
Kupferstich jedem der Teilnehmer als Inspiration für ein Werk der Literatur, und zwar
jeweils für eine andere Gattung, diente. Kleist wählte das „Lustspiel", Zschokke die
„Erzählung".*

*eine Ahnung von dem was mir bevorsteht, nur die Vorbereitung für das
erwartete kleine Wesen macht mich schon jetzt so glücklich, wie wird
es erst das Kleine selbst?"*

Mehrmals hatte sie Jenny eingeladen, sie in Itzkowitz zu besuchen. Tatsächlich dürfte Jenny nur einmal die auch für sie beschwerliche Fahrt auf sich genommen haben. Ein Gegenbesuch Johannas in Orlik kam jedoch wegen der winterlichen Straßenverhältnisse überhaupt nicht in Frage, der Winter war noch nicht vorbei:

*„ ... die Schlittenbahn ist wohl jetzt ungemein gut, ich war auch vorgestern in Sobědraž mit dem besten Erfolg, nach Worlik wage ich mich
aber nicht, im Bauernschlitten, des Kosteletzer Berges wegen, der
Schlitten rutscht so sehr, und zu Fuß herabgehen wäre mir unmöglich,
doch sobald der Schnee schwindet, und der Weg nur etwas im Wagen
fahrbar ist, so eile ich zu Ihnen, ..."*

Am 14. Juni 1836 brachte Johanna nach vier Fehlgeburten eine Tochter Bertha, auch Albertine genannt, gesund zur Welt. Im selben Jahr wurde Friedrich „im Vertrauen auf seine Rechtlichkeit und seinen Eifer" zum Forstvorsteher der sämtlichen Herrschaft Orliker Forste und der Centralforstverwaltung ernannt. Damit hatte auch das Leben in der Abgeschiedenheit von Itzkowitz ein Ende, die Familie konnte nach Orlik übersiedeln.

Die Briefe von Friedrich und Johanna

Beinahe alles, was ich über das Leben der Eheleute Friedrich und Johanna von der Decken weiß, habe ich aus den Briefen erfahren, die die beiden einander geschrieben haben.

Wenn trotz aller Kriegswirren, Bombenangriffe, Übersiedlungen und sonstigen Unzukömmlichkeiten, in die unsere Familie in den vergangenen 180 Jahren verwickelt wurde, eine Sammlung von fast 60 Briefen erhalten geblieben ist, die in den Jahren von 1837 bis 1847 entstanden, darf man schon von einer glücklichen Fügung sprechen. Naturgemäß war das Briefschreiben nur notwendig, wenn die Familie nicht ohnehin beisammen war. Daraus ergibt sich, dass es oft nur sehr kurze Lebensabschnitte sind, die durch diesen Briefwechsel dokumentiert werden, während die Ereignisse in den dazwischen liegenden längeren Zeiträumen im Dunkel der Vergangenheit verborgen bleiben.

Meist waren Dienstreisen der Anlass für schriftliche Mitteilungen; gelegentlich war Friedrich wochenlang von Orlik abwesend. Wir erfahren aber auch von Besuchsfahrten zu seinen Geschwistern, meist zu einer Hochzeit oder einer Taufe, an denen Johanna nicht teilnehmen konnte, weil sie durch die Pflege der Kinder und die Betreuung ihrer Mutter ans Haus gebunden war. Eine Reihe der späteren Briefe sind durch die Abwesenheit Friedrichs aus Krankheitsgründen bedingt, ein einziges Mal war es Johanna, die sich vom Wohnsitz der Familie entfernte, als sie für die Tochter Bertha einen Schul- bzw. Ausbildungsplatz suchte.

Reise nach Prag

Im September 1837 reiste der frischgebackene Doctor philosophiae zur Tagung der Gesellschaft deutscher Naturforscher und Ärzte nach Prag.

Johanna blieb mit der kleinen Tochter Bertha in Orlik und hatte wieder eine Fehlgeburt, die fünfte, von der wir wissen. Die Schwangerschaft war schon einige Zeit lang nicht normal verlaufen, sodass sie beide schon vor Friedrichs Abreise Schwierigkeiten befürchtet hatten. Sie beruhigte Friedrich in ihrem Brief, es sei alles gut abgelaufen; sie sei aber noch geschwächt und bleibe im Bett. Sie versuchte ihn und sich selbst auch damit zu trösten, „dass es für meine schwächliche Natur zu viel war, und ich doch nur ein schwaches Kind zur Welt gebracht hätte, um es nachher zu verlieren". Friedrich antwortete mit Wehmut: „es will mir das Herz zerspringen, wenn ich an dich und die kleine Bertha denke".

Die Gesellschaft deutscher Naturforscher und Ärzte wurde 1822 ins Leben gerufen. Ihre erste Jahresversammlung fand im selben Jahr in Leipzig statt, die weiteren alljährlich in einer anderen deutschen oder österreichischen Stadt, so z.B. 1832 in Wien. Wahrscheinlich hatte

Friedrichs Onkel, der Giessener Professor Johann Bernhard Wilbrand, ihn ermuntert, an der Tagung teilzunehmen.

Friedrichs Bericht über die Tagung betraf vor allem den gesellschaftlichen Teil. Die versammelten Wissenschaftler konferierten in sieben Gruppen, die für die einzelnen Zweige und Wissenschaften gebildet wurden. Bei den Mahlzeiten, die regelmäßig auf der Färberinsel eingenommen wurden, waren jeweils 400 bis 500 Personen beisammen. Er besuchte nicht alle Veranstaltungen des Rahmenprogramms; an einem Konzert, das der Obrist Burggraf für die wirklichen Mitglieder – nicht ohne Stolz erwähnte er, dass auch er dazu zählt – sowie deren Frauen und Töchter gab, nahm er teil. „Steif und vornehm war übrigens das ganze Fest, und wir dankten Gott, als wir wieder zu Hause waren …" Die gesamte gesellschaftliche Umrahmung dieses Kongresses sah Friedrich als „ein Leben voller Geräusch, wobei das Herz keine Nahrung findet". Mit seinem Onkel Johann Bernhard Wilbrand verbrachte er einen Abend allein.

Reise nach Linz

Im Herbst 1838 ging er mit seinem Fürsten auf Dienstreise. Zunächst fuhr Friedrich allein nach Linz. Der Fürst war offenbar schon dort und

„hat mich sehr freundlich aufgenommen, und wird mich morgen mit seinen Pferden nach Steyer fahren lassen, wohin er selbst übermorgen auch kömmt.– In Steyer werden wir 14 Tage sein, und dann hieher zurückfahren, um auch hier einige Jagden abzuhalten. Dann gehe ich wieder an die Steyersche Grenze zurück, um eine dortige Stadtherrschaft Spital und Pirhn in Augenschein zu nehmen, und ihre Wälder zu untersuchen. Diese Herrschaft steht zum Verkaufe, und der Fürst hat große Lust sie zu kaufen, falls dieses mit Vorteil geschehen kann. Somit werde ich vor Ende October nicht wieder zurückkehren können."

Es scheint eine angenehme Dienstreise gewesen zu sein, Friedrich fiel vor allem die Rolle eines Jagdgenossen des Fürsten zu. Dies und der Umstand, dass der Fürst ihn bei dieser Gelegenheit auch als Fachmann zur Begutachtung eines Forstbetriebs heranzog, kann als Vertrauensbeweis gelten. Wenig später erfolgte dann auch die Ernennung zum Forstmeister. Um die ängstliche Johanna zu beruhigen, versicherte ihr Friedrich, „dass der junge Fürst Karl alle Jagden mit macht, welche also weder sehr beschwerlich, noch gefährlich sind." Karl III. war damals 14 Jahre alt.

Der Brief Friedrichs brauchte mehr als eine Woche, um von Linz in die Hände Johannas in Orlik zu kommen. Sie hatte während seiner Abwesenheit die Erdäpfelernte eingebracht und war zufrieden, dass sie trotz der Dürre im Sommer mit 60 Strich [das sind etwa 3.750 kg] gut ausfiel. Außerdem berichtete sie:

„Meine Cassa ist durch Dienstbotenlöhne, und ihren Bedarf an Leinwand etc. erschöpft und ich bin genötigt, ein Fass Bier zu valuieren..."

Auch hochrangige Bedienstete des Fürsten wie der Forstvorsteher bezogen einen wesentlichen Teil ihres Einkommens in Form von Naturalien. Das entsprach damals allgemeiner Übung. Auch in seinem späteren Dienstverhältnis beim Grafen Stolberg war das nicht anders. Ich komme darauf nochmals zu sprechen. Friedrich hatte jedenfalls auch schon im Fürstlich Schwarzenbergischen Dienst eine eigene „Ökonomie" mit mehreren Dienstboten für Haus- und Feldarbeit zu führen, die er selbst entlohnte. Vom Fürsten erhielt er dafür einen Spesenersatz, dessen Höhe nicht immer den tatsächlichen Aufwendungen entsprach. Da gab es auch Pferde und Wagen und einen eigenen Kutscher. Mit besonderer Hingabe widmete er sich der Bienenzucht.

Sicherlich hatte Johanna schon im Normalfall ein großes Arbeitspensum in Haus und Hof zu erledigen. Wenn Friedrich abwesend war, fiel ihr neben der Pflege der Kinder und der Sorge für ihre Mutter die alleinige Aufsicht über das Hauswesen und wohl auch ein beachtliches Maß an eigenhändiger Mitarbeit zu.

Am 2. Februar 1839 verlieh der Fürst seinem Forstaufseher Friedrich von der Decken „zum Beweise seiner besonderen Zufriedenheit mit den Leistungen" den Titel und Rang eines Forstmeisters.

Um dieselbe Zeit dürfte der Sohn Friedrich zur Welt gekommen sein. Von ihm wissen wir nur, dass er „äußerst gemütlich und liebebedürftig" war und im frühen Kindesalter starb. Am 11. Oktober 1840 lebte er noch, da war er etwas über ein Jahr alt, am 28. Mai 1843 war er jedenfalls schon tot. Friedrich begrub ihn in seinem Garten in Orlik und gab, als feststand, dass die Familie Orlik verlassen werde, eine gusseiserne Einfriedung in Auftrag, „um dieses Plätzchen Erde, das einzige, welches ich in Böhmen lieb gewonnen habe, zu schützen und zu sichern".

Friedrichs Mutter war bereits im Mai 1828 in Halle verstorben, am 3. März 1840 starb auch sein Vater. Friedrich nahm am Begräbnis in Stockkämpen nicht teil. Vermutlich aus Anlass des Todesfalls kam es aber zu Kontakten zwischen Friedrich und den Geschwistern, die er jahrelang nicht gesehen hatte. Der Vater hatte bereits ein Jahr nach dem Tod der Mutter wieder geheiratet und es gab auch aus der zweiten Ehe Kinder, sodass die Nachlassregelung kompliziert zu werden drohte.

Woinowitz

Eine der Schwestern Friedrichs, die zwölf Jahre jüngere Antonia, war mit dem aus reichem Hause stammenden Arzt Dr. Karl Kuh aus Breslau verheiratet. Die Hochzeit hatte Ende Oktober 1832 in Wien stattgefunden. Kuh hatte hier kurz zuvor, im September, an der Versammlung der Naturforscher und Ärzte teilgenommen; auch lebte eine Schwester von Kuh mit ihrer Familie in Wien.

Kuh lebte abwechselnd in Breslau und im etwa 170 km entfernten Woinowitz, heute Wojnowice, südwestlich von Ratibor in Preußisch-Schlesien gelegen. Dort besaß er seit 1827 ein „Rittergut", das Friedrich in einem Brief an Johanna folgendermaßen beschreibt:

„Karls Herrschaft Woinowitz enthält circa 2800 Strich Acker und 300 Strich Wiesen[10], welche Karl bewirtschaftet. – Hierauf werden 160 Pferde, 260 Stück Hornvieh u. 5460 Stück Schafe gehalten."

Karl Kuh eröffnete in Woinowitz 1831 eine Privatklinik für Chirurgie und Sinneserkrankungen und machte sich vor allem mit höchst erfolgreichen Staroperationen einen Namen. „Sein Lohn war, abgesehen von einigen Ausnahmen, nur die eigene Befriedigung, geholfen zu haben, und die in Dankestränen der Geheilten bestand"[11]. – In späteren Jahren gründete er in Ratibor eine Freimaurerloge, regte dort erfolgreich die Gründung einer Taubstummenanstalt an und trat immer wieder als Wohltäter in Erscheinung.

Antonia Kuh hatte schon ihren Vater Friedrich Anton Raban von der Decken im Jahr vor seinem Tod einige Zeit zu Besuch in Woinowitz gehabt. Sie arrangierte nun ein Treffen einiger ihrer Geschwister und lud im Juni 1840 Friedrich ein. Von seiner Ankunft in Woinowitz und der Begegnung mit den Geschwistern nach Jahren der Trennung berichtet er in bewegten Worten an Johanna:

„Die Scene unseres Wiedersehens kann ich Dir nicht beschreiben.– Antonia wankte mir von ihrem Karl unterstützt [sie war im sechsten Monat schwanger] laut weinend entgegen… Als ich anlangte, wurde sogleich ein Wagen nach Ratibor abgesendet, um Johanna und ihren Mann abzuholen."

Es handelte sich dabei um seine Schwester Johanna Pauline Emilie, geboren 1811, die mit dem Geheimen Justizrat Wilhelm Wollenhaupt in Ratibor verheiratet war.

Das großzügige Hauswesen der Familie Kuh beeindruckte Friedrich sehr. Karl Kuh und Friedrich waren einander sympathisch und es bahnte

---

[10] Ein „Strich" war in Österreich ein halbes Joch, also etwa 2.800 m². Das Gut umfasste also eine Fläche von etwa 780 ha Ackerland und 84 ha Wiese.
[11] Viktor Rostek, „Wer war eigentlich Prof. Dr. Johann Karl Christian Kuh?" in MINOR, die Heimat- und Bürgerzeitung der Deutschsprachigen im Hutschiner Ländchen und Umgebung Nr.I/03

sich ein herzliches Verhältnis zwischen den beiden Familien an. Sie passten auch altersmäßig gut zueinander: Karl war ein Jahr jünger als Friedrich, Antonia zwei Jahre jünger als Johanna, und die Kinder Antonias, Julia und Georg, waren etwa gleich alt wie Friedrichs Kinder, die vierjährige Bertha und der etwas über ein Jahr alte Friedrich.

Seiner Frau Johanna gibt er eine überraschende Beschreibung seines Schwagers.

„Karl ist ein sehr schöner Mann, und hat viel Ähnliches mit dem Fürsten Karl [Schwarzenberg]. Meiner Ansicht nach ist Karl jedoch noch hübscher, hat aber keine so ritterliche Figur, wenngleich er groß und schön gewachsen ist. – Antonia ist gesund und wohl, versteht ihr Hausregiment sehr gut zu führen, und mir gefällt die Art ihres Regiments sehr wohl. – Ich bin fest überzeugt, dass ihr beide sehr gut harmonieren würdet, und ich hoffe, dass sich die Gelegenheit im folgenden Jahre ergibt, wo ihr euch werdet kennen lernen. – Antonia und Karl werden uns besuchen."

Friedrich war froh, den Aufenthalt in seinem Heimatland Preußen für einen anstehenden Amtsweg nutzen zu können. Vor dem Oberlandesgericht Ratibor konnte er einen Verzicht auf die Erbschaft nach seinem Vater erklären. Von Orlik aus hätte er diese Erklärung im Wege der „Preußischen- dann Oesterreichischen Gesandtschaft in Wien u. der Landrechten in Prag" abgeben müssen, was ihm einige hundert Gulden Gebühren und Taxen verursacht hätte.

Hingegen ließ sich ein anderes Vorhaben nicht bei diesem Aufenthalt sondern erst im folgenden Herbst bei seinem Besuch in Breslau verwirklichen: Wahrscheinlich hatten die österreichischen Behörden von ihm als Preußen verlangt, seinen jahrelangen Aufenthalt in Böhmen auf eine ordentliche rechtliche Basis zu stellen. Dies erreichte er damit, dass er – natürlich im Einverständnis mit Karl Kuh – als sein „Domicil" Woinowitz in Preußen angab und sich fortan „mit Urlaub der Königlich

preußischen Regierung zu Oppeln, und mit Erlaubnis des zuständigen
k.k. Kreisamtes" in Österreich aufhielt.[12]

Taufe in Breslau

Friedrich hatte seiner Schwester Antonia bei der Abreise versprochen,
Taufpate des Kindes zu sein, dessen Geburt sie im Herbst erwartete.
Am 24.September traf er also wieder bei der Familie Kuh ein, diesmal
in Breslau. Am 27. wurde das Kind auf den Namen Maria Brunhilde
getauft. Friedrichs und Antonias Brüder Moritz, geb.1806, und Max,
geb. 1809, waren zu dem Fest erschienen, Johanna Wollenhaupt
gesellte sich einen Tag nach der Taufe zu der fröhlichen Runde; der
Bruder Leopold, genannt „die Bolze", so berichtete Friedrich nach
Hause, „sitzt in Westfalen und fängt Mäuse".[13]

Der Bruder Moritz war schon einige Jahre zuvor mit seiner Frau nach
Balta in Podolien[14] gezogen und fühlte sich dort einsam. Er versuchte
unter seinen Geschwistern Stimmung zu machen, mit ihm dorthin zu
gehen. Sie bauten gewaltige Luftschlösser:

*„Sobald Max mit dem letzten Examen fertig ist, will er nach Podolien
gehen, desgleichen Leopold, [der bei diesem Gespräch gar nicht anwesend war!] und Karl hat auch die Absicht hinzureisen und dort Ankäufe
zu machen und mit den Brüdern gemeinschaftlich Oekonomien einzurichten. Es soll ein unbeschreiblicher Segen Gottes dort walten, und bei
dem niederen Kulturzustande sollen leicht große Summen gewonnen
werden können, wenn man mit einiger Sachkenntnis vorgeht."*

---

[12] *Vermerk in den Taufscheinen der Kinder Antonia und Johanna von der Decken*
[13] *Ich vermute, dass Leopold, der sich später als Verfasser medizinischer Schriften einen Namen machte, die Mäuse für Tierversuche fing.*
[14] *Podolien liegt heute auf dem Gebiet der südwestlichen Ukraine und des nordöstli-
chen Moldawien.*

Max, der immerhin schon 31 Jahre alt war, stand vor dem letzten juristischen Examen und strebte eine Laufbahn als Obergerichtsassessor an. Der 27-jährige Leopold hatte sein medizinisches Staatsexamen bereits abgelegt, war aber gleichfalls noch offen für Zukunftspläne. Friedrich verriet in dem Brief an Johanna zwar nicht, was er selbst von diesen Plänen hielt, doch lässt die begeisterte Schilderung vermuten, dass ihn die Idee faszinierte, denn gerade er verstand sich doch auf die Einrichtung und den Betrieb von „Oekonomien". Der gediegene Reichtum im Hause Kuh („die fürstlichen Zimmer im Schloß Worlik sind wahrlich nicht nobler eingerichtet als Tonis Zimmer") tat noch ein Übriges, Friedrich geriet ins Philosophieren:

„... Reichtum macht den Menschen nicht glücklich, aber reich zu sein ist doch ein großes Erdengut. Wären wir reich, meine liebste Mutter, würden wir einen bequemen Reisewagen haben und unsere Lieben besuchen können. Du würdest recht liebe Menschen kennen lernen, und Nahrung für Geist und Herz finden, statt dass wir in Worlik versauern müssen.– Doch, das sicherste Mittel, glücklich zu sein, ist: keinen unnützen Wünschen nach zu hängen".

Das wirkliche Leben nahm allerdings einen anderen Verlauf, als es sich die Geschwister in ihren hochfliegenden Träumen ausgemalt hatten. Leopold blieb in Ratibor und praktizierte dort als Arzt. Friedrich und Johanna hatten nach ihrem Abgang aus Orlik mit ihm regelmäßigen Kontakt.

Auch Max zog es vor, seine eingeschlagene Berufslaufbahn weiter zu verfolgen und wurde Gerichtsassessor, zuletzt beim Oberlandesgericht Paderborn. Sein Leben endete dramatisch. Er hatte schon zur Zeit des Geschwistertreffens eine Liaison mit Caroline Dunker, seiner Stiefschwester. Sie war die Tochter von Philippine von der Decken, der zweiten Frau des Vaters Friedrich Anton Raban von der Decken, aus deren erster Ehe. Caroline Dunker, genannt Linchen, war ein hübsches Mädchen, genoss aus unbekannten Gründen aber nicht die Sympathie ihrer übrigen Stiefgeschwister, die immer wieder versuchten, sie ihrem Bruder Max „auszureden". Dieses gespannte Verhältnis zur Familie dürfte Max davon abgehalten haben, sie zu heiraten, gleichwohl hielt er die Verbindung aufrecht. Zwei Jahre nach dem beschriebenen Geschwistertreffen, am 12. November 1842, wurde er auf einer Jagd angeschossen. Als sich sein Zustand in den folgenden zwei Wochen verschlechterte, heiratete er auf dem Totenbett seine Caroline, die ein Kind von ihm erwartete.

Der Vollständigkeit halber sei angemerkt, dass auch Friedrich bei nüchterner Betrachtung aller Vor- und Nachteile (noch) keinen Anlass sah, seine doch sicherere Stellung in Orlik aufzugeben. Moritz kehrte also allein zu seiner Familie nach Podolien zurück und starb dort 1881. Seine Kinder bzw. Enkel konnten den Besitz bis ins 20. Jahrhundert halten.

Während sich Friedrich in Breslau aufhielt, schrieb ihm Johanna in glücklicher Stimmung einen ihrer schönsten Briefe.

„Seit zwei Tagen hoffte und freute ich mich bei jedem Wagengerassel auf Deine Ankunft und lief einigemal mit klopfendem Herzen hinaus, und musste mit bitterer Täuschung umkehren, – heute nun gar putzte ich mich festlich zum Empfang meines liebsten Gastes, – da – kam ein Brief, – doch wenn auch der Inhalt meine Sehnsucht noch um mehrere Tage spannte, so linderten die süßen Liebesworte den Schmerz der Trennung, und beinahe hätte ich vergessen dass ich über acht Jahre verheiratet bin, und hätte mit bräutlichem Gefühle das liebe Schreiben an Herz und Mund gedrückt.

Ich möchte so gerne Entfernung und Zeit vertilgen, darum sende ich Dir auch diesen Gruß aus Deinem Hause, und komme Dir damit entgegen so viel, und so weit als ich kann ... Ich will nicht klagen wie öde und weh' mir gewesen ist, ich will mich bloß freuen, dass alle Noth nun ein Ende haben wird, und ich nun bald wieder in meine Heimath, in Deine Arme, an Deine teure Brust aufgenommen werde!"

Vielleicht scheint uns heute manche Einzelheit in diesen Zeilen gekünstelt, ein Ergebnis der Beschäftigung mit der „empfindsamen" Literatur des Biedermeier. Dennoch kann sich der Leser auch hundertachtzig Jahre danach nicht dem Reiz der kleinen Szene entziehen, die hier vor seinen Augen abrollt. Es spricht daraus eine schriftstellerische Begabung, die Lust an einer besonderen inhaltlichen und sprachlichen Gestaltung und Formulierung, eine Fähigkeit Johannas, die sich auch in vielen Schriften ihrer Enkel, der Geschwister Albert, Johanna und Tona Hermann wiederfindet.

Friedrich traf das Wesentliche, wenn er in einem seiner späteren Briefe bemerkte:

„Du hast die Gabe in Deinen Briefen einen Zauber zu entfalten, durch welchen Du alle Herzen fesselst."

Zurück in Orlik

So unrealistisch der Traum vom schnellen Reichtum in Podolien war, so real war die Unzufriedenheit Friedrichs mit seiner Stellung am Hof des Fürsten Schwarzenberg in Orlik und sein Wunsch, sich „aus dem Staub zu machen". Friedrich hatte innerhalb von zehn Jahren die Karriereleiter vom Aktuar und Revierjäger bis zum Forstmeister durchlaufen, einen weiteren Aufstieg konnte Orlik ihm nicht bieten; das Leben als Forstmeister in Orlik zu beschließen, war für einen noch nicht einmal Vierzigjährigen, der sich auf Grund seiner Ausbildung zu Recht befähigt fühlte, nicht nur forstliche sondern auch komplexe betriebliche Aufgaben zu bewältigen, keine Zukunftsperspektive.

Die Möglichkeit, innerhalb des großen Schwarzenbergischen „Wirtschaftskonzerns", die Primogenitur eingeschlossen, eine ihm besser entsprechende Tätigkeit anzustreben, scheint er nie ernstlich in Erwägung gezogen zu haben. Vielleicht wäre ein solches Vorhaben auch nicht zu verwirklichen gewesen. Aus einigen seiner Seitenbemerkungen ist erkennbar, dass er sich bei seinen Dienstverrichtungen durch kleinlichen Bürokratismus und durch Kompetenzträger, die zwischen dem Fürsten und ihm zwischengeschaltet waren, unnötig kontrolliert und eingeengt fühlte. Noch in seinem Entlassungsgesuch an den Fürsten machte er seinem Unmut darüber in starken Worten Luft,

„dass der Wirtschaftsrat die Stelle des Worliker Forstmeisters auf so indezente Weise öffentlich entwürdigt habe, dass nach meiner Ansicht kein Mensch von einiger distinguierten Persönlichkeit eine Ehre darin finden könne, diesen Posten zu bekleiden, so lange dem Wirtschaftsrat irgendein Einfluß auf denselben gestattet bleibe ".

Gegenüber Kontrolle war Friedrich besonders empfindlich. Wenn er einige Jahre später bei der Schilderung der Vorzüge seines Vertrags mit Stolberg schwärmte, in Preußen sei jede entehrende Kontrolle längst abgeschafft, hört das empfindliche österreichische Ohr ein wenig die preußische Überheblichkeit gegenüber der österreichischen Denkweise heraus. Es mag schon sein, dass diese Eigenschaft für das Verhältnis Friedrichs zu seinen Vorgesetzten am Hofe der Fürsten Schwarzenberg nicht förderlich war.

Nicht zuletzt waren es auch die schlechte Verkehrslage von Orlik und die gesellschaftliche Isolation in der dünn besiedelten Gegend, die Friedrich den Verbleib nicht attraktiv erscheinen ließen.

Aus einigen im Nachlass vorhandenen Urkunden gewinnt man den Eindruck, dass Friedrich bereits ab etwa 1840 gezielt auf eine Lösung des Dienstverhältnisses hinarbeitete.

Kurz nach seiner Rückkehr aus Woinowitz erstellte Friedrich im Auftrag der Gemeinde Pisek ein Gutachten über die Bewirtschaftung der Gemeindewälder. Weniger als der Inhalt dieses Schriftstücks beschäftigt mich die Frage, wieso es erhalten geblieben ist, und zwar in einer Mappe mit Personaldokumenten, Zeugnissen und anderen Papieren ähnlich wichtigen Inhalts. Wollte Friedrich es als Referenz für eine Bewerbung verwenden, vielleicht um zu dokumentieren, dass er nicht nur im fürstlichen Dienst erfolgreich war, sondern auch in einem weiteren Umfeld fachliche Anerkennung fand?

Auch finanzielle Probleme gab es. Am 18. Oktober 1841 richtete Friedrich an den Fürsten persönlich ein Schreiben, in dem er für fortlaufende Aufwendungen, die er tätigte, um „gnädige Schadloshaltung ehrfurchtsvoll" ersuchte. Er rechnete darin im Detail vor, dass er für

Abnutzung der Dienstpferde, Unterhaltung des Hufbeschlags, Lohn und Kleidung und „Verköstung" des Kutschers, Geschirr- und Wagenreparaturen jährlich im Durchschnitt 328 Gulden aufzuwenden hatte, dafür aber fünf Jahre lang nur eine viel zu geringe Vergütung von 80 Gulden pro Jahr erhalten hatte. Friedrich konnte diese Auslagen zwar aus einem Spesenvorschuß vorfinanzieren, den er mit 5% jährlich zu verzinsen hatte(!), der aber nun jedenfalls bereits verbraucht war. Auch die Vergütung für die „Verköstung" seines Adjunkten bemängelte er als unzureichend und ersuchte um höheren Spesenersatz. Es erscheint merkwürdig, dass eine derartige Forderung „des täglichen Lebens" nicht von einer nachgeordneten Dienststelle, z.B. vom Rentmeister oder vom „Oberamt" erledigt werden konnte, sondern dass der Fürst damit befasst werden musste. Der Vorgang lässt vermuten, dass es zwischen Friedrich und den zuständigen fürstlichen Beamten erhebliche Auffassungsunterschiede gab. Oder scheute sich einer von ihnen einfach, eine Entscheidung zu treffen?

Möglicherweise stand schon im Oktober 1841 der Verbleib Friedrichs im fürstlichen Dienst auf der Kippe. Zur gleichen Zeit wie sein Brief um „Schadloshaltung" entstand nämlich ein Dienstzeugnis des Oberamtes der Schwarzenberg'schen Güterverwaltung. Als Friedrich aus dem Fürstlich Schwarzenberg'schen Dienst mit Ende Juli 1843 dann tatsächlich ausschied, wurde dieses Zeugnis nur ergänzt. Wodurch die Ausstellung eines Zeugnisses bei aufrechtem Dienstverhältnis im Jahr 1841 veranlasst wurde, ist unklar.

Und dann gibt es noch ein weiteres merkwürdiges „Zeugnis" des Schwarzenberg'schen Oberamtes vom März 1842. Es nimmt ausschließlich auf einen ganz konkreten Sachverhalt Bezug: Friedrich hatte sich freiwillig die Aufgabe gestellt, ein von einem Pächter jahrelang devastiertes Forstrevier selbst zu bewirtschaften, und hatte, so bezeugt dieses Schriftstück, damit schon nach kurzer Zeit

„...*Resultate geliefert [hat], welche früher nicht erzielt wurden, und um so mehr überraschten, als man bis dahin den Herrn Dr. von der*

Decken wohl als einen rationell gebildeten Forstmann – nicht aber als einen Landwirth kennen lernte, somit solche Erscheinungen sich unmöglich auf gewöhnliche empirische Kenntnisse stützen können, sondern nur in der persönlichen ausgezeichneten Fähigkeit des Herrn Dr. von der Decken – die theoretischen Grundsätze in der Praxis richtig anzuwenden – gesucht werden müssen".

Möglicherweise ist dieses Zeugnis über Friedrichs Wunsch entstanden, der damit die Absicht verfolgte, es bei einer künftigen Bewerbung zur Bescheinigung seiner besonderen Fähigkeiten zu verwenden.

Geburt von Antonia

Im Privatleben der Eheleute Friedrich und Johanna gab es eine bedeutende Veränderung. Am 12. November 1841 kam die zweite Tochter, Antonia, meine Urgroßmutter, die Mutter von Albert, Johanna und Tona Hermann, zur Welt. Als Taufpaten kamen Dr. Carl Kuh und seine Frau Antonia nach Orlik. Wohl deshalb fand die Taufe erst am 18. November 1841, sechs Tage nach der Geburt, ungewöhnlich spät für die damalige Zeit, in der Kirche von Altsattel (Stare Sedlo) statt.

Es sollte die letzte Begegnung Friedrichs mit seiner Lieblingsschwester Antonia sein: Sie starb am 4. Juli 1842. Über die Ursache ihres Todes findet sich in den Quellen nichts.

Meist hat der Tod eines Familienmitglieds zur Folge, dass die Beziehung der Verwandten zum überlebenden Ehegatten an Intensität verliert oder überhaupt endet. Die Bindung, die zwischen Karl Kuh und Friedrich und Johanna in der kurzen Zeit seit sie einander kannten, entstanden war, wurde durch den schmerzlichen Verlust Antonias nicht nachteilig verändert.

Der rührige Karl setzte sich weiterhin für die Familie ein und interessierte sich insbesondere für das berufliche Fortkommen Friedrichs. Dabei kamen ihm seine hervorragenden Kontakte zu einflussreichen Persönlichkeiten zustatten. Gemeinsam planten er und Friedrich eine „Bewerbungstour" im weiteren Umkreis von Woinowitz bzw. Ratibor, und Karl führte zu diesem Zweck Vorgespräche mit potentiellen Interessenten. Auch Friedrichs Bruder Leopold, Arzt in Ratibor, streckte seine Fühler aus.

Im Mai 1843 war es dann soweit: Friedrich trat einen mehrwöchigen Urlaub an. Den wahren Zweck seiner Reise ließ er an seiner Dienststelle nicht durchblicken. Tatsächlich wollte er nicht nur im Raum Ratibor nach einer passenden Beschäftigung Ausschau halten, sondern anschließend nach Wien weiterreisen, um den Onkel Thomas Halirsch zu besuchen, und erst dann nach Orlik zurückkehren.

Reise nach Ratibor

Der Beginn der Reise stand unter keinem guten Stern. Bereits auf der Fahrt von Orlik nach Prag befiel ihn ein schmerzhafter Nesselausschlag. Eigentlich wollte er deshalb von Prag wieder nach Orlik zurückkehren. Das hätte aber einen Verlust von 13 Gulden Fahrgeld bedeutet, die er schon bezahlt hatte. Vergebens hatte er versucht, sie refundiert zu erhalten. Daher beschloss er doch weiterzureisen.

Auch ohne Nesselausschlag war das Reisen im Zeitalter der Postkutsche eine mühevolle Angelegenheit. In einem Brief aus Ratibor beschrieb Friedrich seiner Johanna die Details. Für die rund 250 km von Prag nach Olmütz benötigte die Postkutsche in ununterbrochener Fahrt einen Tag und zwei Nächte, also mehr als 30 Stunden. Nach der Ankunft in den Morgenstunden, mit ganz zugeschwollenen Augen, völlig erschöpft von der langen Fahrt im engen Postwagen und zusätzlich geschwächt von seiner Krankheit, hätte er mit der Postkutsche erst 18 Stunden später die Reise fortsetzen können. Daher entschloss er sich, weitere 75 km bis Troppau in einer Lohnkutsche zurückzulegen, sodass er noch am selben Abend dort eintraf. Tags darauf fuhr er „mit ähnlicher Gelegenheit" über die Grenze zwischen Österreich und Preußen

30 km weit bis Woinowitz, in „den sicheren Hafen", wo er im Notfall ärztliche Hilfe gefunden hätte. Die Strapazen der für heutige Begriffe nicht eben langen gesamten Wegstrecke von etwa 400 km waren enorm; Friedrich benötigte dafür – die zusätzliche Tagesreise von Orlik nach Prag ist dabei gar nicht berücksichtigt – drei Tage!

Es ist verständlich, dass Friedrich vorbehaltlos von der Eisenbahn schwärmte, die in diesem Jahrzehnt überraschend schnell ganz Europa eroberte. Er nahm jede Gelegenheit für eine Eisenbahnfahrt wahr. Als er von Ratibor nach Wien weiterreiste, musste er bis Olmütz noch die Postkutsche besteigen, die für rund 14 Meilen 13 Stunden brauchte. Von Olmütz nach Wien konnte er aber bereits die Nordbahn benützen, die eine doppelt so lange Strecke in nur acht Stunden zurücklegte, wovon „wenigstens eineinhalb Stunden auf den Stationen geruht wurde".

Selbst Vergnügungsfahrten ließ er sich nicht entgehen. Begeistert berichtete er 1847 aus Ratibor von einer solchen „Spritztour":

„Am Freitag Nachmittag um 4 Uhr war großes Herrenfahren nach Oderberg[15] auf einer Lokomotive. Da sausten wir, wie Höllengeister durch die Fluren."

Zurück zur Postkutsche: Nach einem kurzen Aufenthalt beim Schwager in Woinowitz, wo er mit schmerzlichen Gefühlen der Erinnerung an schöne Tage ausstieg, reiste er nach Ratibor weiter und nahm wie geplant bei seiner Schwester Johanna Wollenhaupt Quartier. Dort sah er nach vierzehn Jahren der Trennung seinen Bruder Leopold wieder, „weinend lag er in seinen Armen".

Nicht nur die Verschiedenheit der äußeren Lebensumstände wie beispielsweise des Reisens, berührt uns an diesem Bericht, es sind uns auch die überschwänglichen Gefühls- und Gemütsbewegungen der handelnden Personen dieser Familiengeschichte schwer verständlich. Männer

---

[15] *Oderberg, heute Bohumin, Tschechien, damals Österreichisch-Schlesien, wichtige Station der Nordbahn, ca. 30 km von Ratibor entfernt.*

wie Frauen fallen einander weinend in die Arme; bei der Lektüre von Friedrichs Brief aus Prag, in dem er von seinem Nesselausschlag berichtete, kämpfte Johanna „seit Jahren wieder mit einer Ohnmacht" und brauchte mehrere Tage, um sich wieder zu erholen.

Bald nach der Ankunft Friedrichs schrieb Johanna Wollenhaupt an ihre Schwägerin, die Orliker Johanna, einen Brief, den Friedrich dem seinen beilegte. Eine Situationsbeschreibung wie die folgende erscheint uns heute stark übertrieben:

„Deinen lieben Fritz haben wir von Tag zu Tag mit Sehnsucht erwartet, nun wir ihn haben, sind unsere Herzen in süße, behagliche Ruhe versetzt; wir genießen die wenigen uns zugemessenen Tage in geschwisterlicher Liebe und Eintracht – unter Lachen und Weinen und innigem Austausch der Gesinnung. Es ist doch etwas Herrliches, nicht nur verwandt zu sein, sondern sich auch verwandt zu fühlen. Wenn ich meine Decken Brüder um mich habe, so sinken die übrigen Männer meiner Bekanntschaft im Werte. Fritzens großes, treues, blaues Auge zieht an und fesselt im Verein mit seiner milden und herrlichen Gemütsart; ich bin stolz, seine Schwester zu sein."

Dann schlägt plötzlich die Stimmung um:

„Annchen [ihre Tochter] ist von einer „Knieauftreibung" noch immer nicht hergestellt, das Übel ist rheumatisch und skrofulös zugleich und macht mir viel Sorge und Kummer. Ich werde ein ungarisches Bad, Trentschin, besuchen, ein warmes Schwefelbad, wenn das nicht sehr hilft, so weiß Gott allein Rat, möge er mein Kind lieber wieder nehmen, als es hienieden Zeit Lebens elend machen ..."

Auf den ersten Blick mag uns aus der zeitlichen Ferne des 21. Jahrhunderts dieses Denken herzlos erscheinen, gerade im Vergleich zum Überschwang der Gefühle wenige Zeilen zuvor. Das wäre ein vorschnelles Urteil. Die Heilkunst war in der damaligen Zeit mit ihrem Latein schnell am Ende, die Lebenserwartung war geringer, vor allem die Kindersterblichkeit war unvergleichlich höher als heute. Der Tod eines Kindes durch Krankheit war nicht außergewöhnlich und in aller Regel kaum zu verhindern. Als einzige Hilfe, um solche Ereignisse emotionell zu verarbeiten, blieb vielen Menschen nur das unbedingte Vertrauen in die Vorsehung Gottes.

Die ersten zwei Wochen nach seiner Ankunft in Ratibor nutzte Friedrich zur Erholung von der Reise und zum Besuch von Verwandten und Bekannten. Das war offenbar so geplant, denn Karl war noch in Breslau und wurde erst am Pfingstsonntag (4. Juni) in Ratibor erwartet. Er hatte aber schon wegen Audienzen beim Fürsten Carolath in Liegnitz und beim Herzog von Ratibor, Victor Moritz Karl von Hohenlohe-Waldenburg-Schillingsfürst, vorgefühlt. Überdies hatte er für den Pfingstmontag ein Festessen arrangiert, das ein Kommerzienrat Albrecht in Ratibor zu Ehren Friedrichs geben würde. Wichtige Gäste waren dazu eingeladen.

Friedrich hatte aber noch ein weiteres Eisen im Feuer: Schon einein-halb Jahre zuvor hatte Karl Kuh „sein Augenmerk auf den Grafen Friedrich Stolberg-Wernigerode gerichtet". Mit diesem war Friedrichs Bruder Leopold von der Decken in Verbindung. Am Pfingstsamstag schreibt Friedrich an Johanna:

„Der Graf Friedrich zu Stolberg-Wernigerode, ein Enkel meines Pfle-gevaters, und ein Gefährte meiner Knabenstreiche, hat mir schon durch Leopold freundliche Teilnahme bewiesen, und uns beide eingeladen, die Pfingsttage bei ihm zuzubringen. – Er ist kürzlich der Erbe großer Güter geworden, und es freut mich ihm näher zu stehen und unsere alte Bekanntschaft zu erneuern."

Die Termine waren für Friedrich in diesen Tagen also dicht gedrängt. Am Pfingstsamstag fuhren Friedrich und Leopold nach Pless (heute Pszczyna), wo in dem kleinen Schloss Ludwigswunsch der Graf Stolberg wohnte.

Von dort brachen Friedrich und Leopold am Pfingstmontag bereits um 5 Uhr früh wieder auf, um rechtzeitig um 14 Uhr am Festmahl des Kommerzienrats Albrecht in Ratibor teilzunehmen. Diese Gesellschaft verließen sie um 17 Uhr, weil Karl Kuh im Wollenhauptschen Hause auf sie wartete. Mit ihm fuhr Friedrich sodann nach Woinowitz. Dort, so berichtete er tags darauf an Johanna, „feierten wir beide, ganz alleine beim Tische sitzend, gestern Abend um 9 Uhr, Dein Andenken, und tranken Deine Gesundheit" – es war nämlich ihr elfter Hochzeitstag.

Natürlich sprachen Friedrich und Karl auch über die verstorbene Antonia:

„Karl fühlt die ganze Größe seines Verlustes, – trägt aber das unabänderliche Unglück mit möglichster Resignation, und sucht in der gespanntesten Tätigkeit und Anstrengung seinen trüben Gedanken einen Damm zu erbauen."

Bereits am 7. Juni, so war es geplant, sollte es mit einem Reitausflug weitergehen, nicht nur zur Erholung, sondern auch zur Besichtigung einer künftigen Eisenbahntrasse. Danach würden sie gemeinsam Antonias Grab in Breslau besuchen. Auf dem Rückweg nach Woinowitz wollte Friedrich noch seinem Jugendfreund Bernhard Stolberg in Schönwitz einen Kurzbesuch abstatten und dann neuerlich Friedrich Stolberg in Pless aufsuchen.

Das erste Treffen mit Stolberg verlief offenbar positiv, denn am 6. Juni schreibt Friedrich:

„Er hat mir bereits ... Anträge gemacht, welche in mehrfacher Hinsicht sehr annehmbar scheinen. – Zu bestimmten Erklärungen ist es jedoch noch nicht zwischen uns beiden gekommen, und ich habe mirs vorbehalten erst nach gewonnenem Überblick mich bestimmter zu expektorieren; – die Sache ist sehr wichtig und muss mit Ruhe und Besonnenheit erwogen werden."

Aber Stolberg drängte. Friedrich änderte kurzerhand seinen Reiseplan. Bereits am 11. Juni schrieb er in aller Eile während eines Aufenthalts auf der Poststation in Ratibor an Johanna, er sei unterwegs zu Friedrich Stolberg nach Pless und werde erst danach zu Karl nach Breslau fahren und von dort aus Bernhard Stolberg besuchen. Gemeinsam besichtigten Stolberg und Friedrich die Güter Lodygowice, Wilkowice und Sielce, von deren Zustand sich Friedrich ein Bild machen sollte.

Friedrich Graf Stolberg-Wernigerode

Schon bisher sind in der Lebensgeschichte Friedrichs und Johannas immer wieder Mitglieder der gräflichen Familie Stolberg in Erscheinung getreten; den Stolbergs kam schon von früher Jugend an bestimmender Einfluss auf Friedrichs Werdegang zu. Nun sollte neuerlich ein Stolberg eine entscheidende Wende im Leben Friedrichs herbeiführen.

Die Grafen Stolberg sind ein weitverzweigtes deutsches Adelsgeschlecht, das sich 1645 in die ältere Hauptlinie Stolberg-Wernigerode und die jüngere Hauptlinie Stolberg-Stolberg teilte.[16]

Friedrich Stolberg-Wernigerode war ein Jahr jünger als Friedrich von der Decken und wuchs bei seinem mütterlichen Großvater Friedrich Leopold Stolberg-Stolberg, dem Pflegevater Friedrichs von der Decken, auf. Dadurch kannten sich die beiden. Friedrich Stolberg-Wernigerodes Vater, Ferdinand Stolberg-Wernigerode, war mit einer Tochter des Friedrich Stolberg-Stolberg verheiratet, sodass Friedrich zwei „Stolberg-Großväter" hatte.

Der väterliche Großvater, Christian (Friedrich) Stolberg-Wernigerode, war über seine Mutter mit dem Fürstenhaus Anhalt-Köthen verwandt, eine familiäre Verbindung, die sich angesichts der latent schwierigen finanziellen Lage der Stolbergs als segensreich erweisen sollte.

Zunächst gingen 1765 durch Schenkung aus dieser Verwandtschaft die schlesischen Güter Peterswaldau, Jannowitz und Kreppelhof auf Christian Stolberg über, der 1815 für drei seiner Söhne eine standesgemäße Versorgung schaffte, indem er jedem von ihnen eine dieser Herrschaften übertrug und damit die schlesischen Linien der Familie Stolberg begründete. Ferdinand, der Vater Friedrichs, erhielt dabei die Herrschaft Peterswaldau.

Friedrich Stolberg-Wernigerode heiratete im Jahr 1835 Charlotte Gräfin von Hochberg-Fürstenstein. Auch sie war mit dem Fürstenhaus Anhalt verwandt und erbte bereits 1841 von einem Onkel die

---

[16] *Quelle: http://de.wikipedia.org/wiki/Stolberg_(Adelsgeschlecht)*

Herrschaften Lodygowice, Wilkowice und Sielce. Für diese drei Herrschaften war ein Verwalter zu bestellen.

Die Herrschaften Lodygowice, Wilkowice und Sielce

Lodygowice und Wilkowice lagen Mitte des 19. Jahrhunderts auf galizischem, also österreichischem Territorium im Dreiländereck zwischen Preußisch Schlesien, Österreichisch Schlesien und Galizien, nur wenige Kilometer südlich der Doppelstadt Bielitz-Biala, am Fuß der Schlesischen Beskiden. Ursprünglich war Bielitz, am westlichen Ufer des Flusses Bialka gelegen, eine schlesische Stadt mit überwiegend deutscher Bevölkerung, am Ostufer befand sich das polnische Biala, doch wuchsen die beiden Städte mit der ersten Teilung Polens 1772 politisch und durch die rasante Entwicklung der Textilindustrie in der ersten Hälfte des 19. Jahrhunderts auch wirtschaftlich zusammen. Im Umland des österreichisch-schlesischen Bielitz und des galizischen Biala entstand eine deutsche Sprachinsel. 1815 hatten die beiden Städte zusammen etwa 8000 Einwohner, heute leben hier im Umkreis des polnischen Bielsko-Biala, im Dreiländereck zwischen Polen, Tschechien und Slowakei, weit über 100.000 Menschen.

Begibt man sich von Lodygowice weiter südlich, gelangt man bald nach Seybusch, heute Zywiec, einer Kleinstadt mit einem historischen Stadtkern, die heute durch ihre Brauerei über die Grenzen Polens hinaus bekannt ist.

Die Trasse der Kaiser-Ferdinands-Nordbahn von Wien zu den Salzbergwerken in Bochnia führt zwischen Zywiec und Bielsko-Biala nur wenige hundert Meter am Park des Schlosses Lodygowice vorbei. Sie war zwar noch nicht ganz fertiggestellt, doch betonte Friedrich zu Recht Johanna gegenüber immer, dass die neue Heimat verkehrsmäßig dem ungünstig gelegenen Orlik weit vorzuziehen sei.

Sielce, die dritte Herrschaft, lag gut 70 km nördlich von Lodygowice im Dombrowaer Kohlenbecken. Politisch gehörte das Gebiet seit dem Wiener Kongress als Teil „Kongresspolens" zu Russland. Im 19. Jahrhundert erlebte die ganze Region auf Grund der Kohlevorkommen als Sitz der Schwerindustrie einen rasanten Aufschwung. Heute liegt das

Schloss Sielce mitten in der polnischen Großstadt Sosnowiec mit 250.000 Einwohnern und dient als Ausstellungszentrum.

Friedrich Stolberg-Wernigerode lebte mit seiner Familie im preußisch – schlesischen Pless (heute Pszczyna), und zwar in dem Schlösschen Ludwigswunsch, das der „Erbonkel" Ludwig als vergleichsweise bescheidenes Herrenhaus für seine persönlichen Bedürfnisse im klassizistischen Stil hatte erbauen lassen. Das weit größere Schloss Pless diente den Herzögen von Anhalt-Köthen-Pless und nach 1847 der Familie Hochberg-Fürstenstein als Fürstenresidenz. Pless lag ziemlich genau auf halbem Weg zwischen den Herrschaften Sielce im Norden und Lodygowice/Wilkowice im Süden.

Zwei Schriftstücke aus der Hand Friedrichs von der Decken liefern uns eine gute Beschreibung der Herrschaften Lodygowice und Wilkowice. Die Besonderheit besteht darin, dass sie das Objekt aus verschiedenem Blickwinkel beleuchten. Im November 1844 erstellte Friedrich im Auftrag der Stolbergs eine Unterlage für den damals in Erwägung gezogenen Verkauf der beiden Güter. Diese übermittelte er einem „Agenten" in Wien.

Das zweite Schriftstück ist ein undatiertes „Pro memoria" mit dem Titel „Die Schattenseiten der Herrschaft Lodygowice". Wahrscheinlich war diese Darstellung für den gräflichen Freund bzw. die „Erlauchte Gräfin" bestimmt, um ihnen klar zu machen, „wo sie ihr Geld liegen lassen".

Die „Verkaufsunterlage" beschreibt eindrucksvoll die Vorzüge der beiden Güter Wolfsdorf und Ludwigsdorf (Wilkowice und Lodygowice):

„Die beiden vereinten Herrschaften Wolfsdorf und Ludwigsdorf bilden einen Teil der westlichen Grenze Galiziens und berühren somit österreichisches Gebiet. Beide Herrschaften zusammen formieren nicht alleine einen ohne Unterbrechung sehr schön arrondierten Körper, sondern auch eine der freundlichsten Gegenden, welche man finden kann.

Die Herrschaften wurden im September 1840 von seiner Durchlaucht dem Prinzen Louis zu Anhalt-Köthen, Fürsten von Pless um die Summe

*von 510.000 Gulden Konventionsmünze [gekauft]. Nach dem Tode sei-
ner Durchlaucht erbte hochdessen Nichte, die Frau Gräfin zu Stolberg-
Wernigerode, beide Herrschaften, welche die Frau Gräfin jedoch, um
ihre in Preußen gelegenen Güter zu erweitern, aus freier Hand zu verkaufen beabsichtigt.*

*Die Herrschaften Ludwigsdorf und Wolfsdorf grenzen größtenteils mit
den Besitzungen seiner Hoheit des Erzherzogs Carl.*

*Die Nähe der beiden Städte Bielitz und Biala, in welchen regelmäßige
Wochenmärkte gehalten werden, fördert nicht alleine den Absatz aller
land- und forstwirtschaftlichen Produkte im hohen Grade, sondern stei-
gert die Preise derselben in gleichem Verhältnisse. Von Bielitz und
Biala aus erreicht man die Herrschaft Wolfsdorf auf der sehr guten
Kaiserstraße, welche beide Herrschaften in ihrer ganzen Ausdehnung
durchschneidet, binnen 25 Minuten.*

*Die Zahl der in 18 Dörfern verteilten Untertanen beider Herrschaften
beläuft sich gegenwärtig über 10.000 Seelen, von welchen jährlich
6552 zweispännige Rossrobots-Tage und 15.084 Handrobots-Tage unentgeltlich entrichtet werden müssen. Die jährlichen Zinsen betragen
zurzeit gegen 5276 Gulden 46 Kreutzer.*

*Für den Ökonomiebetrieb ist eine in vier Vorwerken geteilte Fläche von
866 Joch[17] oder 1950 preußischen Morgen Acker-Wiesenland und Hut-
weiden vorhanden. Die Wiesen zeichnen sich durch günstige Lage aus,
da sie größtenteils für Überrieselung oder Überstauung eingerichtet
werden können.*

*Die herrschaftlichen Forste haben eine Ausdehnung von circa 6000
Joch[18] oder 13.500 Morgen und sind Gebirgsforste. Die Bestände enthalten Tannen, Fichten und Buchen, teils gemischt, teils in reinen Beständen, unter denen die Buchenbestände sich auszeichnen.*

*Die Forste sind sehr geschont und enthalten in schlagbaren und ange-
hend saubereren Beständen einen Vorrat von circa 500.000 niederösterreichischen Klaftern. Das Holz wird als Bau- und Brennholz verwertet.*

---

[17] *etwa 495 ha*
[18] *etwa 3420 ha*

Ersteres findet in ganzen Stämmen, Brettern und Latten, letzteres als Scheitholz Absatz nach Biala und Bielitz.

In den Forsten befindet sich eine herrschaftliche Brettsäge. Außer dieser sind noch zwei Gemeindebrettsägen vorhanden, auf welchen herrschaftliche Brettklötze zerschnitten werden können. Zur bequemen Beförderung des Brennholzes ist vom verstorbenen Prinzen zu Anhalt eine Holzflöße eingerichtet, durch welche das Holz aus den Gebirgsschluchten auf dem Flusse Silza geschwemmt wird. Vom Landungsplatze wird das Holz entweder an Holzhändler oder an Fabriksherren und an andere Abnehmer verkauft, soweit dasselbe nicht für den herrschaftlichen Bedarf verwendet, und namentlich bei den Ziegeleien nicht verbraucht wird... Das Schloss auf der Herrschaft Ludwigsdorf ist sehr solide gebaut, und hat durch den Neubau von Wagenremisen und Pferdestallungen sehr gewonnen. Dagegen sind die Ökonomiegebäude teilweise in einem sehr baufälligen Zustande, und müssen neu gebaut werden. Die Ökonomie ist unter der früheren Besitzerin Frau v. Borzecka vernachlässigt, und bedarf daher einiger Nachhilfe. Die Herrschaften Wolfsdorf und Ludwigsdorf bieten indessen seltene Fonds für den Ökonomiebetrieb."

Entgegen diesen beschriebenen Vorzügen waren Lodygowice und Wilkowice in Wahrheit keineswegs der Himmel auf Erden. Im zweiten Schriftstück, seinem „Pro memoria", bemängelt Friedrich allgemein „die Individualität der Untertanen, welche im höchsten Grade ungehorsam, prozesssüchtig und stützig [störrisch, widerspenstig] sind" und in dieser Haltung anscheinend vom Kreisamt geschützt werden.

„Die Grundherrschaft hat z.B. die Verpflichtung, den Untertanen mit Lebensmitteln, Saatgetreide, und sogar mit Inventarstücken zu unterstützen, wenn der Untertan mittellos ist und derartige Unterstützung bedarf."

Diese Kritik ist wohl in erster Linie gegen die Behörde und ihre nachgiebige Haltung gerichtet. Offenbar war die Verwaltungspraxis in Galizien doch wesentlich verschieden von der in Böhmen, die Friedrich bisher kennen gelernt hatte.

Konkreter wird er dann in Beziehung auf das Forstwesen. Hier bekrittelt er zunächst die Holzungs-, Weide- und Waldstreuservitute der Untertanen. Diese Nutzungsrechte, die bei extensiver Ausübung den Waldbestand schädigten und den Ertrag erheblich schmälerten, hatten auch in anderen Teilen Europas eine lange Tradition, stellten also keine galizische Besonderheit dar, waren aber Forstfachleuten wie Friedrich, die einen möglichst hohen Forstertrag für die Herrschaft erwirtschaften sollten, ein Dorn im Auge. Im speziellen Fall in Lodygowice störten Friedrich aber zusätzlich unklare Eigentumsverhältnisse und daraus resultierende Gerichtsverfahren mit ungewissem Ausgang.

In Beziehung auf die „Ökonomie", also auf den landwirtschaftlichen Betrieb, stellt er als nachteilig fest:

- *„Der Boden ist nasskalt mit fester Tonunterlage und hat eine zu flache Krume. Die geringe Produktionskraft zeigt sich aus den Ernteresultaten. Um diese zu erhöhen sind ungewöhnliche Arbeitskräfte und Geldopfer namentlich durch Kalkdüngung erforderlich.*

- *Die Ökonomiegebäude sind größtenteils im destruiertesten Zustande und müssen wenigstens teilweise neu erbaut werden.*

- *Ebenso fehlt es an dem nötigen Inventar, namentlich fehlt der richtige Viehstand und die zur Einstellung desselben erforderlichen Gebäude.*

- *Auf den sämtlichen herrschaftlichen Gründen der vier Vorwerke haftet der pfarrherrliche Naturalgehalt.*

- *Der Ökonomiebetrieb ist zwar auf die Robotleistung der Untertanen basiert. Diese verrichten ihre Robot aber so unregelmäßig, dass, will man die Ernte nicht gefährden, [man] eine angemessene Bezugkraft in den Vorwerken erhalten muss. Hiedurch wird dann der ohnedem zurzeit noch so geringe Ernteertrag sehr reduziert, so dass mit Beiziehung der übrigen Ausgaben für die Oekonomie bei derselben sich ein Passivum zeigt."*

Diese Aufzählung deutet darauf hin, dass in der „Ökonomie", über die auch in anderen Betrieben anzutreffenden Missständen des Forstbereichs hinaus, gravierende Mängel vorlagen, die auf eine jahrelange schlampige Betriebsführung zurückzuführen waren.

An einigen Beispielen führt Friedrich dann vor, dass unklare oder von vornherein nachteilige Vereinbarungen in der Vergangenheit zu Rechtsstreitigkeiten und Ertragseinbußen führten. Alle diese Feststellungen waren als Vorwurf gegen die Besitzvorgänger und nicht gegen den Grafen Stolberg bzw. seine Frau zu verstehen, da diese erst kurz zuvor Eigentümerin der Herrschaft geworden war.

Die beiden Schriftstücke entstanden sicher nicht vor 1844, und ich bin mir sicher, dass Friedrich bei seiner mehrtägigen Besichtigung im Juni 1843 zwar manche Probleme erkennen konnte, wohl aber nicht alle, zumal Graf Stolberg natürlich bemüht war, seinem künftigen Verwalter die Lage in einem rosigen Licht zu präsentieren, um ihn nicht kopfscheu zu machen.

Tage der Entscheidung

Johanna im fernen Orlik war sich bewusst, dass Friedrichs Entscheidung in jedem Fall, gleichgültig für welchen Dienstherren sie ausfiel, für das Leben der ganzen Familie eine einschneidende Änderung bringen würde. Friedrichs Brief vom 3. Juni hatte aber noch alles offen gelassen. Sollte er keine „zusagendere Stellung" finden, so schrieb er,

„so wollen wir mit Bewußtsein unsres inneren Wertes, und in gegenseitiger inniger Liebe das genießen, was uns das Schicksal Gutes bietet und wollen das Stürmen der Außenwelt mit Ruhe betrachten".

Das klang nicht so, als stünde eine Entscheidung über die Zukunft unmittelbar bevor. Tatsächlich war in diesem Augenblick noch nichts entschieden. Auch wenn Friedrich kurz darauf Stolbergs „Anträge" erwähnte, klang das noch unverbindlich, doch kannte Johanna ihren Friedrich genau und las zwischen den Zeilen, dass sein Vorhaben schon weiter gediehen war, als er zugestehen wollte.

Ein Brief vom 7. Juni spiegelt Johannas Besorgnis wider, nicht so sehr um ihr eigenes Schicksal und das ihrer Kinder, als um Friedrichs Zukunft, denn es war ihr vor allem wichtig, dass er in seinem neuen Wirkungskreis Freude und Erfüllung finde. Wenn er dies erreiche, wollte sie auch Nachteile in Kauf nehmen, wie etwa eine kleinere Wohnung, jedoch

„ ... um Deine Dienstesstellung bin ich schwer besorgt, umso mehr, weil ich keine Einsicht darin habe, und fürchten kann, dass Dich das reizende Verhältnis, der Freund des Brotherren zu sein, bestimmen könnte manchen Nachteil der gerade in einem solchen Verhältnis liegt, leicht aufzunehmen. Du hast den Grafen Stolberg als Knaben gekannt, doch das Leben ändert ungemein, bleibt auch der Grund oft gut so kommen so viele Zusätze, welche für den Hauptstamm Stacheln werden, und immer ferner halten; so oft man den Versuch machen will, sich zu nähern wird man empfindlich verwundet, – Du kennst die Art des Grafen besser als ich, und ich will Dich mit meiner Bemerkung zu nichts bestimmen, Dich nicht klüger machen aus meinem dummen Kopf.“

Hatte Johanna dunkle Vorahnungen künftiger Schwierigkeiten?

Friedrich bekam diesen Brief erst fünf Wochen später zu Gesicht, da war längst alles entschieden. Seine Reiseplanung war nicht zum ersten und letzten Mal, vorsichtig ausgedrückt, sehr flexibel. Oft hielt er sich an einem Ort länger auf als ursprünglich vorgesehen und bereitete damit Johanna vermeidbare Sorgen, denn auf Grund der schlechten Postverhältnisse konnte er sie über eingetretene Änderungen nicht kurzfristig benachrichtigen.

Als sie den Brief abschickte, nahm Johanna zu Recht an, Friedrich sei schon unterwegs nach Wien, ohne eine Entscheidung getroffen zu haben. Daher sandte sie den Brief an die Anschrift des Onkels in Wien. Friedrich hatte den Brief Johannas erst am 12. Juli in Händen, als er endlich in Wien eintraf. Ich bin mir allerdings ziemlich sicher, dass er sich auch nicht anders entschieden hätte, wenn er Johannas Brief rechtzeitig in Händen gehabt hätte.

Bemerkenswert ist allerdings, dass Friedrich vom 11. Juni, als er auf dem Weg zu Stolberg nach Pless war, bis zum 3. Juli, also über einen Zeitraum von mehr als drei Wochen, nichts von sich hören ließ; er begründete dieses lange Schweigen damit, dass er Johanna „so gerne das Ende des Geschäftes mitteilen wollte und deshalb vor Beendigung desselben nicht schrieb", war aber andererseits doch „recht böse über sich selbst".

Tatsächlich war er sich überraschend schnell mit Stolberg und seiner Ehefrau einig geworden, denn bereits am 24. Juni kam es zur Unterfertigung einer prunkvollen Vertragsurkunde, in der die Erlauchte Frau Charlotte Reichsgräfin zu Stolberg-Wernigerode den Doctor Friedrich Freiherrn von der Decken-Himmelreich zu ihrem Forstmeister auf Lebenszeit ernannte – natürlich unter der Voraussetzung der Kündigung seines aufrechten Dienstverhältnisses bei Schwarzenberg.

Friedrich hatte seinen Entschluss wohl überlegt. Die Umstände, soweit er sie bei Abschluss des Vertrags mit Stolberg kennen und abschätzen konnte, ließen tatsächlich eine wesentliche Verbesserung seiner beruflichen Situation erwarten. Entsprechend euphorisch fiel auch sein „Endbericht" aus. Leider fehlt der Anfang dieses Briefs, aber wir besitzen die Vertragsurkunde, sodass wir über die wesentlichen Merkmale seiner neuen Beschäftigung Bescheid wissen, wenn auch nicht über Details, die im schriftlichen Vertrag vielleicht nicht erwähnt wurden.

Für Friedrich war es besonders verlockend, dass sein Aufgabenkreis – ich komme darauf noch im Detail zu sprechen – über den eines Forstmeisters weit hinausging (nur in Sielce war er ausschließlich für die forstlichen Agenden zuständig). Bei ihm sollten künftig alle Berichte und Anfragen des Amtmannes (Wirtschaftsverwalters), eines „Naturalverrechners" und des Rentmeisters eingereicht und möglichst auch von ihm erledigt werden. Bisher hatte der Graf selbst diese Aufgaben erledigt. Friedrich war somit unmittelbar dem Grafen selbst untergeordnet und nur diesem bzw. der Gräfin verantwortlich. Anders als in Orlik im Dienst der Schwarzenberg war zwischen dem Grafen und ihm keine

Buchhalterei und keine Revision als Zwischenstelle vorhanden; überhaupt sei in Preußen, so schreibt Friedrich,

„alle entehrende Controlle längst verbannt, so ist meine Stellung als Geschäftsmann des erlauchten gräflichen Hauses von der Art, dass sie nicht angenehmer und ehrenvoller sein kann".

Gerade die bürokratische Kontrolle war es ja, die er in Orlik als Hemmschuh empfunden hatte. Er erwartete sich jedenfalls eine abwechslungsreichere und weniger anstrengende Tätigkeit als in Orlik.

In Unkenntnis der Bedenken Johannas unterstrich er als besonderen Vorteil sein vertrautes Verhältnis zu Stolberg:

„Du siehst aus dem Ganzen, wie solide das Ganze meiner Stellung ist, und da der Graf Friedrich mich persönlich sehr lieb hat, und wir schon als Knaben fest zusammen hielten, und jetzt ein inniges freundschaftliches Band uns so nahe als möglich bringt, so bin ich überzeugt, dass sich für Dich und für uns alle eine recht gemütliche Zukunft entfalten werde ... und ich werde überhaupt von den Stolbergern immer noch als ein Bruder und Sohn ihres Hauses angesehen. – Den Vertrag mit der Gräfin habe ich auf ihren Wunsch selbst entworfen."

Auch die guten Verkehrsverbindungen nach Lodygowice vergaß er nicht zu erwähnen:

„Von Wien haben wir bis Lodygowice 1½ Tagereisen, und wenn die Eisenbahn ganz fertig ist, kaum eine Tagereise. – Von Ratibor und Woinowitz sind wir nur eine Tagereise entfernt."

Als Johanna fünf Tage später diesen Brief in Händen hielt, flüchtete sie voll gespannter Erwartung in ihr Gärtchen, um ihn in Ruhe lesen zu können. Obwohl der Inhalt nicht ihren Erwartungen entsprochen haben kann, fiel ihr Antwortbrief positiv aus: „Du bist recht aufgetaut mein gutes liebes Väterchen, dein Brief bezeigt dies auf alle Weise". Sogar ihr hauptsächliches Bedenken, das freundschaftliche Naheverhältnis zum Grafen könnte nachteilig sein, verkehrte sie nun ins Gegenteil, wenn auch noch immer nicht ganz vorbehaltlos:

"Mir scheint das Verhältnis: den Brotherrn als Freund zu besitzen so ungemessen schön, dass ich immer noch an der Möglichkeit zweifle, oder nach Frauenart etwas fürchte, – ach von den vielen traurigen Erfahrungen wird das Herz so arm an frohem Glauben, dass es sich schon der freudigen Hoffnung öffnet."

Wie auch immer, zum Nachdenken blieb wenig Zeit. Friedrich hatte sich in dem Vertrag mit den Stolbergs verpflichtet, das Dienstverhältnis mit Schwarzenberg sofort zur Auflösung zu bringen und nach Ende der Kündigungsfrist seinen Dienst in Lodygowice anzutreten. Noch vor seiner Weiterreise nach Wien verfasste er sein Kündigungsschreiben an den Fürsten, und am 24. Juli genehmigte dieser das Ausscheiden Friedrichs mit 31. Juli. Somit musste er nach dem Vertrag am 1. August seinen Dienst in Lodygowice antreten.

Friedrichs Vertrag mit Stolberg

Abbildung 5: Vertrag Friedrichs mit Charlotte Stolberg, erste Seite

Der Vertrag über seine Tätigkeit für die Familie Stolberg, den Friedrich ausgehandelt und, wie er stolz hervorhob, selbst formuliert hatte, konnte sich sehen lassen.

Friedrich wurde auf Lebenszeit zum Forstmeister der Gräfin und ihrer Erben und Rechtsnachfolger ernannt. Auf den Herrschaften Lodygowice und Wilkowice übernahm er nicht nur die Oberleitung des Forstbetriebs sondern auch die Oberleitung der Herrschaftsadministration mit Ausnahme der politischen Verwaltung und der Polizei- und Justizangelegenheiten. Auf der Herrschaft Sielce hatte er nur den Forstbetrieb zu leiten.

Friedrich wurde verpflichtet,

„sich den Geschäften des Erlauchten Reichsgräflich zu Stolberg-Wernigerod'schen Hauses mit aller Treue, und Redlichkeit zu widmen, alle Aufträge der erlauchten Frau Charlotte Reichsgräfin zu Stolberg-Wernigerode, so wie jene Ihres Erlauchten Gemahls, Herrn Friedrich Reichsgrafen zu Stolberg-Wernigerode pünktlich und gewissenhaft zu vollziehen, und nach allen Kräften dahin zu streben, dass dem Interesse des Erlauchten gräflichen Hauses möglichst entsprochen werde".

Das Gehalt Friedrichs wurde mit einem jährlichen Barbetrag von sechshundert Gulden Konventionsmünze, „das ist in kaiserlich königlichen Silberzwanzigkreutzer Stücken, drei Stück auf einen Gulden gerechnet, in monatlich gleichen Raten praenumerando zu zahlen" festgelegt. Zusätzlich verpflichtete sich die Gräfin, ihm

„den unendgeldlichen Genuss einer angemessenen Wohnung einzuräumen, das zur Feurung nöthige Holz unendgeldlich zu verabfolgen und beiführen zu lassen, vier Kühe, welche der genannte Forstmeister sich beschaffen wird, im freien Futter und freier Streu, gleich den herrschaftlichen Kühen zu erhalten, und ihrem Forstmeister Friedrich Freiherrn von der Decken - Himmelreich jährlich einen Naturalgehalt von sechsunddreißig niederösterreichischer Metzen Korn, sechzehn niederösterreichischer Metzen Wetzen, vierundzwanzig niederösterrei-

*chischer Metzen Gerste, acht niederösterreichischer Metzen Heide-
korn, sechs niederösterreichischer Metzen Erbsen, einhundertundsech-
zig niederösterreichischer Metzen Erdäpfel, einhundertundsechsund-
dreißig niederösterreichischer Metzen Haber, fünfundsiebzig Zentner
Heu für Pferde, und zehn Schock Krauthäupeln, – alle vorbenannten
Naturalien in guter Qualität, wie die herrschaftlichen Vorräte sie enthalten, dann ferner noch zwölf niederösterreichischer Metzen geringes
Getreide zum Füttern des Geflügels, und endlich für ein paar Pferde,
welche der vorgenannte Forstmeister sich beischaffen wird, das nötige
Stroh zu Gehäck und Streu, unendgeldlich zu verabfolgen, respective
verabfolgen zu lassen".*

Schließlich wurde Friedrich eine „Bonuszahlung" in der Höhe von drei
Prozent vom Reinertrag der Herrschaften Lodygowice und Wilkowice

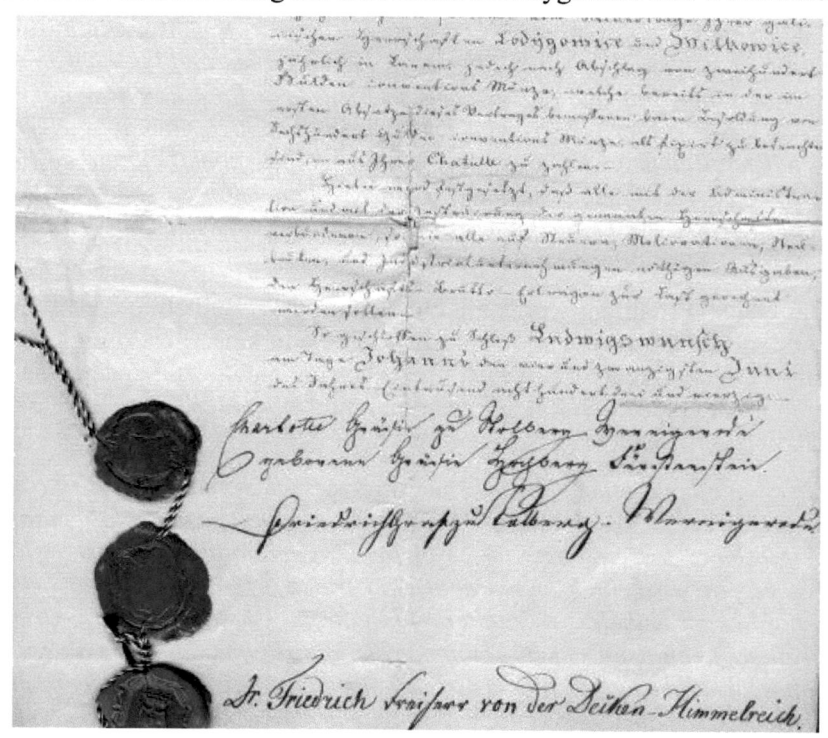

Abbildung 6: letzte Seite des Vertrags

zugesagt, soweit dieser Reinertrag nach Abzug aller Ausgaben, Steuern u.dgl. 200 Gulden jährlich übersteigen sollte. Ein weiterer, unnötig kompliziert formulierter Vertragspunkt sicherte Friedrich aus Alters- oder Gebrechlichkeitsgründen und im Falle seines Todes seiner Witwe Johanna eine Pensionszahlung von höchstens 600 Gulden jährlich zu. In Wahrheit handelte es sich bloß um eine Art „Katastrophenklausel", die nur dann und nur insoweit zum Tragen kommen sollte, als Friedrich (oder seine Witwe Johanna) aus eigenem Vermögen weniger als 600 Gulden Ertrag pro Jahr erzielen würden,

„. . . nachdem der Forstmeister Freiherr von der Decken - Himmelreich nun weit davon entfernt ist, von Ihrer Erlaucht der Frau Charlotte Reichsgräfin zu Stolberg - Wernigerode, oder von Ihren Erben und deren Nachfolger, eine Pension als Sustentationsbeitrag für sich, oder für seine Wittwe anzusprechen, wenn deren, oder sein eigenes Vermögen eine jährliche Rente in Höhe von sechshundert Gulden conventions Münze gewährt".

So war also alles eingehend und für Friedrich vorteilhaft geregelt, nichts war dem Zufall überlassen. Die Naturalwohnung wurde zwar im Vertrag nicht näher definiert, doch vermute ich, dass Friedrich mit seiner Familie im Schloss Lodygowice selbst wohnen konnte. Das Schloss Lodygowice war nach dem Auszug der Vorbesitzer unbewohnt und die Nebengebäude des Schlosses waren wegen ihres schlechten baulichen Zustands für gehobene Wohnzwecke und zur Bewirtung des Grafen bei seinen gelegentlichen Besuchen nicht geeignet.

Friedrich in Wien

Am 12. Juli 1843 traf Friedrich endlich in Wien ein. Er hatte sich noch drei Tage länger als zuletzt geplant in Breslau aufgehalten, denn Karl wollte ihn gar nicht abfahren lassen. Den Onkel Thomas Halirsch – er hatte im Jänner sein siebzigstes Lebensjahr vollendet – fand Friedrich in guter Verfassung, seine Rüstigkeit überraschte ihn. Zunächst las er die Briefe Johannas, dann führte ihn der Onkel auf die Bastei und zeigte ihm einiges von Wiens Herrlichkeiten. Die Aussichten der neuen Stellung Friedrichs beim Grafen Stolberg begeisterten Thomas Halirsch.

Irgendwann war der Gedanke aufgetaucht, Johannas Mutter, Maria Anna Halirsch, könnte in ihre Heimatstadt Wien zurückkehren. Die Übersiedlung nach Galizien wäre dafür nun ein passender Anlass gewesen. Vielleicht hatte sogar die Mutter selbst diese Idee entwickelt. Der Onkel, ihr Bruder, hielt dies für keine gute Lösung, vielleicht sah er auch unerwünschte Verpflichtungen auf sich zukommen. Es gelang ihm, Friedrich davon zu überzeugen, dass Maria Anna Halirsch ein Leben ohne Kinder und Enkel nicht lange ertragen würde. Der zeigte sich nicht gerade begeistert.

„Dir und mir blüht allerdings wenig Freude aus dem Zusammenleben mit der Mutter. – Wir müssen aber hier einen höheren Gesichtspunkt aufstellen, nämlich den, welchen Kindespflicht bezeichnet, und dabei denken, dass in dem Bewusstsein, diese Pflicht mit Aufopferung erfüllt zu haben, Beruhigung und Ersatz liege. – Nicht wahr meine gute Johanna, du bist mit mir einverstanden?"

Das Zusammenleben mit der Mutter war, wie den Worten Friedrichs zu entnehmen ist, vor allem für Johanna nicht einfach. Mutter und Tochter waren seit dem Tod des Franz Hüttenbacher ständig aneinander gebunden, die Heirat Johannas, die immerhin schon elf Jahre zurücklag, hatte diesbezüglich kaum eine Änderung gebracht. Friedrich war viel unterwegs, die beiden Frauen waren oft längere Zeit allein. Die Klagen über das einsame Leben in Itzkowitz sind noch in frischer Erinnerung. Schon alltägliche Meinungsverschiedenheiten werden unter solchen Bedingungen leicht zu Problemen. Es gab aber einen wesentlichen Punkt, in dem grundsätzliche Differenzen auftraten, nämlich die Erziehung Berthas.

Im Sommer 1843, als sich der Berufswechsel Friedrichs vollzog, war Bertha sieben Jahre alt geworden. Sie bekam Unterricht von einem Hauslehrer und lernte ihre Aufgaben, doch erschien Johanna dieser Lehrer zu schwach, weil er das Kind „nur abrichtet, ohne ihren Verstand zu beschäftigen und im Hause zu demütig erscheint." Johanna dachte daran, den Schlosskaplan zu bitten, er möge sich dem Kind ein paar Stunden widmen und ihr „mit Gründen beibringen, was sie so sehr braucht, – sie ist an Fassungskraft weit fortgeschritten und verwildert nun, weil ihr Anhaltspunkte fehlen".

Friedrich reagierte darauf mit dem Vorschlag, für Bertha eine Gouvernante zu suchen. Johanna griff dies begierig auf:

„Dein Vorschlag wegen der Gouvernante wäre mir eine wahre Erleichterung, Berthas prächtige Anlagen verdienen eine ordentliche Ausbildung, welche ihr aber von uns nicht mitgeteilt wird, ... weil Berthas arme Mutter ... nicht handeln kann, wie sie es für gut findet, weil die Großmutter im Wege steht, die Deiner Gouvernante unbedingt weichen müsste. Mein teurer Fritz, mein eigentliches Leben, wird zufrieden sein, meine Kinder bekommen die Möglichkeit einer guten Erziehung."

Dass die Mutter gelegentlich die Kinder betreute, war schon deshalb unvermeidlich, weil Johanna mit der Führung des gesamten Hauswesens ausgelastet war und sich den Kindern nicht in dem Maß widmen konnte, wie sie es sich selbst gewünscht hätte.

Die Sorge Johannas um eine gediegene Ausbildung für Bertha sollte sich in den folgenden Jahren noch verstärken.

Thomas Halirsch

Über seine doppelte familiäre Beziehung zu Johanna habe ich bereits eingangs erzählt. Er war der Bruder von Johannas Mutter, also ihr „echter" Onkel und zugleich als Ehegatte der Antonia Hüttenbacher, der Schwester von Franz Hüttenbacher, ihr „angeheirateter" Onkel. Seine wirtschaftliche Existenz als Hof- und Gerichtsadvokat war gesichert; Schicksalsschläge blieben ihm nicht erspart: Seine erste Frau Antonia[19] und beide Söhne waren in jungen Jahren verstorben, sodass schließlich seine Nichte Johanna die einzige lebende Blutsverwandte war. Nach dem Tod von Johannas Vater – Johanna war damals noch minderjährig – fiel ihm die Funktion eines Vermögensverwalters für seine Schwester und seine Nichte zu. Es waren Wertpapiere vorhanden, wahrscheinlich aus dem Besitz von Franz Hüttenbacher, vielleicht aber auch aus anderen Quellen. Der Besuch von Friedrich in Wien bot gleich auch die

---

[19] *Thomas Halirsch war in zweiter Ehe ab 1805 mit Anna geb. Prukner verheiratet, auch diese war beim Besuch Friedrichs nicht mehr am Leben.*

Gelegenheit, die halbjährigen „Interessen", also den Ertrag der Wertpapiere von Wien nach Orlik zu transferieren.

Dr. Thomas Halirsch – ich greife hier zeitlich vor – erwies sich noch posthum als helfender Engel Johannas in der finanziell beengten Lage, in die sie durch Friedrichs frühen Tod geriet. Thomas Halirsch starb 1849, und Johanna wurde seine Alleinerbin. Auch in seinem Nachlass gab es Wertpapiere. Es dürfte sich nicht um große Werte gehandelt haben, die er ihr hinterließ, Johanna musste aber mit dem Vormundschaftsgericht ihrer minderjährigen Kinder in Prag eine Auseinandersetzung darüber führen, ob sie über diese Vermögenswerte frei verfügen konnte, oder ob das Gericht für die Kinder darauf Ansprüche erheben konnte.

Friedrich plante schließlich in Wien seine Heimreise nach Orlik. Am 13. Juli lässt er Johanna wissen:

„Ich projektiere folgendes Reiseplänchen durchzuführen. – Am 16ten von hier [mit dem Dampfschiff!] nach Linz, wo ich am 17ten eintreffe, am 18ten nach Budweis [mit der Pferdeeisenbahn], – und am 19ten zu Dir meinem Leben. – Sollte sich meine Abreise von hier auch um einen Tag verschieben, – oder sollte ein unerwarteter Aufenthalt eintreten, so macht dieses keinen großen Unterschied, und wenn Du diesen Brief noch früh genug bekömmst, so schicke meinen Johann ab, dass er am 18ten des Abends in Budweis in der Glocke oder im Hasen eintrifft, und dort auf mich wartet. – Ich glaube indessen ganz sicher am Dienstag den 18ten des Abends in Budweis zu sein, – und würde mich unendlich freuen Dich meine teure geliebte Johanna dort zu finden."

Leider wissen wir nicht, ob Johanna seinen Brief diesmal zeitgerecht erhielt und ob sich das ohnehin nicht sehr exakte „Reiseplänchen" verwirklichen ließ.

Lodygowice

Abbildung 7: Schloss Lodygowice ©Gower

Friedrich überließ die Einzelheiten der Auflösung des Haushalts in Orlik vertrauensvoll Johanna. Sie würde bestimmen, was mitzunehmen war. Alles andere sollte in Orlik verkauft werden. Die Möbel ließen sie zur Gänze zurück, denn Friedrich hatte erfahren, dass in Bielitz und Biala sehr gute Möbeltischler zu finden waren. Es war ihm klar, dass die Anfertigung neuer Möbel längere Zeit in Anspruch nehmen würde, deshalb hatte er bereits mit Karl Kuh vereinbart, Johanna mit den Kindern vorerst in Woinowitz unterzubringen, während er in Lodygowice „das Quartier möblieren und zum freundlichen Empfang herrichten" würde. „Karl freut sich sehr, Dich meine geliebte Johanna in Woinowitz gastlich aufnehmen zu können". Der gute Schwager Karl griff also auch bei dieser Gelegenheit helfend ein.

Wie lange es tatsächlich dauerte, bis Johanna mit den Kindern aus Woinowitz nach Lodygowice ziehen konnte, wissen wir nicht. Zwischen Juli 1843 und April 1844 wurden keine Briefe gewechselt (oder nicht aufbewahrt), doch gab es offenbar noch im Frühjahr 1844 Probleme mit der Herstellung und Lieferung der neuen Möbel. Aber zu dieser Zeit war die Familie jedenfalls schon in Lodygowice vereint.

Mit dem Abtransport des Hausrats von Orlik war es aber nicht getan. Da gab es im Haushalt noch das Dienstmädchen, die „Dadla Rosel", und den Kutscher Johann. Friedrich schlug vor, sie beide mitzunehmen, wenn sie das wollten. „Die Leute sollen es ihr lebelang gut bei mir haben".

Johanna musste behutsam vorgehen: Es sollte in Orlik nicht vorzeitig publik werden, dass Friedrich aus dem fürstlichen Dienst schied. Sie zog zuerst das Dienstmädchen ins Vertrauen, denn die war verschwiegen. „Sie versicherte mich mit Tränen, sie geht überall mit mir, denn außer uns hätte sie nicht Wertes." Den Johann weihte sie vorerst nicht ein, sie hielt es für möglich, dass auch er mitgehen werde, „es ginge ihm glaube ich dort besser als hier, nur weiß ich nicht, ob er sich mit der deutschen Sprache befreunden wird".

Für die Erledigung seiner dienstlichen Angelegenheiten stand Friedrich in Orlik ein Adjunkt namens Emanuel Rost zur Seite. Er war 27 Jahre alt, stammte aus Cimelice, einer kleinen Ortschaft nahe Orlik, hatte eine Ausbildung für das Forst- und Jagdwesen und stand seit zwei Jahren im fürstlichen Dienst. Friedrich schätzte besonders seinen Fleiß und seine Ordnungsliebe. Auch ihn sollte Johanna auf die bevorstehende Veränderung vorbereiten. Er war von ihrer Mitteilung so ergriffen,

„ ... dass er ganz verstört war. Er sagte: Nun bin ich auch hier fertig, ich gehe gleich nach dem Herrn Forstmeister, auch wenn ich es ihm nicht versprochen hätte, denn ohne ihn bindet mich hier nichts. "

Diese spontane Reaktion brachte Johanna auf die Idee, Friedrich könnte auch den Rost nach Lodygowice mitnehmen. Ob Friedrich dem großen Umfang seiner neuen Geschäfte gewachsen sein werde, war ihr „mit sorglicher Last aufs Herze gefallen". Daran knüpfte sie die folgende Überlegung:

„Du wirst deine Stelle ohne einen tätigen Gehilfen nicht allein versehen können, und Du hast keinen geprüften sichern Menschen dazu, Du wirst Dir erst einen solchen suchen müssen, und kannst fehl greifen, – könntest Du für einen solchen Platz nicht den Rost nehmen, von dessen treuer Anhänglichkeit Du so viele Beweise hast? Seine Ansprüche sind sehr bescheiden, und ich glaube wenn Du ihm ein Plätzchen geben könntest wo er seine Maria mitnehmen kann, wird er nicht nur gerne gehen, sondern Dir zu eigen sein auf ewig."

Tatsächlich kehrte auch Emanuel Rost trotz seiner geringen Deutschkenntnisse dem Schwarzenbergschen Dienst den Rücken und zog mit Friedrich nach Lodygowice.

Köthen

Das nächste zeitliche Fenster, aus dem wir einen Blick auf den Lebenslauf der Familie von der Decken werfen können, öffnet sich erst Ende März 1844.

Friedrich trat im Auftrag des Grafen eine längere Reise an. Aus den ersten Briefen an Johanna aus dieser Zeit ist zunächst nicht zu entnehmen, welchem Zweck die Reise dienen sollte. Geheimhaltung war die Devise. Es durfte niemand von den Bediensteten der Herrschaft erfahren, wo sich Friedrich aufhielt. Johanna hatte den Auftrag, ihm „ohne Not" keine Briefe zu schreiben, und wenn doch, dann musste die Post über einen Mittelsmann befördert werden, oder es stellte sich der Graf selbst als „Postillon d'amour" zur Verfügung, wie dies offenbar beim ersten Brief der Fall war, den Johanna nach dreiwöchigem Alleinsein schrieb.

Lassen wir zunächst den Alltag in Lodygowice, wie Johanna ihn darin beschreibt, auf uns wirken:

Der Adjunkt Friedrichs, Emanuel Rost, der aus Orlik mitgekommen war, hatte sich mit seiner Frau „im Schwalbennest eingenistet" und war nun ziemlich zufrieden. Sie taute allmählich auf und begann mutiger Deutsch zu sprechen.

Die noch nicht drei Jahre alte Antonia

„fiel an eine Ecke mit der Stirne an, was eine unrechtmäßige Öffnung verursachte, wovon sie wahrscheinlich eine solche Narbe behalten wird, wie Dein Mopsgesicht sie über dem rechten Auge trägt. – Das Kindlein war aber schon eine Stunde nach dem Zufall wieder so munter wie vorher, und trägt das Pflästerchen darauf ohne es mehr zu wissen. Ein mächtiger Schutzengel steht diesen Lieblingen Gottes zur Seite, anders ist es nicht erklärlich dass sie oft mit geringem Schaden davonkommen."

Zunächst ist nicht klar, wer in der Familie das Mopsgesicht hatte. Die Lösung findet sich in Friedrichs Antwortbrief, der Johanna und Antonia beruhigt:

„Wenn [sie] durch ihre Stirnwunde keine stärkere Narbe behält als ihre Mutter, so wird dieses kein Hindernis sein um einen sie innig liebenden Mann zu bekommen."

Abbildung 8: Herzog Heinrich von Anhalt - Köthen

Johanna bezeichnete – offenbar nicht zum ersten Mal – ihr eigenes Gesicht im Scherz als „Mopsgesicht".

Die achtjährige Bertha hatte sich ein Gärtchen angelegt, das sie dreimal täglich anders auspflanzte; sie brachte ihrer Mutter die Veilchen des ganzen Gartens.

Bei dem geheimnisvollen Auftrag, mit dem Friedrich auf seine lange Reise geschickt wurde, ging es um die Bereinigung vermögensrechtlicher Auseinandersetzungen, die seit Jahren zwischen den Familien der Fürsten von Anhalt-Köthen, Anhalt-Köthen-Pless, der Grafen Hochberg-Fürstenstein und der

Grafen Stolberg erfolglos verhandelt worden waren. Alle vier Familien waren seit Generationen durch wiederholte Eheschließungen miteinander verwandt. Solche Verbindungen verfolgten regelmäßig den Zweck, Besitztümer zu erhalten oder noch zu vermehren. Oft genug entstanden dabei aber leider nicht nur Vorteile sondern auch endlose Streitigkeiten, die existenzvernichtende Wirkung haben konnten, wenn sie mit entsprechender Unnachgiebigkeit geführt wurden.

Im Anlassfall erhoben die Stolbergs und die Familie Hochberg-Fürstenstein aus im Detail mir nicht bekannten Rechtstiteln finanzielle Ansprüche gegen den Herzog Heinrich von Anhalt-Köthen, an den durch den Tod seines Bruders Ludwig auch die Herrschaft Pless zurückgefallen war. Die Ansprüche waren grundsätzlich berechtigt, strittig war nur die Höhe.

Nach jahrelangem Hin und Her bestand nun akuter Handlungsbedarf: Einerseits brauchte Friedrich Stolberg dringend Geld, andererseits stand das Erlöschen der Dynastie der Herzöge und Fürsten von Anhalt-Köthen bevor. Ein möglichst günstiger Vergleich mit dem kinderlosen Herzog Heinrich war dringend geboten. Friedrich bezeichnete es

„als eine Lebensfrage für Stolberg, ob die Differenzen zwischen dem Grafen und Herzoge auf diese Weise beigelegt werden würden, oder ob es zu kostspieligen endlosen Prozessen kommen würde".

Die Juristen auf beiden Seiten hatten bereits viel Pulver verschossen, daher versuchten die Familien Stolberg und Hochberg-Fürstenstein, auf einem anderen Weg zum Ziel zu gelangen und schickten einen Nichtjuristen, ihren Forstmeister und Gutsverwalter Friedrich von der Decken, in die Schlacht.

Von Lodygowice, das er in gedrückter Stimmung verließ, begab sich Friedrich zuerst nach Ludwigswunsch. Stolberg wollte ihm noch Direktiven für die Verhandlung mit dem Herzog mit auf den Weg geben. Friedrich war nach diesem Besuch beim Grafen wie vor den Kopf gestoßen.

„Stolberg hat mich bei meiner Abreise von Ludwigswunsch, durch die Art und Weise wie er mir, seinem Generalbevollmächtigten die Hände band, und durch den Inhalt meiner Instruktion so tief verletzt, dass ich

diese Verletzung nie vergessen werde, wenn gleich ich das Geschehene seiner Persönlichkeit zu guten halte. – Ich würde ihm in Ludwigswunsch unbedingt erklärt haben, dass ich nicht nach Köthen gehen würde, hinge ich nicht mit so großer Verehrung an die vortreffliche Gräfin. Stolberg verkennt seinen Standpunkt, welchen er dem Herzog gegenüber hat, total, so wie er sein eigenes Interesse verkennt. – Ich soll als Bevollmächtigter unterhandeln, und bekomme nebst Generalvollmacht eine separate Instruktion, deren Duplikat ich mit Empfangsbestätigung unterschreiben muss, damit ich im Falle eines Abweichens von den darin festgesetzten Punkten, gefasst und zur Verantwortung gezogen werden kann. – Diese Instruktion welche Stolberg entworfen ist das dümmste Machwerk welches ich jemals gesehen, – und Stolberg konnte, statt mir, einen Automaten nach Köthen schicken, der den gut einstudierten Vers hergesagt hätte. – Ich habe so gebundene Hände, dass ich mich aber auch nicht im mindesten bewegen kann, und dem Herzoge, sowie seinem Bevollmächtigten gegenüber alle Augenblicke auf die lächerlichste Weise in Verlegenheit komme. – Der arme Stolberg hat Misstrauen gegen mich, und hat sich vor dem Missbrauch meiner Vollmacht sichern wollen; – er war bange der Herzog würde mich für sich gegen Stolberg - Interesse gewinnen."

Und wieder begann eine Reise Friedrichs mit dem Ausbruch einer Krankheit. In Berlin angekommen klagte er über Halsentzündung, Husten, Brustschmerzen, Angst vor einer Lungenentzündung, Nasenbluten. Der Husten plagte ihn besonders lange, erst Ende Mai klang er langsam ab. Es ist vorstellbar, dass der Ärger über das Verhalten Stolbergs zum schlechten Gesundheitszustand des sensiblen Friedrich beitrug. In Berlin hielt er sich vierzehn Tage auf. Welches Ziel er mit einer Audienz beim preußischen Staatsminister Anton Graf Stolberg, einem Onkel Friedrich Stolbergs, verfolgte, erfahren wir nicht. An vier Abenden besuchte er das Theater, die übrige Zeit verbrachte er einsam zu Hause, „unwohl und geistig zu sehr gebeugt, um an das Treiben der Menschen Lust und Freude zu finden." Der Hauptgrund dafür, dass er sich in der Hauptstadt Preußens so lange aufhielt, war aber, dass seine Uniform, die er sich für den Auftritt am herzoglichen Hof offenbar anfertigen ließ, nicht früher fertig wurde!

Endlich, am 21. April, konnte er nach Köthen abreisen – mit der Eisenbahn, wie er erwartungsgemäß hervorhebt, 20 Meilen in nur fünf Stunden! Aber Herzog Heinrich war nach Rosslau bei Dessau abgereist, also fuhr Friedrich ihm dorthin nach. Am 23. April hatte er bereits die erste Audienz. Danach kehrte der Herzog nach Köthen zurück, Friedrich wieder hinterher. Die nächste Audienz war dann in Köthen am 30. April. Zunächst schien Friedrich in den Verhandlungen mit dem Herzog und seinem Bevollmächtigten gut voranzukommen. Schon am 1. Mai hatte er

„den Herzog auf dem Punkt, wo es bestimmt zu einem vorteilhaften Abschluss gekommen wäre. Ich musste aber die Unterhandlung abbrechen, da meine Instruktion mir die Hände band, – und glaube auch nicht, den Herzog wieder so gemütlich stimmen zu können, wie damals – denn ich kann doch dasselbe Lied nicht wieder singen, und täte ich es auch, so macht sein Inhalt nicht mehr den früheren Eindruck".

Die Gespräche wurden also unterbrochen, Friedrich berichtete schriftlich an Stolberg und musste die Stellungnahme abwarten. Dieser Vorgang wiederholte sich noch einige Male.

Die Verhandlungen verliefen in einer angenehmen Atmosphäre. Der Obersthofmeister, der Hofmarschall, die Kammerherren und Hofdamen und „andere sehr achtungswerte Männer und Familien" empfingen Friedrich mit „wahrer Herzlichkeit" und nannten ihn einen Friedensboten. Er genoss diese Freundschaftsbezeugungen sehr – offenbar war er für derlei Schmeicheleien empfänglich.

Einige Male lud ihn der Herzog zur Tafel ein, später kam er davon ab, er nannte Stolberg einen misstrauischen Menschen und befürchtete, der Graf könnte auf den Gedanken kommen, er wolle Friedrich dadurch bestechen.

Dass auch der Herzog eine solche Absicht immerhin als denkbar ansah, weist ihn und Stolberg als Kenner der üblichen Verhandlungstricks aus und lässt die strikten Auflagen Stolbergs, an denen Friedrich so heftig Anstoß nahm, in einem milderen Licht erscheinen. Es mag schon sein, dass die Instruktionen Stolbergs inhaltlich unsinnig waren; jedoch sah sich Friedrich schon allein durch die Auferlegung von Beschränkungen in seiner Ehre gekränkt. Hier tritt wieder ein bekannter Charakterzug Friedrichs zutage. Schon in Orlik hatte er Schwierigkeiten damit, eine Kontrolle seiner Tätigkeit zu akzeptieren. Umso härter mussten ihn nun die gräflichen Vorkehrungen mit Duplikat und Empfangsbestätigung treffen. Für Friedrich war es unerträglich und empörend, dass der Graf ihm ein unehrenhaftes Verhalten überhaupt als möglich unterstellte, für den weniger einfühlsamen Grafen war es dagegen nur Routine im Umgang mit Untergebenen.

Die geschäftlichen Unterredungen wollten zu keinem Abschluss kommen. Der Herzog war ein Zauderer, fasste schwer einen Entschluss, war „ängstlich bei der Wahl der Ausdrücke, wie eine endlich beschlossene Sache ausgesprochen und niedergeschrieben werden soll". Friedrich musste viel Mühe und Geduld aufwenden.

Die lange Dauer der Verhandlungen hatte aber auch ihr Gutes. Friedrich legte die anfängliche Scheu vor der ungewohnten Ungebung ab. Der Reiz des Neuen verflüchtigte sich, der Umgang bei Hof wurde ihm alltäglich.

„Das Hofleben hat etwas ganz eigentümliches; ich bin jedoch mit den Formen desselben bald bekannt geworden und bewege mich nun wie ein alter Hofcavalier so frei und ungezwungen, als wäre ich zu Hause."

Der Herzog selbst kam bei Friedrich weniger gut weg. Friedrich fand in seinem Wesen etwas Unangenehmes und Abstoßendes, dennoch werde er von allen verehrt, „seine Beamten das ganze Militair und die meisten seiner Diener lassen sich für ihn jeden Augenblick tot schlagen."

Inzwischen gab es in Lodygowice Neuigkeiten. Johanna war wieder schwanger – was sie schon vermutet hatte, hatte sich inzwischen bestätigt. Gefasst trug sie die damit auftretenden Beschwerden, denn ihre Erfahrung hatte sie inzwischen gelehrt, dass diese ein gutes Vorzeichen waren. Bei Toni war ihr auch so übel gewesen, während die letzte Schwangerschaft zunächst beinahe beschwerdefrei verlaufen war und schließlich mit einer Fehlgeburt geendet hatte – die sechste, die uns bekannt ist! Ich will es gleich vorwegnehmen: diesmal kam die Schwangerschaft mit der Geburt der Tochter Johanna am 15. Dezember 1844 zu einem glücklichen Ende.

Mittlerweile hatte sich in Lodygowice doch herumgesprochen, dass Friedrich in Köthen war und dort Verhandlungen mit dem Herzog führte. Niemand konnte sich vorstellen, was da so lange dauerte. Die Gerüchtebörse kochte.

„Unter dem Plebs ist hier das Gerede, der Herzog hätte dich einsperren lassen, darum kämst du so lange nicht."

Und schonend bereitete Johanna ihren Friedrich darauf vor, dass einige gräfliche Anordnungen in Lodygowice Unmut ausgelöst hatten.

„Einige Böcke, von höchster Hand geschossen, werden dich etwas är-gern, doch lass dich das nicht angreifen; deine weitere Umsicht wird wieder vieles gut machen. Der fromme Amtmann schlägt nur die Hände zusammen, und wagt höchstens ein saures Gesicht, – Rosts derbere Natur machte sich aber schon einige mal in einigen Flüchen Luft, wobei er grün und gelb wurde."

Am 12. Juni 1844, nach rund eineinhalb Monate zäher Verhandlungen, hatte Friedrich

„die schwierige Aufgabe endlich glücklich gelöst und den Vergleich zwischen dem Herzog und dem Grafen auf eine so vorteilhafte Weise für den Letzteren zu Stande gebracht, wie er es nie ernstlich erwarten durfte".

Danach erhielt Stolberg 100.000 Taler Kapital und 3375 Taler Zinsen, das waren etwa 150.000 Gulden Konventionsmünze.

Auf dieses Ergebnis war Friedrich sehr stolz. Anknüpfend an Johannas Bemerkung in ihrem letzten Brief konnte er sich einen Seitenhieb auf seinen Brotherrn nicht verkneifen:

„Dass mein gnädigster Graf und Herr während meiner Abwesenheit nicht einen, sondern mehrere Böcke geschossen habe, glaube ich gerne. Hätte ich hier so gezielt wie er es gewollt, so hätte ich hier gewiss eben-falls einen großen Bock geschossen, und würde unverrichteter Sache zurückgekehrt sein. In Lodygowice hoffe ich das Nötige reparieren zu können."

Die Vergleichsurkunde, die vorerst nur Friedrich und der Vollmachtsträger des Herzogs, der Geheime Oberregierungsrat Dr.Pernis, unterfertigten und siegelten, wurde sofort nach Ludwigswunsch zur Ratifizierung durch Graf und Gräfin Stolberg abgesendet und nach Rücklangen auch vom Herzog ratifiziert. Sodann erhielt Friedrich einen Teil der Vergleichssumme, nämlich 40.000 Taler bar ausgezahlt und begab sich damit auf die Reise, und zwar zunächst nach Berlin zum Minister Anton Graf Stolberg.

Friedrich erhält Generalvollmacht

Die weitere Reise verlief anders als geplant. Vorgesehen war, dass Friedrich bereits Ende Juni mit Graf und Gräfin Stolberg in Liegnitz zusammentreffen sollte. Dort war Stolbergs Vater, Ferdinand Graf Stolberg-Wernigerode, Regierungspräsident des Regierungsbezirks[20]. Das Ergebnis des Vergleichs und das weitere Vorgehen sollten in einem größeren Familienkreis besprochen werden. Es war dringend notwendig, Ordnung in die Finanzen der Familie zu bringen. Friedrich sollte auch dabei zur Seite stehen – aus dem Forstmeister war ein Vermögensberater geworden.

Der Aufenthalt in Liegnitz dauerte länger als ursprünglich vorgesehen. Die Stellung Friedrichs erfuhr eine wichtige Veränderung. Graf Stolberg war Generalbevollmächtigter der Gräfin. Diese Generalvollmacht übertrug er nun in schriftlicher Form auf Friedrich. Die Erweiterung des Vertretungsrechtes ermächtigte diesen nun, die gräfliche Familie in allen Angelegenheiten, also im Geschäftsverkehr sowie vor Gericht und Behörden zu vertreten. Dass Graf und Gräfin ihrem Forstmeister und Verwalter so umfassende Befugnisse einräumten, beweist, wie zufrieden sie mit dem Ergebnis seiner Bemühungen in Köthen waren.[21] Am 14. Juli übergab Gräfin Stolberg in Liegnitz Friedrich ein Verzeichnis der Schulden ihres Mannes. Nach dieser Aufstellung überstiegen diese nur knapp das nunmehr vorhandene Kapitalvermögen.

---

[20] www.*territorial.de/ndschles/rbliegni.htm*

[21] *Die Vollmacht selbst ist leider nicht erhalten geblieben. Decken kündigte sie im Herbst 1845 auf und stellte sie dem Grafen zurück.*

Dies erschien Friedrich nicht besorgniserregend, und er erhielt von der Gräfin den Auftrag, einen Vorschlag zur „Regulierung der finanziellen Verhältnisse ihres Mannes" auszuarbeiten.

Friedrich war nach Beendigung seiner Mission in Köthen längere Zeit in Liegnitz, dürfte also keine Gelegenheit gehabt haben, wenigstens für ein paar Tage nach Lodygowice zu kommen. Liegnitz liegt in Niederschlesien, mehr als 300 km von Lodygowice entfernt, für einen Umweg mit der Postkutsche keine Kleinigkeit.

Johanna in Ratibor

Bald nachdem Friedrich nach Köthen abgereist war, hatte sich Johanna mit dem Gedanken getragen, ihre Schwägerin Johanna Wollenhaupt in Ratibor zu besuchen. Diese hatte sie und die Kinder eingeladen, Friedrich redete Johanna zu und erlaubte ihr die Reise – es war völlig selbstverständlich, dass seine ausdrückliche Zustimmung für dieses Vorhaben erforderlich war – und Johanna bedankte sich sehr herzlich dafür. Sie konnte sich aber nicht recht entschließen, sie fühlte sich gesundheitlich beeinträchtigt und scheute das „grässliche Spektakel" der Mutter, „wenn sie nur auf acht Tage werde fort wollen". Dann kam die Schwangerschaft dazwischen; in der kritischen ersten Zeit zu reisen, war nicht ratsam, auch Friedrich riet ihr jetzt ab.

Als sich dann ihr Zustand stabilisierte und sie zur Reise entschlossen war, kam eine Absage von Johanna Wollenhaupt wegen eines unerwarteten Besuchs. Johanna war verärgert und enttäuscht. Schon hatten sie und Friedrich sich damit abgefunden, dass sie in Lodygowice bleiben werde, da wiederholte Johanna Wollenhaupt die Einladung – der überraschende Besuch war wieder abgezogen. Spontan entschloss sich die schwangere Johanna noch im Juni 1844 zur Reise in das knapp 100 km entfernte Ratibor. Die Kinder waren von der unverhofften Abwechslung begeistert. Für die Fahrt bis nach Pless stellte Stolberg Pferde bereit. Um fünf Uhr früh schon verließen sie das Haus und erreichten um neun Uhr Ludwigswunsch, wo die Gräfin Stolberg sie erwartete und herzlich empfing. Gegen Mittag setzten sie die Reise mit der Postkutsche fort und erreichten um sieben Uhr abends Ratibor. Johanna fühlte sich ganz wohl und glücklich, nachdem sie

„den Staub aus den Augen gewaschen hatte, dessen es freilich auf der Straße sehr viel gibt ... Die Mutter hat sich in das unabwendbare Geschick mit ziemlicher Geduld ergeben, und äußerte nur: ihre einzige Hoffnung stehe nun dahin; dass es mir wohl hier nicht gefallen werde, und ich daher bald zurückkomme, überdies durch die Reise abgeschreckt die Lust verlieren würde je wieder dergleichen zu unternehmen".

Johanna genoss es sehr, dem ewigen Einerlei in Lodygowice für ein paar Tage den Rücken zu kehren. Sie wusste, dass sie nicht lange bleiben konnten, denn Johanna Wollenhaupt hatte schon vor längerer Zeit für ihr krankes Kind einen Kuraufenthalt in Gräfenberg[22] bei dem berühmten Naturheiler Prießnitz geplant, und ihre Abreise stand unmittelbar bevor. Auch wollte Johanna die Mutter nicht längere Zeit allein lassen, und nicht zuletzt wäre ein längerer Aufenthalt auch eine Belastung für das Haushaltsbudget gewesen, „denn ich bin mit 4 Köpfen da, und das macht schon einen wesentlichen Unterschied, wo man alles teuer kaufen muss." Vergessen wir nicht, Friedrich hatte überwiegend „Naturalbezüge", das tägliche Leben war auf die Selbstversorgung aus der eigenen kleinen „Ökonomie" ausgerichtet, auf Reisen musste man unverhältnismäßig viel Bargeld aufwenden. Die sparsame Johanna rechnete bei den vier Köpfen gleich die ungeborene Johanna dazu.

Der Kurzbesuch in Ratibor im Hause Wollenhaupt verlief sehr harmonisch. Sie schwärmte in einem Brief an Friedrich von den vielen freundlichen Menschen, die ihr dort begegneten. Es kam zu einem Wiedersehen mit Karl Kuh, der in Köthen Friedrich getroffen hatte und ihr Beruhigendes über seinen Gesundheitszustand berichten konnte. Friedrichs Bruder Leopold, der in Ratibor als Arzt praktizierte, hatte sogar das Zimmer ausmalen lassen, in dem Johanna während ihres Aufenthaltes wohnte.

Leopold von der Decken genoss einen guten fachlichen Ruf, er hatte schon während seiner Studienzeit eine wissenschaftliche Arbeit "Die

---

[22] *Gräfenberg bei Freiwaldau, heute Lázné Jesenik, die „Perle des Altvatergebirges" im Sudetenland, Tschechien. Vinzenz Priessnitz gründete hier 1830 die erste Wasserheilanstalt der Welt.*

Reform der Wissenschaft" veröffentlicht. Friedrich und Johanna nahmen seine ärztliche Kunst wiederholt in Anspruch. Über ihn, der im Geschwisterkreis scherzweise „die Bolze" genannt wurde, finden sich in den Briefen Friedrichs und Johannas gelegentlich Bemerkungen, aus denen der Eindruck entsteht, dass er ein Mensch mit eigenwilligen Umgangsformen, ungestüm und verletzend in seinen Äußerungen, jedoch stets hilfsbereit und charakterlich integer war. Auch bei ihrem jetzigen Aufenthalt in Ratibor muss es zu einem Wortgeplänkel zwischen Johanna und ihm gekommen sein:

„Die Bolze ist noch die Alte – lass dich nicht irre machen, wenn er donnert aus seinen Höhen, – ich habe ihm gezeigt dass ich weiß was ich will, und nun habe ich Ruhe, ohne dass er mich zu den großen Haufen „ordinären Volkes" geworfen hätte."

Hier tritt uns eine selbstsichere Johanna entgegen, ein Charakterzug, der aus der bisherigen Korrespondenz nicht zu erkennen war. Nach diesem reinigenden Gespräch entwickelte sich zwischen ihr und Leopold ein herzliches Verhältnis in gegenseitiger Wertschätzung. In einem Brief vom September 1844 trug sie Friedrich, der sich gerade in Ratibor aufhielt, auf:

„Die Bolze – wenn er es leiden will, so gib an meiner Stelle auf sein breites ungewaschenes Maul einen herzlichen Kuss. Sage ihm, nur mütterliche Liebe sei die einzig wahre beständige, welche selbst Misshandlungen verwindet und vergisst, – und so wäre er, der Sohn meiner Wahl meinem Herzen immer nahe, und viel mal lieb und teuer; sehr gerne hätte ich ihn noch gesehen ehe ich ganz nahe an jene Klippe steuere, wo es leicht ein Leben einzubüßen gibt, ehe ein anderes errungen wird."

Es wäre nicht Johanna, wenn hinter dem heiteren Geplauder nicht auch die Angst vor der herannahenden Geburtsstunde zu spüren wäre.

Ungelöst war weiterhin das Problem, für die inzwischen achtjährige Bertha eine gute Schule oder sonstige Ausbildungsmöglichkeit zu finden. Bezüglich Antonia stellte sich die Frage vorerst nicht, sie war noch keine drei Jahre alt. Das Vorhaben, für Bertha eine Gouvernante zu finden, war gescheitert, die Gründe dafür sind nicht bekannt. Sie wurde vom Kaplan unterrichtet, das war in Johannas Augen „so viel wie nichts". In Ludwigswunsch hatte Johanna mit der Gräfin Stolberg, die selbst drei Töchter im Alter zwischen sieben und vier Jahren hatte, über dieses Thema geredet, sowie über die Schwierigkeit, in Lodygowice etwas Geeignetes zu finden. Die Gräfin zeigte sich sehr interessiert und stellte ihre Unterstützung in Aussicht.

Zukunftspläne scheitern

Friedrichs Überlegungen gingen noch mehrere Schritte weiter: Er sprach in seiner Euphorie über den günstigen Abschluss in Köthen davon, er habe dem gräflichen Hause einen so wesentlichen Dienst erwiesen, dass er hoffe, die Gräfin werde Bertha zu sich nehmen. Es wäre für die ganze Familie vorteilhaft, in Pless zu wohnen, denn dort wäre für den Unterricht der Kinder leichter zu sorgen, Johanna würde eher „ihr zusagenden geselligen Verkehr" finden, er selbst könnte dem Grafen mehr zur Seite stehen und wäre von Lodygowice und Sielce, den beiden von ihm verwalteten Gütern, gleich weit entfernt.

Vergessen war der Ärger über Stolbergs „Instruktionen" bei der Abreise nach Köthen; Friedrich war es gelungen, durch das großartige Ergebnis dem Grafen – und nicht zuletzt sich selbst – seine Fähigkeiten zu beweisen. Der Graf hatte den Erfolg auch anerkannt und seine Befugnisse erweitert. So ist es begreiflich, wenn er nun für sich und seine Familie Pläne für eine bessere, bequemere Zukunft schmiedete.

Aber das Glück war Friedrich nicht hold, das dicke Ende folgte auf dem Fuß. Die Vermögensaufstellung, die die Gräfin Stolberg Friedrich in Liegnitz übergeben hatte, wies Schulden des Grafen von 128.730 Gulden aus, denen auf Grund des Vergleichs mit dem Herzog ein Kapitalvermögen von 124.000 Gulden gegenüberstand. Dieser geringfügige Überhang der Schulden hatte Friedrich nicht beunruhigt.

Tatsächlich erwiesen sich in der Folge bei genauer Überprüfung Stolbergs Verbindlichkeiten jedoch als weit höher. So etwa war in der gräflichen Aufstellung nicht berücksichtigt, dass der Kaufpreis, den Ludwig von Anhalt-Köthen-Pless im Jahr 1840 für die Güter Lodygowice, Wilkowice und Pless vereinbart hatte, noch nicht ganz abgezahlt war. Auf eine ganze Reihe weiterer unbezahlter Rechnungen und Zinsen hatte man „vergessen". Friedrich errechnete einen Schuldenstand von 202.192 Gulden, also um rund 73.500 Gulden mehr als in dem ihm übergebenen Verzeichnis.

Überdies hatte Stolberg die Ertragslage seiner Güter zu optimistisch eingeschätzt. In einem ausführlichen Brief erläuterte Friedrich im Detail die Bewertungsfehler. Sielce schien ihm wegen des großen Konkurrenzdrucks der aufstrebenden Kohlengruben im Krakauer Gebiet auf Jahre hinaus unrentabel. Lodygowice wäre nach seiner Meinung zwar rentabel zu führen, aber nur wenn zunächst umfangreiche Investitionen in den von den Vorgängern verschlampten und dadurch heruntergekommenen Betrieb getätigt würden.

„Die Oekonomie z.b. liefert zur Zeit nicht so viel Getreide um die Deputate und den Herrschaftsbedarf zu decken, weil gegen 200 Morgen Ackerfelder gar nicht, und die bereits unterm Pflug genommenen nicht gehörig bewirtschaftet werden können, da die Hauptsache, nämlich Dünger und Vieh fehlt, und das Letztere nicht beschafft werden kann, weil keine Stallungen vorhanden sind[23]. Beim Forstbetrieb ist der Mangel des nötigen Betriebskapitals nicht minder fühlbar."

Zwischen den Zeilen enthielt Friedrichs Analyse erwartungsgemäß auch den Vorwurf, dass Stolbergs Lebensstil zu aufwendig sei. Friedrich machte zusammenfassend einen radikalen Vorschlag zur Lösung der Probleme:

„Bei diesem Stande deiner im Vorhergehenden detaillierten Vermögensverhältnisse, kann ich dich, lieber Stolberg, nur dringend genug bitten, alles aufzubieten, um deine Schulden so bald als möglich zu tilgen, und da für den Verkauf von Sielce keine Aussicht vorhanden ist, die Herrschaft Lodygowice zu verkaufen ... Ist das Glück dir günstig, so müssen die Lodygowicer Kaufgelder nicht bloß deine Schulden decken, sondern es muss dir auch noch ein sehr ansehnliches Kapital bleiben, dessen Zinsen mit den Revenüen deiner übrigen Besitzungen dir eine anständige Existenz sichern. –

---

[23] *Es gab noch keinen Kunstdünger!*

Dass dich der Inhalt dieser Zeilen schmerzlich berühren werde, fühle ich lebhaft. – Auch ich habe dadurch, dass ich dir, lieber Stolberg, deine Lage in ungeschminkter Wahrheit vortrug, eine mir schmerzliche und daher schwer gewordene Pflicht gegen dich erfüllt. – Möge dir's ein Beweis sein, wie aufrichtig es mit dir meint,

Dein treuer Freund Decken"

Friedrichs Brief zeigte Wirkung. Der Verkauf von Lodygowice wurde zumindest in Betracht gezogen; Friedrich erstellte im November 1844 die als Verkaufsunterlage gedachte Beschreibung der Herrschaften Lodygowice und Wilkowice für den „Agenten" Fütterer in Wien, aus der ich schon weiter oben zitiert habe. Zum Verkauf kam es allerdings zu Lebzeiten Friedrichs nicht.

Die Entscheidung, Stolberg den Verkauf von Lodygowice nahe zu bringen, machte sich Friedrich sicher nicht leicht, sägte er damit doch vehement am eigenen Ast. Für den sensiblen Friedrich war die Zerstörung seiner schönen Zukunftsvisionen ein schwerer Schlag. Statt einer Verbesserung für die Familie musste er, wenn verkauft wurde, Schwierigkeiten aller Art erwarten. Vielleicht müßte er sogar eine neue Tätigkeit suchen. Wenn er trotzdem zum Verkauf riet, spielt dabei die schwere Enttäuschung über den Grafen eine große Rolle.

Aus der ersten Zeit nach Friedrichs Dienstantritt beim Grafen Stolberg im Sommer 1843 gibt es keinen Briefverkehr und somit auch keine Kenntnis, wie sich die Zusammenarbeit mit dem gräflichen Freund entwickelte. Erst in den Briefen Friedrichs und Johannas während des Aufenthalts in Köthen, also gut neun Monate später, finden wir Hinweise, die vorsichtige Rückschlüsse erlauben.

Die Begeisterung Friedrichs, für seinen Jugendfreund Stolberg eine ersprießliche Tätigkeit zu entfalten, war sehr bald verflogen. Friedrich hatte gehofft, er werde in den ihm anvertrauten Herrschaften eigenverantwortlich handeln und Maßnahmen und Anordnungen auf Grund seines reichen Wissens und seiner Erfahrung nach eigenem Ermessen treffen können. Der Vertrag mit der Gräfin räumte ihm umfassende Befugnisse ein, daher waren seine Erwartungen hoch gesteckt. Sie wurden aber bald enttäuscht. Immer wieder gab der Graf Weisungen, mit denen Friedrich nicht einverstanden sein konnte, weil sie seinem Fachwissen widersprachen. Friedrich hatte auch kein Verständnis dafür, dass in seinen Augen der Graf über seine Verhältnisse lebte, während die finanziellen Mittel für den Betrieb fehlten und dringend notwendige Investitionen unterblieben. Der Eklat in Ludwigswunsch vor der Abreise nach Köthen, die kleinlichen, nach Friedrichs Einschätzung widersinnigen Anweisungen, wie er mit dem Herzog verhandeln sollte, und der entwürdigende Revers für den Fall einer Pflichtverletzung verärgerten ihn maßlos, entsprachen aber im Grund genommen nur dem Führungsstil des Grafen, der Friedrich so sehr gegen den Strich ging. Immer wieder mischte sich Stolberg in Angelegenheiten ein, die er zuvor großzügig Friedrich übertragen hatte. Fast schon entschuldigend ging dieser trotz aller Verbitterung über Stolbergs Affront hinweg, indem er ihn „seiner Persönlichkeit zu guten hielt".

Der Verlauf und Ausgang der Köthener Mission zeigt allerdings auch, dass Stolberg nicht stur an Anweisungen festhielt, sondern sich auch eines Besseren belehren ließ. Wahrscheinlich war dazu nicht einmal viel Überredungskunst nötig. Eher habe ich den Eindruck, dass seine Untergebenen einschließlich Friedrichs daran gewöhnt waren, dass der Graf da und dort „Böcke schoss", indem er vorschnell Fehlentscheidungen traf, die er selbst wieder rückgängig machte, wenn er gewarnt wurde. Gelegentlich wurden solche „Böcke" wohl auch einfach ignoriert oder im Nachhinein stillschweigend ausgebügelt. Erst als das Verhältnis mit dem Grafen schon sehr schlecht war, kritisierte beispielsweise Friedrich sein Vorhaben, einen ungünstigen Pachtvertrag abzuschließen, mit den Worten:

„...mir ist vom Grafen nichts bekannt gegeben, und somit werde ich ihn diesesmal auch nicht warnen, sondern den Esel anrumpeln lassen. – Er wird eine Lektion bekommen, an die er denken wird. – Ich bedaure die Gräfin und deren Kinder."

Die Rücksicht auf die Gräfin und ihre Kinder war einer der Gründe dafür, dass die Spannungen zwischen Stolberg und Friedrich nicht zum vollständigen Bruch führten. Schon 1844 in Ludwigswunsch war Friedrich drauf und dran, nach Hause zurückzukehren, anstatt zu den

Verhandlungen mit dem Herzog von Anhalt-Köthen weiter zu reisen, wäre er nicht „mit so großer Verehrung an die vortreffliche Gräfin" gehangen.

Johanna tat sich da leichter. Sie ärgerte sich zwar auch fallweise über Stolbergs Benehmen; in einem ihrer Briefe beschreibt sie ihn als „abgemessenen, steifen, gestriegelten Menschen; unausstehlich, vor lauter Bemühung recht artig zu sein", im allgemeinen kam sie aber besser mit ihm zurecht als Friedrich. Sie hatte mit dem Grafen naturgemäß weniger zu tun. Ihre Pflichten ihm gegenüber beschränkten sich im Wesentlichen auf die Bewirtung, wenn Stolberg sich in Lodygowice aufhielt. Und da wird ihr der Graf, „dessen trefflicher Appetit sehr strenge Befriedigung heischte", nicht dreingeredet haben. Im Mai 1844, Friedrich war in Köthen, als sie sich gesundheitlich nicht auf der Höhe fühlte, machte er sich erbötig, ihr umgehend ihren Arzt, den Schwager Leopold aus Ratibor, zu holen. Hinter einer „bogenlangen Erkundigung" nach ihrem Befinden, die ihr ein Eilbote aus Pless überbrachte, steckte wohl die Fürsorge der Gräfin. Johanna registrierte diese Aufmerksamkeiten mit Genugtuung.

Gesundheitliche Probleme Johannas hingen häufig – wie auch im eben erwähnten Fall – mit einer Schwangerschaft zusammen. In ihren Briefen ist zwar oft von solchen Beeinträchtigungen die Rede, meist aber bagatellisierte Johanna im selben Atemzug ihre Klagen mit Floskeln wie „es ist nichts", „du kennst meine starke Natur", wohl um Friedrich zu beruhigen.

Um seine Gesundheit war sie hingegen ernstlich besorgt, denn seine Beschwerden häuften sich. Auf der Reise nach Ratibor (1843) hatte ihn ein schmerzhafter Nesselausschlag befallen, 1844 erreichte er Berlin mit einer schweren Halsentzündung, Brustschmerzen und einem starken Husten, der ihn wochenlang nicht verließ. Im weiteren Verlauf seines Aufenthalts in Köthen gesellte sich dann ein immer öfter auftretender „Trübsinn" dazu, dessen Ursache er in der ständigen Anspannung und vor allem in der Trennung von der Familie vermutete. Immer wieder lesen wir, wie sehr ihn das Warten auf einen Brief von Johanna in depressive Stimmung versetzte. Nach zwei Monaten Abwesenheit von zu Hause schrieb er aus Köthen:

„Ich habe abermals die für mich traurige Erfahrung gemacht dass meines Lebens Frohsinn in den letzten Jahren sehr geknickt worden, und dass ich nur zu leicht von einer trüben, alles umdüsternden Stimmung beherrscht werde. – Vielleicht werde ich an deinem Herzen, und unter deiner liebevollen Pflege von meiner Krankheit genesen."

Friedrich war starken Stimmungsschwankungen unterworfen. Wie sehr der Rückschlag nach seinem Erfolg in Köthen an seinem verwundbaren Gemüt nagte, erfahren wir nicht, denn erst ein Jahr später gibt es wieder einen Brief. Er entstand bei einem Kurzbesuch in Breslau. Karl Kuh ging wieder auf Freiersfüßen und hatte ihn zu seiner Hochzeit eingeladen.

„Ich habe Karls Braut nun näher kennen gelernt, und sie wirklich lieb gewonnen.- Ihr anspruchsloses gemütliches Wesen muss alle Herzen ihr geneigt machen. Ich glaube Karl wird glücklich werden, und seine Kinder werden eine gute Mutter erhalten."

Trotz des Wiedersehens mit alten Bekannten und einer Hochzeitsfeier im kleinen Familienkreis kam bei Friedrich keine fröhliche Stimmung auf. Für ihn hatte der Gedanke,

„dass der Mensch die Erinnerung an sein Teuerstes und Liebstes endlich doch in den Hintergrund stellt, viel Schmerzliches."

Er wünschte, er wäre zu Hause. „Hier, ohne Beschäftigung, zu seyn, ist eine Pein". Gesundheitlich fühlte er sich nicht wohl, es quälte ihn das „gewöhnliche Halsleiden mit allem, was dazu gehört"; seine Gichtschmerzen mahnten ihn mehr als sonst. Er plante – statt einer Bäderreise nach Trentschin – in Biala Dampfbäder zu nehmen, um sich zu schonen.

Das Verhältnis zu Stolberg verschlechterte sich weiter. Friedrich war seit dem Vertrag, der in Liegnitz zustande kam, zwar Generalbevollmächtigter der Gräfin. Dies hinderte Stolberg aber nicht, im Geschäftsverkehr gelegentlich selbst als ihr Bevollmächtigter aufzutreten und Verfügungen zu treffen. Das wäre nicht so schlimm gewesen, hätte er sich jeweils im Einzelfall mit Friedrich abgesprochen oder ihm wenigstens danach Mitteilung von seinen Handlungen gemacht. Gerade das unterließ er aber, wodurch widersprüchliche Situationen entstanden, die Friedrich in ein schiefes Licht rückten. Mitte Oktober 1845 hatte er die Nase voll. Er löste einseitig das Vollmachtsverhältnis und stellte die Urkunde zurück.

Mehr noch als die Auflösung selbst lässt der Ton des Begleitschreibens erkennen, wie weit es zwischen den beiden gekommen war. Noch in dem Schreiben, mit welchem er ein Jahr zuvor empfohlen hatte, die Herrschaft Lodygowice zu verkaufen, hatte Friedrich die amikale Anrede „Lieber Stolberg!" gewählt und als „Dein treuer Freund Decken" gezeichnet. Das Schreiben vom 15. Oktober 1845 beginnt mit „Erlauchtigster Graf! Gnädigster Graf und Herr!", gefolgt von einer recht umständlichen, beinahe schulmeisterlichen Belehrung über das Wesen einer Vollmacht und die Rechte und Pflichten des Vollmachtgebers. Daran knüpfte Friedrich die folgende Nutzanwendung:

„Will daher der Vollmachtsgeber über Gegenstände etwas verfügen, in welchen er dem Bevollmächtigten das Verfügungsrecht eingeräumt hat, so hat er die Verpflichtung sich mit dem Bevollmächtigten zu verständigen und dessen Anträge zu berücksichtigen. –

Wie sehr nun Eure Erlaucht diese auch, auf Hochdieselben als Vollmachtsgeber ruhenden Verpflichtungen, mir, dem Bevollmächtigten gegenüber unberücksichtigt ließen, werden Eure Erlaucht wohl fühlen, wenn ich sie auch nicht auf die einzelnen Fälle hier aufmerksam mache. Meiner Ueberzeugung nach kann aus manchen Hochdero Einrichtungen, Verfügungen und Unternehmen nichts Ersprießliches hervorgehen, und da ich wünschen muss, dem notabelen Publikum gegenüber nicht als der Urheber solcher Resultate zu erscheinen, so werden Eure Erlaucht es gnädig verzeihen, wenn ich die auf mich übertragene Generalvollmacht hiebei gehorsamst mit der Erklärung remittiere, dass ich dieselbe unter den obwaltenden Verhältnissen unmöglich länger acceptiren kann.

In schuldiger Ehrerbietung verharret

Eurer Erlaucht gehorsamer Diener

Dr. Frhrr von der Decken".

Irgendwie ging es dann aber doch weiter. Friedrich war zwar nicht mehr Generalbevollmächtigter, blieb aber Forstmeister und Verwalter der Herrschaften, behielt also seinen ursprünglichen Aufgabenkreis.

Kuraufenthalt bei Priessnitz

Anfang Juni 1846 entschloss sich Friedrich zu einer mehrwöchigen Kur bei Prießnitz in Gräfenberg.

Vincenz Prießnitz war Landwirt und autodidaktischer Naturheiler. 1830 bekam er die Genehmigung der österreichischen Regierung zur Errichtung und Führung einer Kaltwasser-Heilanstalt in Gräfenberg im Altvatergebirge. Im Badehaus war eine riesige Wanne von zehn Meter Durchmesser installiert, in der die Patienten auch schwimmen konnten. Innere Krankheiten führte Priessnitz auf „schlechte Säfte" zurück, die der Körper ausscheiden müsse. Er wendete kaltes Wasser und kalte Kompressen bei den verschiedensten Krankheiten an, verordnete aber auch Bewegung und Diät (Wasser, Milch und kalte ungewürzte Speisen). Außerdem setzte er auf Abhärtung, vorzugsweise durch eiskaltes Duschen, wobei sich das Wasser aus einer Höhe von mehreren Metern auf die Patienten ergoss. 1846, während des Aufenthalts von Friedrich, wurde ihm die große goldene Verdienstmedaille des österreichischen Kaisers verliehen[24].

In einem ersten Brief aus Gräfenberg, der leider nicht erhalten ist, beschrieb Friedrich die Einzelheiten der ihm verschriebenen Kur und pries deren Vorzüge. Er legte Johanna nahe, die Methode des kalten Badens auch im Alltag und bei den Kindern einzusetzen. Daran fand sie allerdings keinen Gefallen:

---

[24] *Quelle: Wikipedia*

„Die Methode mit ganz kaltem Baden kann ich aber als Regel noch nicht meinem Sinne völlig einprägen. In Familien wo man nicht gerade umständliche Vergnügungen oder Erholungen sucht, werden meist nur Reinigungs Bäder genommen, – und hierzu finde ich ein lau warmes Wasser angemessener, und eine gemächliche Behandlung dem Zweck entsprechender, als ein wenige Minuten langes Eilen in kaltem Wasser um keinen Schaden zuzufügen. Ich glaube fest, dass bei Krankheiten mit richtiger Wahl und Umsicht die Behandlung nach Prießnitz Manier wohltätig ist, und die Erschütterung der Natur welche diese Kur bezweckt eher hilft, als viele Doktoren, – allein im ruhig gesunden Zustande befolge ich gerne den Fingerzeig der Natur, welche dem Menschen warmes Blut gab, und an dem ersten Platze seiner Ausbildung gerade eine erhöhte Wärme sammelt, worin er sehr gut gedeiht. "

Nach dreiwöchiger Dauer der Kur erkundigte sich Friedrich bei Prieß-nitz, ob er etwa Mitte Juli die Kur in Gräfenberg abbrechen und zu Hause fortsetzen könnte. Prießnitz war damit einverstanden; die drohende Lebensgefahr sei gebannt, die Kur müsse aber noch längere Zeit fortgesetzt werden. Er gab Friedrich Anweisungen, wie er die Kur zu Hause anwenden müsse, empfahl ihm aber, sobald als möglich wieder nach Gräfenberg zu kommen, denn die Kur außerhalb seiner Anstalt sei doch nur unvollkommen.

Der Grund, warum Friedrich auf einen „Heimurlaub" drängte, war die Schwangerschaft Johannas. Friedrich wollte bei der Geburt, die bereits Mitte Juli erwartet wurde, anwesend sein. Um für die Fortsetzung der Kur zu Hause gerüstet zu sein, ersuchte er daher Johanna, beim Binder in Seybusch ein rundes Schaff mit 22 Zoll und ein zweites mit 36 Zoll Durchmesser, eine große Kanne mit Brause und zwei große Kannen zum Wasserbringen in Auftrag zu geben. Genaue Ausführungsangaben und eine kleine Skizze schloss er bei.

Leider erfahren wir nichts über die Diagnose seiner Krankheit, die Priessnitz als lebensgefährlich bezeichnet hatte. Priessnitz beurteilte den bisherigen Verlauf der Kur als erfolgreich; er erwartete während der häuslichen Fortsetzung der Kur keine Krisen, weil Friedrich „unverdorbene Säfte" hatte.

Verstimmung in Lodygowice

Gedanken an seinen Beruf suchte Friedrich während der Kur zu verdrängen. Als Ursache seiner Krankheit sah er den „seit Jahren verschluckten Ärger, Verdruss und Kummer" an und war froh, „einige Wochen verleben zu können, ohne an Geschäfte teilnehmen und denken zu müssen". Nach wie vor war Friedrich überzeugt, dass der Graf vor dem Ruin stehe, „wenn nicht der Zufall der ganzen Sachlage eine glückliche Wendung gebe". Er gedachte zwar,

„überall die Hand [zu] reichen um dem Grafen seinen Untergang möglichst hinauszuschieben, werde sich aber auch über keine seiner Maßregeln und Anordnungen mehr ärgern, damit er gesund bleibe".

Der Graf und seine Angelegenheiten, so schrieb er Johanna, waren ihm gleichgültig geworden. Friedrich hatte zuletzt kaum mehr mit ihm geredet und ihn auch von Gräfenberg aus noch nicht kontaktiert. Johanna schlug daher vor:

„Möchtest du nicht auch einmal dem Grafen einige Nachricht über dich geben, – ich dächte im Tone des ergebensten Dieners, der die hohe Ehre genießt einen so hochgestellten Mann " Freund" nennen zu dürfen, und daher voraussetzen kann, gnädige Teilnahme zu finden?"

Friedrich folgte diesem Vorschlag – nicht zuletzt deshalb, weil er den Grafen um eine Verlängerung seines Urlaubs bis Mitte Juli bitten musste. Der wurde ihm auch bewilligt.

Besorgniserregend war, dass auch die gräflichen Beamten in Lodygowice, auf die Friedrich bisher bauen konnte, von ihm abrückten. Zwei Jahre zuvor, während Friedrichs Aufenthalt in Köthen, hatten sie noch über gräfliche Fehlentscheidungen gelacht oder sich geärgert und die Rückkehr Friedrichs herbeigesehnt. Das hatte sich wesentlich geändert. Der Zwist mit dem Grafen konnte ihnen natürlich nicht verborgen bleiben.

Der Gesinnungswandel der gräflichen Bediensteten gegenüber Friedrich ist begreiflich. Sie hatten von Friedrichs Vorschlag, Lodygowice zu verkaufen, gehört und fürchteten, dass diese radikale Maßnahme ihnen die Existenzgrundlage raubte, deshalb war es in ihrem

Interesse, den bestehenden Zustand aufrecht zu halten. Überdies erlebten sie tagtäglich mit, dass Friedrich mit seinen Vorstellungen von der Wirtschaftsführung bei vielen Einzelentscheidungen am Grafen scheiterte, weshalb sie sich schließlich auf die Seite des Stärkeren stellten. Mit Stolberg wollten sie es sich nicht verscherzen.

Eine Sicherheit für ihren Verbleib im gräflichen Dienst gewannen sie damit allerdings nicht. Im Frühjahr 1846 stand, als Alternative zum Verkauf, die Verpachtung der Herrschaft Wilkowice und eines Teils von Lodygowice zur Debatte. Friedrich hatte dem Grafen in diesem Zusammenhang vorgeschlagen, der Amtmann Wehowski solle sich um eine andere Stellung umsehen; falls er eine finde, könnte er, Friedrich, die Aufgaben Wehowskis für den verbleibenden Rest der Herrschaft Lodygowice übernehmen. Dies kam Wehowski zu Ohren, der darin eine böse Absicht Friedrichs vermutete und ihm deshalb „grollte". Die Entscheidung über die Verpachtung zog sich über den Sommer hin, im Herbst war der Schritt dann nicht mehr vermeidbar. Sarkastisch bemerkte Friedrich:

„Der Amtmann hat vom Grafen eine förmliche Dienstes - Aufkündigung erhalten und soll zu Ostern von hier ziehen, – da der Graf eine Veränderung in der Verwaltung beabsichtigen, wie hochdieselben sich auszudrücken gnädigst zu geruhen sich veranlasst finden."

Friedrich wurde in diese gräfliche Entscheidung nicht eingebunden. Den in Aussicht genommenen Pächter hielt er zwar für nicht geeignet, aber er beschloss, den Grafen nicht zu warnen, sondern „anrumpeln" zu lassen.

Am schwersten traf Friedrich und Johanna das Verhalten seines Adjunkten Rost, der aus Orlik mit ihnen gezogen war. Auch er wendete sich von Friedrich ab und verbündete sich mit Oberamtmann und Amtmann. Er „äußerte sich auf höchst unpassende Art" über Friedrich, so schreibt Johanna, war nun „des Oberamtmannes Ehrler lenksamste Maschine" und verdiente in ihren Augen „die vollste Verachtung".

Johanna versuchte, so gut es ging, Spannungen abzubauen und wenigstens teilweise den gesellschaftlichen Kontakt aufrecht zu erhalten. Der Frau des Oberamtmanns, die gerade ein Kind geboren hatte, stattete sie

„nach einigem Überlegen" einen Besuch ab. Es fiel ihr nicht leicht, aber sie meinte, sie "habe des Bittern schon soviel geschluckt, dass es ihr wahrlich auf etwas mehr nicht mehr ankommt". Den Amtmann Wehowski versuchte sie in einer offenen Aussprache davon zu überzeugen, dass die Gerüchte, Friedrich habe ihn schädigen wollen, unrichtig waren. Ihre Bemühungen hatten zumindest den Erfolg, dass man wieder miteinander redete.

Die Zerwürfnisse Friedrichs mit dem Grafen und den Bediensteten müssen auch in einem größeren Zusammenhang gesehen werden. In der Zeit nach 1840 verschlechterte sich in der ganzen Region die wirtschaftliche Lage zusehends. Es gab mehrere Missernten in ununterbrochener Reihenfolge, das verschärfte die sozialen Probleme, die die Industrialisierung brachte. Englische Textilien, die mit maschinellen Webstühlen billig gefertigt wurden, überschwemmten die Weltmärkte und drückten die Preise, sodass die in Heimarbeit hergestellten Produkte nicht mehr konkurrenzfähig waren. Viele der traditionellen Manufakturen versuchten durch Senkung der Arbeitslöhne dieser Entwicklung zu begegnen, die Tuchmacher, Leinen- und Baumwollweber, deren es in Oberschlesien aber auch in Bielitz und Biala Tausende gab, verloren mit der Heimarbeit ihre Existenzgrundlage und fielen in Armut. Daraus resultierten Absatzschwierigkeiten für land- und forstwirtschaftliche Produkte. Dies traf Lodygowice und Wilkowice schwer. Nachdem dort schon in guten Zeiten die notwendigen Investitionen unterblieben waren und der Graf weder gewöhnt noch gewillt war, sparsamer zu leben, fehlten jetzt an allen Ecken und Enden die Mittel, und es kam immer öfter vor, dass kein Geld in der Kasse war. Das war für die gräflichen Bediensteten doppelt schlimm, weil sie wegen der Absatzkrise auch auf ihren Naturalbezügen sitzen blieben, durch deren Verkauf sie vordem finanzielle Engpässe hatten ausgleichen können.

Friedrich hatte die schlechte Ertragslage der drei Herrschaften sehr bald nach seinem Eintritt erkannt, hatte aber offenbar gehofft, mit der „Finanzspritze" aus den Zahlungen des Herzogs von Anhalt-Köthen-Pless den Betrieb wieder auf die Beine zu stellen. Als ihm dann der wahre Schuldenstand offenbart wurde, drängte er auf den aus seiner Sicht zwingend notwendigen Verkauf. Stolberg entschied sich dagegen; vielleicht war auch wegen der allgemein schlechten Wirtschaftslage kein akzeptables Kaufanbot zu erzielen. Friedrich versuchte daraufhin mit Rationalisierungs- und Sparmaßnahmen den Niedergang hinauszuschieben, doch ließ ihm Stolberg dabei nicht die gewünschte freie Hand. Das führte zur zunehmenden Verärgerung Friedrichs und zur Rücklegung der Generalvollmacht im Herbst 1845. Das Zerwürfnis mit Stolberg hatte also schwerwiegende wirtschaftliche Ursachen, die charakterliche Verschiedenheit der beiden verschärfte das Problem.

Ende der Kur in Gräfenberg

Ende Juni 1846 fühlte sich Friedrich „seit einigen Tagen sehr unwohl" und lebte „in immerwährender fieberhafter Aufregung", weil er schon längere Zeit auf Nachricht von Johanna wartete. Dadurch werde „die zur Wasserkur nötige Gemütsruhe verscheucht". Prießnitz hatte die Anwendungen geändert, nun duschte er zweimal täglich und erhielt statt „der nachmittäglichen Einwickelung und Badung" eine Abreibung. Hoffnungsvoll wartete er, da er schon ein ständiges Jucken und Krabbeln an Schenkeln und Beinen verspürte, auf den reinigenden Ausschlag an den Knien, der dann die gichtischen Reste aus dem Körper ausscheiden würde.

Eine Woche später berichtete er:

„Mein Befinden ist abwechselnd sehr wohl, und dann wieder sehr unwohl. Es wechselt dieses periodisch, jedoch werden die Zeiträume meines Wohlbefindens immer länger. Es ist dieses der Gang der Cour. Rücksichtlich meiner Hauptkrankheit habe ich die heilende Wirkung des Wassers an mir erprobt. Ich fange an wieder Kraft und Muskeln zu bekommen, ein Beweis dass die Heilung von Statten geht."

Wieder gibt es keinen Hinweis, worin seine „Hauptkrankheit" bestand. Sein Vertrauen in den Erfolg der Kur war weiterhin ungebrochen:

„Hier werden Kranke geheilt, welche vergebens bei den berühmtesten Ärzten, Deutschlands, Frankreichs und Englands Hülfe suchten und alle wirksamen Bäder durchwanderten. – Augenblicklich giebt es hier mehrere Nervenfieberkranke. – In 3-4-5 Tagen sind sie vollkommen gesund, ohne Nachwehen zu empfinden."

Zufrieden äußerte er sich über Johannas Versuche, das „gesellige Einvernehmen" mit den Familien des Oberamtmannes Ehrler und des Amtmannes Wehowski zu normalisieren. Hingegen solle sie sich durch das Benehmen von Rost nicht ärgern und erbittern lassen.

Schließlich kündigte er für den 13. Juli seine Rückreise über Troppau und Teschen nach Hause an und veranschlagte für die Strecke von 200 km eine Reisezeit von 24 Stunden – von 4 Uhr früh bis 4 Uhr früh!

Noch am 28. Juni hatte Johanna ihm mitgeteilt, dass der Arzt ihre Entbindung nicht vor Ende Juli erwartete. Friedrich solle doch seine Kur in Gräfenberg nicht unterbrechen, „um hier ein ganz natürliches Leiden mit anzusehen", er könne ihr ja nicht wirklich helfen. Und überdies:

„… meine 4 Entbindungen waren so glücklich wie man es nur wünschen kann, – warum sollte da gerade jetzt, wo wir ohnedies mit manchem Ungemach und trüber Sorge zu kämpfen haben, uns noch ein Unglück dieser Art begegnen? Ich habe ja eine so gute, eine gesunde, geregelte Natur, es ist in meinem ganzen Leben nichts Abnormes vorgefallen, daher hoffe ich mit Sicherheit dass die Lage des Kindes ebenfalls richtig ist, und die Sache so vor sich gehen wird wie die vorigen Male; ob vielleicht etwas schwerer weil ich sehr stark bin, – das ist, wenn Alles vorbei, dann auch bald vergessen!"

Wollte sie nur Friedrich und sich selbst beruhigen? Sein Entschluss, nach Hause zurückzukehren, stand fest, wir haben daher keine schriftliche Nachricht, wie die Entbindung ablief, welche Komplikationen auftraten. Nur wissen wir, dass Johanna im Jahr 1846 kein lebendes Kind zur Welt brachte. Das bereits durchgemachte Ungemach und die trüben Sorgen schützten Johanna und Friedrich nicht vor einem weiteren Unglück.

In Lodygowice fiel Johanna die Decke auf den Kopf. Zuviel Unheil stürzte auf sie ein. Friedrich war von seiner Kur keineswegs geheilt zurückgekehrt, er setzte, wie angekündigt, seine Wasserbäder fort und nahm auch ärztliche Hilfe in Anspruch. Mit dem gräflichen Betrieb ging es weiter bergab, das Verhältnis Friedrichs zu Stolberg wurde immer unerträglicher, die Umgebung ging auf Distanz zu ihm und Johanna;

man munkelte schon, dass er von seiner Krankheit nicht genesen werde. Und jetzt noch die missglückte Geburt!

Johanna wieder in Ratibor

Kaum zwei Monate nach Friedrichs Rückkehr aus Gräfenberg folgte Johanna einer Einladung ihrer Schwägerin Johanna Wollenhaupt nach Ratibor. Anlass dafür war die für den 8. Oktober angesetzte Hochzeit ihres Schwagers Leopold von der Decken mit Klara Stöckel, der Tochter des Justizrats Ferdinand Stöckel in Ratibor. Auch Friedrich sollte dabei sein, der ließ sich aber entschuldigen, vielleicht wegen seiner angegriffenen Gesundheit. Es könnte aber auch sein, dass ihm nach der langen Abwesenheit zur Kur kein weiterer Urlaub bewilligt wurde.

Johanna reiste mit allen drei Kindern und wurde im Hause Wollenhaupt liebevoll empfangen. Sie machte Besuche bei Verwandten und Bekannten, Bertha und Toni durften mit Ännchen, der Tochter von Johanna Wollenhaupt, die nach einer gelungenen Operation am Bein zwar noch humpelte aber auf dem Weg der Besserung war, und einigen anderen Kindern an einem Ausflug nach Woinowitz teilnehmen. Am Bahnhof in Ratibor sah Johanna einen Zug einfahren – ihre erste Bekanntschaft mit der Eisenbahn. Sie reagierte gelassen:

„... ich war neugierig so viel es mir möglich ist, aber mich hat nichts daran entsetzt, kaum verwundert – sage nur der Mutter dass ich gar nichts besonderes dran finde, und es dem Gerassel des gewöhnlichen Fahrens vorziehen würde, wenn es überall eingeführt wäre".

Den eigentlichen Zweck ihrer Reise sah Johanna nicht in der Teilnahme an Leopolds Hochzeit sondern in der Suche nach einem Ausbildungsplatz für Bertha. Seit mehr als drei Jahren kreisten ihre und Friedrichs Gedanken um dieses Thema, ohne dass sie eine brauchbare Lösung gefunden hätten. Die Hoffnung, die Gräfin Stolberg würde Bertha in Pflege nehmen, hatte sich in den vergangenen zwei Jahren nicht erfüllt und war angesichts des gestörten Verhältnisses zu Stolberg wohl endgültig begraben. Johanna war überzeugt, dass Bertha ein hoch begabtes Kind war; auf welchen Gebieten ihre Begabungen lagen, wird in ihren Briefen nicht erwähnt, doch gehörte dazu sicher die Musik. Johanna beobachtete die Entwicklung ihrer Erstgeborenen schon im Kindesalter besonders kritisch. Bertha genoss eine strenge Erziehung; Johanna hatte eben den festen Vorsatz, etwas Besonderes aus ihr zu machen. Gelegentlich wurde Essensentzug als Erziehungsmaßnahme eingesetzt.

Inzwischen war Bertha zehn Jahre alt geworden, und eine Entscheidung über ihre Zukunft war dringend nötig. Johanna holte in den ersten Wochen ihres Aufenthalts in Ratibor eine Reihe von Erkundigungen ein und knüpfte nach den Hochzeitsfeierlichkeiten für Leopold Kontakte zu Damen der Gesellschaft, die Kenntnis von gediegenen Schulen und Ausbildungsplätzen hatten. Das war nicht von heute auf morgen zu bewältigen, und Johanna benachrichtigte Friedrich, dass sie ihre für den 20. Oktober geplante Rückreise verschieben müsse. Am 24. Oktober hatte sie endlich etwas Geeignetes gefunden und teilte Friedrich „mit der größten Freude und Herzenserleichterung" mit, eine Assessorswitwe namens Schepp habe versprochen, Bertha aufzunehmen. In dem gepflegten, reinlichen Haus stand auch ein Klavier zur Verfügung, das Haus des Lehrers lag unmittelbar daneben. Noch am selben Tag schrieb sie Friedrich jedoch, sie habe keine endgültige Entscheidung treffen können, alle Bekannten redeten ihr ins Gewissen, sie solle unbedingt versuchen, Bertha in Gnadenberg unterzubringen.

Es handelte sich dabei um ein elitäres Mädchenpensionat in Niederschlesien, im Kreis Bunzlau (heute Boleslawiec in Polen) gelegen, beinahe 400 km von Lodygowice entfernt! Diese Anstalt hatte schon die Gräfin Stolberg in höchsten Tönen gelobt, sie war selbst dort Schülerin gewesen; die Prinzessinnen Reuss, die Töchter des Grafen Henkel, kurzum, nur Kinder von „ausgezeichneten Familien" wurden dort erzogen.

„Ich habe lange mit meiner Abneigung gegen solche Anstalten gekämpft, aber nach dem Urtheile so vieler verständiger Menschen wäre es nur grundloser Eigensinn wenn ich noch länger zuwarte".

Eine der Damen, die sie nun kennen gelernt hatte, hatte sich auf gute Beziehungen zu dieser Anstalt berufen und sofort einen Brief geschrieben, die Antwort darauf wollte Johanna noch in Ratibor abwarten. Es war ihr klar, dass diese Schule sehr teuer war.

„Das Kostgeld nebst Wäsche und Lehrern wird in Gnadenberg 200 Thaler ausmachen, das ist freilich die Hälfte unserer Einkünfte, allein ich hoffe, dass unser guter Onkel uns etwas beisteuern wird, und im übrigen werde ich exemplarisch sparen und auch du wirst jeden Kreutzer gerne umwenden, um das nöthige hiezu zu erschwingen! ... Die Ausbildung unseres Kindes ist das einzige was uns noch Freude macht, die Erziehung der einzige Schatz den das Mädchen einst mitbekommt, denn die Zukunft können wir nicht ermessen, – und wenn wir auch jetzt etwas unsere Kräfte werden anstrengen müssen, um die Auslagen zu streiten, so werden wir nebst dem Bewusstsein das äußerste gethan zu haben, noch die Freude haben zu sehen, dass das Geld nicht umsonst verwendet wurde, denn Bertha wird unsere Hoffnungen gewiß aufs schönste erfüllen, das macht mir eine grenzenlose Freude wenn ich ihre jetzigen Fortschritte sehe."

Die sonst so besonnene Johanna, von der Hoffnung geblendet, ihrem Kind den Besuch einer derart elitären Bildungsstätte zu ermöglichen, bewegte sich, so scheint mir, nicht mehr auf dem Boden der Tatsachen.

Friedrich reagierte gereizt:

„Der Inhalt deiner letzten Briefe hat in mir eine sehr schmerzliche Aufregung hervorgerufen, die mich bei meinen jetzt so sehr gereizten Nerven beinahe überwältigt hätte, so dass ich gestern nicht antworten konnte."

Es war aber nicht die Aussicht, dass ein großer Teil des Familieneinkommens für die Erziehung Berthas aufgehen würde, die ihn so erregte, sondern die Absicht Johannas, die Antwort aus Gnadenberg noch in Ratibor abzuwarten, also die Heimreise weiter hinauszuzögern. Er spürte wohl, dass Johanna keine Eile hatte, in die „Abgeschiedenheit" zurückzukehren, in welcher er nun

„wochenlang lebte und Aufheiterung für sich selbst und ihre bejahrte Mutter suchen musste, trotz seines körperlichen Leidens und trotz der Umdüsterung, welche aus seinem Geschäftsleben und aus der Persönlichkeit eines Menschen wie Stolberg es ist, ohne Unterbrechung entsprang".

Über die Erziehung Berthas wollte er mündlich mit ihr reden. Er legte dem Brief 30 Gulden bei, von denen sie einen Teil an Wollenhaupt als Beitrag für ihren Aufenthalt geben sollte.

„Ich habe nicht mehr, und kann daher auch nicht mehr senden. – Mir wird es jetzt selbst zuweilen bange wie wir durchkommen werden, zumal nicht unbedeutende Zahlungen rückständig sind."

Die Antwort aus Gnadenberg ließ zum Glück nicht lange auf sich warten. Sie war eine „gänzlich abschlägliche", womit sich alle daraus erwachsenden Streitpunkte und Probleme von selbst erledigten. Es blieb dabei, dass Bertha ab 1. November bei der Assessorin Schepp Aufnahme fand und in Ratibor Unterricht erhielt. Für den 2. November kündigte Johanna ihre Rückkehr an.

Gleich nach Erhalt dieser Mitteilung schrieb ihr Friedrich noch einen Brief. In sachlicher Kürze teilte er mit, dass er sie in Pless von der Poststation abholen oder aber Pferde schicken werde, falls er nicht selbst kommen könne.

„Ich fühle mich nämlich seit vorgestern unwohl und kann die Ursache nicht mit Bestimmtheit angegeben. Eine leichte Erkältung und neuerliche Gemütsbewegung, welcher ich in der neuesten Zeit auf mehrfacher Weise ausgesetzt war, mögen die Veranlassung sein. Gestern und heute leide ich an Beklemmungen in der Brust, welche mir auf Augenblicke den Athem hemmen und mich hindern gerade zu gehen oder zu sitzen. – Ich fange jetzt bald an kleinmütig zu werden. Mit meiner Gesundheit will es nicht vorwärts; genieße ich das Mindeste, welches Zucker oder Mehlhaltig ist, so zeigt sich die Krankheit in ihren Folgen nach wenig Stunden."

Die Grundstimmung dieses Briefs ist pessimistisch. Schwere Sorgen bereitete ihm auch die Wirtschaftslage. Die Untertanen hätten nach der Ernte eigentlich die erhaltenen Vorschüsse samt Zinsen zurückzahlen müssen. Stattdessen kamen sie wegen der schlechten Ernte schon jetzt um Unterstützung ein. Der Markt für Holz, mit dessen Verkauf die Untertanen in normalen Zeiten Ernteverluste ausgleichen konnten, war zusammengebrochen. Den Bediensteten war es unmöglich, sich die Naturalgehälter in Geld ablösen („reluieren") zu lassen, weil die herrschaftlichen Kassen leer waren. Friedrich selbst hatte 100 Gulden rückständigen Gehalt zu fordern, aber nur jene 30 Gulden erhalten, die er Johanna geschickt hatte.

Das Verhältnis zum Grafen besserte sich nicht. Stolberg war mit drei Brüdern nach Lodygowice gekommen und hatte sich hier zwei Tage aufgehalten. Friedrich berichtet ironisch, er sei in dieser Zeit zwar „in diesem schönen Kreise" gewesen, habe aber mit dem Grafen keine hundert Worte gewechselt. Friedrichs Vorschlag, ihm die Aufgaben des Waldamtes zu übertragen, was für den Betrieb nicht nur Personalkosten sondern auch den Aufwand für die Errichtung eines neuen Forsthauses erspart hätte, habe Stolberg nicht aufgegriffen. Es gingen Gerüchte um, der Graf hätte ihn bereits gekündigt, andere wollten gehört haben, er werde ihn „außer Activität" setzen und sich mit ihm finanziell abfinden. Friedrich meinte dazu, das wäre ihm nur recht, er würde in diesem Fall sogar auf einen Teil seiner Bezüge verzichten.

Die Briefe von 1847

Das neue Jahr 1847 begann besser, als das alte geendet hatte. Kurz nach dem Jahreswechsel fuhr Friedrich nach Ratibor, um Bertha zu besuchen. Er traf sie „gesund und wohl, froh und vergnügt und sehr gewachsen" an. Bertha lernte fleißig, sie war gerne gesehen und der Lehrer, Herr Linde, war mit ihr zufrieden. Er unterrichtete die Fächer Schreiben, Rechnen, Orthographie, Geographie, Geschichte, und erteilte einen allgemeinen Religionsunterricht. Bei einem Musiklehrer nahm sie Klavierunterricht, auch ihre Teilnahme am Gesangsunterricht „für kleine Mädchen" war geplant, wenn Leopold ihre „Constitution geeignet" finden sollte.

Friedrichs Gesundheitszustand hatte sich gebessert. Er hustete zwar viel, hatte dabei aber keine Schmerzen, er nahm auch an Gewicht zu, und es tat ihm wohl, sich „eine kurze Zeit aus Verhältnissen zu reißen, welche ihm so vielfache Veranlassung geben, trübe gestimmt zu seyn."

Die letzten drei Briefe Friedrichs, er schrieb sie in Ratibor Ende Mai und Anfang Juni 1847, geben einige Rätsel auf. Der Anlass der Fahrt nach Ratibor ist klar. Bertha hatte einige Ferientage zu Hause in

Lodygowice verbracht, danach begleitete Friedrich sie zurück und blieb noch einige Zeit bei ihr in Ratibor. Er wohnte ausnahmsweise nicht bei seiner Schwester Johanna, die Gäste hatte, sondern bei seinem Bruder Leopold. Die erste Nacht in einer Dachgiebelkammer verlief bewegt; er erlegte insgesamt achtzehn Wanzen und übersiedelte in der folgenden Nacht auf ein Sofa in Leopolds Wohnzimmer, wo er prächtig schlief.

Er verbrachte zwei unbeschwerte Wochen in Ratibor mit Besuchen und Fahrten in die Umgebung. Von der „Höllenfahrt" nach Oderberg (Bohumin) auf der Lokomotive war schon die Rede. Er besuchte Karl in Woinowitz und blieb einen Tag dort, fuhr dann per Bahn den „Ratiborern" nach, die mit einem „Extrazug" eine Tagesfahrt nach Krzizonowitz (heute Krzyżanowice), nahe der tschechischen Grenze unternommen hatten, reiste – natürlich mit der Eisenbahn – in das 100 km nördlich gelegene Brieg (heute Brzeg) und das benachbarte Karlsmarkt (Karlowice). Mit Leopold und seiner Frau Klara fuhr er nochmals nach Oderberg. Vom benachbarten Schüllersdorf (Šilherovice), einem Dorf mit einem prächtigen klassizistischen Schloss, wollten sie eine Wanderung auf die Landegge (Landek), einen Aussichtsturm mit herrlicher Aussicht bis Ostrau und in die Beskiden, unternehmen. Dazu kam es aber nicht. Gegen Ende seines Aufenthaltes fuhr er nochmals nach Karlsmarkt, wo er „drei Tage unter Bienen weilte". Begeistert berichtet er von einer „einfachen, rationellen, leicht zu handhabenden, allen Verhältnissen anzupassenden und sehr einträglichen" Methode der Bienenzucht.

„Sollte ich die Freude wieder erleben, wieder Bienenzucht betreiben zu können, so werde ich eine Menge von Dingen nicht mehr gebrauchen, die ich bisher für nöthig erachtete. Politur und Ölfarbe, so auch große und elegante Bienenhäuser sind ganz unnöthige Dinge, welche ich gewiß nicht mehr erbauen werde."

Wie wohltuend unterscheiden sich Ton und Inhalt der Briefe aus dem Jahr 1847 von Friedrichs verzweifelten, depressiven Berichten vom Herbst davor! Er schöpfte wieder Hoffnung und schmiedete bescheidene Zukunftspläne. Inzwischen versuchte er auch mit der Homöopathie seine Gesundheit zu festigen. Leopold war „mit einer homöopathischen Cur" einverstanden, über „die Hahnemannschen

Gaben" lachte er zwar, nicht aber „über das Verfahren der neueren Ärzte und über die Methode überhaupt". Friedrich trank zwar gelegentlich Wein und Kaffee, hielt aber „sonst strenge Diät". Die Heiserkeit, die ihn jahrelang gequält hatte, war ganz verschwunden.

Sein gebesserter Gesundheitszustand allein kann nicht die Ursache dieses Stimmungsumschwungs gewesen sein. Es ist auffällig, dass er nur noch einmal, in einem Brief vom Jänner 1847, die Verhältnisse in Lodygowice erwähnt, und da nur ganz nebenbei. In den drei Briefen vom Frühjahr findet sich kein Wort über Stolberg, kein Hinweis auf seine „Geschäfte" oder auf Unstimmigkeiten mit den gräflichen Beamten. Dies und der befreite Ton seiner Mitteilungen an Johanna lassen mich vermuten, dass er seine Tätigkeit für Stolberg beendet hatte. Leider wissen wir nichts über die getroffenen Vereinbarungen. War er in Ruhestand getreten, hatte ihn der Graf „abgefertigt"? Oder gab es noch einen Aufgabenkreis für ihn? Diese Fragen bleiben ohne Antwort. Der Wohnsitz in Lodygowice war jedenfalls (noch?) aufrecht.

„Heute werde ich 200 fl. bekommen."

Auch diese knappe Mitteilung in seinem Brief vom 5. Juni 1847 kann ich nicht deuten. Friedrich hat sie ohne jeden Zusammenhang zwischen andere Themen gestellt. Wir erfahren nicht, von wem und aus welchem Grund er diesen doch ansehnlichen Betrag erhielt.

Die allerletzten Worte, die sich von Friedrich schriftlich erhalten haben, sind seine Bitte an Johanna: „Grüße Rost". Hatte er sich mit seinem langjährigen Adjunkten ausgesöhnt?

Die schöne Gewohnheit, seiner Johanna zum Hochzeitstag einen Brief zu schreiben, wenn sie diesen nicht gemeinsam begehen konnten, hielt er aufrecht. Der 5. Juni 1832 war

„der Glückstag in meinem Leben, dieses fühle ich tief und lebendig. – Sehe ich, wie das gegenseitige Verhalten so vieler einander Getrauten, ein trauriges drückendes geworden, wie alle Poesie und Wärme aus denselben gewichen, dann fühle ich es um so mehr, wie glücklich ich vor Vielen bin. Ich bin fest überzeugt, dass du, meine theure Johanna dasselbe fühlst; ohne diese Überzeugung könnte ich doch nicht froh

*werden. So wollen wir dann treu und redlich alles, was uns noch bevor-
steht miteinander tragen und theilen."*

Er ahnte nicht, wie wenig es war, was ihm noch bevorstand: Friedrich
starb am 3. September 1847 in Ratibor. Über die Ursache seines unerwarteten Todes ist mir nichts bekannt.

Mit dem Tod Friedrichs versiegt die ergiebige Quelle der Briefe, die
uns so viele interessante Details über das Leben der Eheleute Friedrich
und Johanna von der Decken und ihrer Kinder vermittelten. Noch im
selben Jahr 1847 starb auch Johannas Mutter, Maria Anna Halirsch, im
zweiundsiebzigsten Lebensjahr. Kurze Zeit später verließ Johanna
Lodygowice und zog nach Prag. Der Abschied wird ihr nicht schwer
gefallen sein, die vier Jahre, die sie in Galizien verbrachte, waren keine
glückliche Zeit.

II. NACH DER REVOLUTION: EINE BEAMTENKARRIERE

Alois Hermann

Kindheit und Jugend

Abbildung 9: Alois Hermann

Ich lasse Johanna und ihre Kinder vorerst aus den Augen und begebe mich in die weitere Umgebung von Lodygowice: kaum 40 km nordwestlich liegen die Schauplätze eines weiteren Abschnitts unserer Familiengeschichte. Am 26. Juni 1823 wurde in Oberseibersdorf Aloysius Paul Hermann, mein Urgroßvater, geboren.

Heute heißt Seibersdorf Zebrzydowice. Wer mit der Eisenbahn von Wien nach Warschau reist, betritt hier polnischen Boden. Im 19. Jahrhundert lag es im äußersten Nordwesten des Herzogtums Teschen, das nach den Schlesischen Kriegen zusammen mit Gebieten des Herzogtums Troppau als „Herzogtum Schlesien" bei Österreich verblieben war, während der größte Teil Schlesiens preußisch wurde. Als Folge dieser Teilung war Seibersdorf plötzlich Grenzort. Der nördliche Nachbarort Pilgramsdorf, heute Pielgrzymovice, gehörte zu Preußisch-Schlesien. Von hier stammte der Vater von Alois, Franz Hermann (1777–1826); die Mutter Josepha Buchta (1796–1871) war nur wenige Kilometer östlich, in Schwarzwasser, heute Strumien, zu Hause. Das lag wieder auf der österreichischen Seite.

Alois Hermann beschreibt[25] seinen Vater Franz Hermann als einen Geschäftsmann, der verschiedene gewerbliche und landwirtschaftliche Tätigkeiten in Preußisch- und Österreichisch-Schlesien ausübte. Wir wissen, dass er 1817, als sein erstes Kind Josef zur Welt kam, in Golasowice, das zur Pfarre Pilgramsdorf gehörte, eine Gastwirtschaft betrieb. 1822 wurde ein zweiter Sohn, Albert, geboren. Zur Zeit der Geburt von Alois am 16. Juni 1823 war Franz Hermann in Ober-Seibersdorf Pächter einer Mühle auf einem freiherrlichen Gut, doch übersiedelte die Familie kurz danach in den Geburtsort der Mutter, nach Schwarzwasser, ein Städtchen mit damals 1000 Einwohnern. Dort war Paul Buchta, der Vater der Mutter, Riemermeister und besaß ein Haus. Nebenbei betätigte er sich als Kirchenorganist.

In Schwarzwasser verlegte sich Franz Hermann auf den Weinhandel und setzte weiter Kinder in die Welt. Auf Alois folgte eine Tochter Josefine; mit einem danach folgenden Zwillingspaar, Johann und Johanna, waren es insgesamt sechs Kinder, die es zu ernähren galt. Franz Hermann war ein tüchtiger Kaufmann, das Geschäft ging gut – bis es zur Katastrophe kam: Am 4. Juli 1826, Alois war eben erst drei Jahre alt geworden, verunglückte Franz Hermann beim Einlagern von Weinfässern und starb. Josepha Hermann stand mit ihrer Kinderschar im zartesten Alter allein da. Ihre wirtschaftlichen Verhältnisse waren in der Folge „höchst misslich", zumal Franz Hermann seine Kunden verwöhnt und auf pünktliche Zahlung zu wenig geachtet hatte. Das Geschäft wurde verkauft, die Advokaten klagten die säumigen Schuldner, und nach Abzug aller Kosten blieb unter dem Strich ein Reinnachlass von 2000 bis 3000 Gulden alter Wiener Währung übrig. Unter großen Opfern und mit unerschütterlichem Gottvertrauen ging Josepha Hermann daran, die Kinder großzuziehen, wahrlich keine leichte Aufgabe. Alois erinnert sich an dumme Streiche, die er gemeinsam mit seinem Bruder Albert und anderen Kindern verübte, „wofür es immer

---

[25] *Die wesentlichste Quelle für den Lebenslauf von Aloys Hermann ist ein Karton „Nachlass Aloys Ritter von HERMANN" im Österreichischen Staatsarchiv, in dem seine Memoiren in zwei Teilen (1.Teil Lebenslauf bis zur Pensionierung 6.1.1891, 2. Teil Aufzeichnungen nach der Pensionierung) mit zahlreichen Anhängen und Briefschaften enthalten sind. Mein Text folgt weitestgehend diesen Memoiren.*

harte Schelte, auch tüchtige Schläge absetzte". Zweimal wäre er beinahe ertrunken, da unter den gegebenen Umständen eine Überwachung völlig ausgeschlossen war.

Ab seinem sechsten Lebensjahr besuchte Alois die zweiklassige Trivialschule in Schwarzwasser. Die religiös-sittliche und patriotische Erziehung (Gott, Kaiser, Vaterland) stand im Vordergrund, der Lehrstoff wurde oft durch ödes Memorieren ohne Verständnis der Sache vermittelt, im Leseunterricht bediente sich der Lehrer der „längst abgeschafften Buchstabiermethode". Gegen Faulheit und Unbotmäßigkeit half er sich eifrig mit der Rute, in schweren Fällen zog er sogar den Schuldiener bei.

Die sehr komplexe sprachliche Situation in Oberschlesien erschwerte den Unterricht in der Volksschule erheblich. Die Umgangssprache war das „Wasserpolakische", auch „Wasserpolnische", ein auf der Grundlage der polnischen Sprache entstandener Dialekt, der, mit Germanismen und tschechischen Worten durchsetzt, jedenfalls damals keine Schriftsprache war. Wer etwas auf sich hielt, sprach so wie die Einwanderer aus (Preußisch-) Niederschlesien oder den Sudeten Deutsch. Polnisch war als Amtssprache und Unterrichtssprache verpönt, es wurde die tschechische Sprache forciert, da das Herzogtum Schlesien verwaltungsmäßig mit Mähren vereinigt war. Im Unterricht wurden daher tschechische Schulbücher verwendet, von deren Inhalt die Kinder, die überwiegend wasserpolakisch sprachen, nur sehr wenig verstanden. Oft beherrschten selbst die Lehrer und Katecheten die tschechische Sprache nur mangelhaft und waren zudem auch methodisch schlecht ausgebildet. Wer es sich einigermaßen leisten konnte, schickte seine Kinder in eine deutsche Volksschule, was auch den folgenden Übertritt ins Gymnasium erleichterte.

Hätte man in der Volksschule auf der Grundlage der rein polnischen Sprache unterrichtet, so meint Alois in seinen Memoiren, hätte man vielleicht mit der Zeit etwas mehr erreicht, besser noch wäre die Einführung der allgemeinen deutschen Volksschule gewesen, denn die Wasserpolaken fühlten sich unter Polen und Tschechen gleich fremd. Ihre überwiegende Mehrheit wollte

„weder tschechisch noch polnisch werden, sie fühlen sich als Österreicher und legen auf das Erlernen der deutschen Sprache größten Wert; sie halten nur des Deutschen Kundige für gebildete Menschen".

Als er das schrieb, galt Alois als der profundeste Kenner des Volksschulwesens in der gesamten Monarchie. Und er hatte die Problematik am eigenen Leib erlebt: Seine eigene Muttersprache war das Wasserpolakische. Vater Franz Hermann sprach wohl Deutsch und „Slawisch", die Mutter verstand zwar Deutsch, konnte aber nur die wasserpolakische Sprache sprechen. Sie erkannte die Begabung ihrer Kinder und war davon überzeugt, dass sie in eine deutsche Schule gehen mussten, wenn aus ihnen etwas werden sollte. Die nächstgelegene deutsche Kreishauptschule war 20 Kilometer entfernt, in Teschen; dort gab es auch ein Gymnasium. Also übersiedelte sie mit ihren Kindern in diese Stadt.

Teschen war seit 1625 Teil der Habsburgermonarchie und blieb es bis zum Ende des Ersten Weltkriegs. Heute ist die Stadt zwischen Tschechien und Polen geteilt. Ein Nebenfluss der Oder, die Olsa, an deren beiden Ufern die Stadt liegt, bildet die Grenze zwischen den beiden Staaten. Um 1800 hatte Teschen etwa 5000 Einwohner, überwiegend Deutsche. Die slawische Minderheit, die „Wasserpolaken", entwickelte bis zur Mitte des 19.Jahrhunderts kein bewusstes Nationalgefühl für eine der „großen" Nationen. Erst nach 1848 warben Deutsche, Polen und Tschechen um die Teschener Schlesier, womit die Grundlage für die späteren Konflikte zwischen Tschechen und Polen um diese Region geschaffen wurde, die im sogenannten „Siebentage-Krieg" Anfang 1919 ihren Höhepunkt, keineswegs aber einen Abschluss fanden.

Im Jahr 1891 schrieb Alois in seinen Memoiren:

„Ich liebe meine Heimat, habe aber kein Gefühl für eine slawische Nationalität entwickelt. Ich sehe mich als Sohn meines großen Vaterlandes Österreich, dessen Macht und Größe durch die Pflege der deutschen Bildung gegründet wurde."

Mit dieser Einstellung stand er keineswegs allein, sie entsprach vielmehr dem Denken und Fühlen der meisten seiner Landsleute. Viele Schlesier wollen sich noch heute nicht von einer der beiden Nationen –

Tschechen oder Polen – vereinnahmen lassen. Bei der Volkszählung 2002 beantworteten 173.200 Polen die Frage nach ihrer Nationalität mit „Schlonsak" (Schlesier)[26].

Um das Leben in der Stadt finanzieren zu können, nahm Josefa Hermann „Kostzöglinge" auf, bot also Schülern Kost und Quartier. Sobald als möglich mussten ihre Kinder zur Haushaltsführung beitragen, die Söhne erteilten „nach einiger erlangter Reife" Privatunterricht, die Töchter leisteten Näharbeiten.

Der Eintritt in die deutsche Hauptschule in Teschen im Herbst 1834 wurde für Alois zum prägenden Ereignis für sein ganzes Leben. Der geistliche Direktor ließ ihn einen deutschen Text vorlesen und meinte dann bedauernd: „Nach deinem Alter solltest du in die 3. Klasse eintreten, aber wegen deiner geringen Deutschkenntnisse kommst du in die 2. Klasse". In der Klasse waren hauptsächlich deutsche Mitschüler, und Alois holte das Fehlende sehr rasch auf. Hatte er anfangs noch durchschnittliche Noten, schnitt er am Ende des ersten Semesters durchwegs gut und sehr gut ab und „reihte als erster hinter den Prämianten". Am Ende des zweiten Semesters fragte der Direktor die Klasse, wer erster Prämiant werden solle. Die ganze Klasse rief unisono: „Der Hermann!". Der bis dahin erste Prämiant, Friedrich Uhl, brach daraufhin in Tränen aus. Der Direktor brachte schließlich einen Kompromiss zustande: Uhl blieb erster Prämiant, Alois wurde zweiter.

Noch nach Jahrzehnten waren Alois Hermann und Friedrich Uhl befreundet. Auch Friedrich Uhl machte Karriere: Er wurde Chefredakteur der "Wiener Zeitung" und hielt deshalb regelmäßigen Kontakt mit Kaiser Franz Joseph. Er ließ sich in Mondsee unweit von Bad Ischl eine Sommervilla erbauen. Dort wurde auch seine Tochter Frida geboren, die 1893 August Strindberg heiratete. Friedrich Uhl war ein angesehener Theaterkritiker, Feuilletonist und Erzähler und starb 1906.

Nach der 3. Klasse Hauptschule trat Alois ins Gymnasium über. Dieses war „mit Lehrern der alten Schule" besetzt. Als schwierigster Gegenstand galt Religion, weil der Lehrstoff wörtlich memoriert werden

[26] *Marcin Wiatr, Oberschlesien und sein kulturelles Erbe, 2016*

musste. Neben dem Religionslehrer gab es für alle Fächer Grammatical- und Humanitätsprofessoren, und zwar sowohl in der Unter- als auch in der Oberstufe. Insgesamt 18 Wochenstunden waren den sogenannten Lesegegenständen gewidmet, das waren Religion, lateinische Sprache, griechische Sprache (ab der dritten Klasse), Geographie, Geschichte, Arithmetik, in den oberen 2 Klassen anstatt Latein „Interpretation der Autoren und Styl" und statt Arithmetik Mathematik. Kein gesondertes Unterrichtsfach war „Deutsche Sprache", doch wurde bei Behandlung des Stylus in den oberen Klassen je nach Eignung des Professors auch deutsche Literatur unterrichtet. Von der zur Verfügung stehenden Gymnasialbibliothek machten die Schüler wenig Gebrauch.

Der Lateinprofessor verlangte die Privatlektüre lateinischer Texte und überzeugte sich von Zeit zu Zeit vom Ergebnis, indem er einzelne Schüler in seine Privatwohnung bestellte. Den Lateinunterricht befand Alois als gut, im Gegensatz zum Unterricht in Griechisch und Geschichte, *„für welchen die vorgeschriebenen Lehrbücher eigens dazu censuriert waren, um uns nicht zu weiterem Denken zu veranlassen".*

Die Schülerzahl war gering, in der sechsten (und letzten) Klasse waren sie achtzehn. Das ermöglichte einen persönlichen Kontakt mit den Lehrern, wodurch die Schüler „innerhalb der gesteckten Grenzen durchgehend befriedigende Erfolge" erzielten und „einen gesunden Verstand" erlangten. Für die körperliche Ertüchtigung gab es im Winter Eislaufen, im Sommer Ballspiele und größere Spaziergänge.

Bereits ab seinem 14. Lebensjahr gab Alois täglich außer an Sonn- und Feiertagen Privatunterricht, obwohl er damit zunächst lächerlich wenig verdiente. Bessere Bezahlung versprach er sich nach Erhalt des Befähigungszeugnisses für den Volksschulunterricht. Um das zu erlangen, besuchte er nebenher den Lehrgang für Schulkandidaten an der Kreishauptschule in Teschen. Während des Studiums an der Universität erwarb er dann auch noch die Befähigung zum Privatunterricht an den Grammaticalklassen des Gymnasiums.

Alois absolvierte das Gymnasium 1841 als erster und einziger Prämiant. In Gegenwart des Teschner Kreishauptmannes (eines so genannten Gymnasial-Oberdirectors) hielt er in lateinischer Sprache eine

Abschiedsrede, die sein Humanitätslehrer Karl Schwarz verfasste. Das Auswendiglernen dieser Rede hatte ihn ein Semester lang beschäftigt.

Studium in Wien

An der Universität Wien begann er zunächst ein Studium der Philosophie, fand aber, dass es im Wesentlichen nur eine Fortsetzung des Gymnasialunterrichts bot, und zwar ohne die Vorteile des engen Kontaktes mit den Lehrern. Jeder war nur bestrebt, bei den Prüfungen durchzukommen.

Auch am juristischen Studium, dem er sich schließlich zuwendete, fand er manches auszusetzen. Die meisten Studenten sahen darin eine „Vorbereitungsanstalt für den Staatsdienst". Die Professoren lasen im Regelfall aus eigenen Schriften, die nicht käuflich waren. Das erschwerte die Vorbereitung auf die Prüfung. Wenn ein Professor von der allgemeinen Übung abwich und seinen Stoff frei vortrug, fand das großen Anklang. Der gefeiertste Professor in diesen Jahren war Anton Hye Freiherr von Glunek, der 1845 einen neuen juridisch-politischen Studienplan schuf und im Revolutionsjahr 1848 eine Studentenpetition bei Hof überreichte. Er hielt Vorlesungen aus „Vernunftrecht" [Naturrecht] und Strafrecht. Hye arbeitete am Pressgesetz von 1849 und am Strafgesetz 1852 maßgeblich mit, war ab 1867 Justizminister und leitete zugleich interimistisch das wieder errichtete Unterrichtsministerium. Alois sah in ihm „einen der größten und besten Männer Österreichs". Insgesamt fand er aber die juristische Ausbildung an der Wiener Universität mangelhaft. Die meisten Absolventen mussten nach dem Eintritt in den Staatsdienst bei der Vorbereitung auf die „praktische Prüfung" vieles nachholen, was an der Universität gar nicht gelehrt wurde.

Während der gesamten Studienzeit musste Alois seinen Lebensunterhalt selbst verdienen. Bald nach seiner Übersiedlung nach Wien nahm er eine Stelle als Hofmeister bei Johann Vesque von Püttlingen (1803–1883) an. Dieser war Jurist und machte als Beamter – zuletzt Sektionschef im Auswärtigen Amt – Karriere, überdies hatte er reich geheiratet und fand daher Zeit und Gelegenheit, sich seinem Faible, der Musik, zu widmen. Als Opernkomponist und Sänger eigener Lieder erlangte er eine gewisse Bekanntheit. Einige seiner Opern wurden in der Zeit um 1840 im Kärntnertortheater aufgeführt. Sein Haus zählte zu den musikalischen Mittelpunkten Wiens. Er hatte zehn Kinder und konnte somit Alois ein reiches Betätigungsfeld bieten.

Alois wurde ein in den besten Kreisen gesuchter Privatlehrer. Nach 1846 – inzwischen bezahlte man ihm bereits 2 Gulden für eine Privatstunde – unterrichtete er die Töchter der Familien Festetics, Batthyany, Kalkhof und die Söhne des Senatspräsidenten Pederzani. Dieser war Hofrat der Obersten Justizstelle [Vorgängerinstitution des Obersten Gerichtshofs]. Alois begleitete ihn hin und wieder auf seinen Spaziergängen auf dem Wasserglacis und nahm die Gelegenheit wahr, juristische Fragen, die er gerade studierte, mit ihm zu besprechen. Einer anderen Familie, deren Kinder er unterrichtete, folgte er in den Sommermonaten nach Hütteldorf und kam bei gemeinschaftlichen Spaziergängen in Kontakt mit Anton von Schmerling, der in späteren Jahren als Staatsminister auch „sein Minister" sein sollte.

Alois schloss sein juristisches Studium 1847 mit „zum Teil rühmlichen Erfolgen" ab; er hätte ein noch besseres Ergebnis erzielt, wäre ihm neben dem Dienst als Hofmeister und dem Erteilen von Privatunterricht mehr Zeit zum Lernen verblieben.

Der Ausbruch der Revolution im März 1848 erfüllte ihn zunächst mit patriotischer Begeisterung. Er schloß sich den Studenten an, die am 13.März von der Aula der Universität ins Landhaus zogen, hörte dort feurige Reden und sah bei der Rückkehr den Aufmarsch des Militärs in der Herrengasse und Am Hof.

„Wie das alles möglich wurde, war bei dem damaligen Polizei-System unfasslich, zumal schon tags vorher (Sonntag) in ganz Wien von Petitionen und freiheitlichen Institutionen laut gesungen wurde, die bei den eben versammelten n.ö. Ständen am Montag von der Aula aus eingebracht werden sollten."

Am Abend des 13. März trat der 74-jährige Staatskanzler Fürst Metternich zurück und floh nach England. Am 15. März machte Kaiser Ferdinand I. erste Zugeständnisse und versprach die Abschaffung der Zensur und eine neue Verfassung. Alois stand an diesem Abend als

Zuschauer bei einer Kundgebung auf dem Hohen Markt und verfasste, an eine Hausmauer gelehnt, spontan ein Gedicht „Des Volkes Dank", das mit den Worten endete:

„Die Thränen des Dankes, sie folgen ihm nach,

Dem Kaiser, den jubelnd die Menge verehrt,

Er hat ja das Flehen des Volkes erhört,

und rief ihm ein Leben, das geistige, wach!"

Neben ihm stand ein Mann um die Fünfzig, der Alois bat, ihn das Gedicht lesen zu lassen. Er klopfte ihm anerkennend auf die Schulter und sagte: „Brav, junger Mann!" Es war, wie Alois vermerkt, „der erste Humorist unserer früheren Phäakenstadt", Moritz Saphir.

Alois dichtete gern. Während seiner Studienzeit hatte er „viele Verse verbrochen", zwei eng beschriebene Hefte mit Gedichten sind erhalten geblieben. Seine Tätigkeit als Privatlehrer veranlasste ihn auch zu mancher literarischen Arbeit, „speciell in didaktisch-pädagogischer Richtung".

Politische Tätigkeiten

Der weitere Verlauf der Revolution war nicht nach dem Geschmack von Alois. Die „von den Studenten initiierte Soldatenspielerei" missfiel ihm gründlich; mit Mühe konnte er sich den Anwerbungen der beiden kämpfenden Gruppen, der Studentenlegion einerseits und der National-garde andererseits, entziehen.

Seine politischen Ambitionen suchte er in zwei Vereinen zu verwirklichen, an deren Gründung er mitwirkte. Der eine, der „Allgemeine pädagogische Verein" kam über „verschiedene Projekte" nicht hinaus. Sein Präsident, Leopold Karl Schulz-Straßnitzki, Inhaber der Lehrkanzel für höhere Mathematik an der Wiener Universität, verfolgte das Ziel, das grob vernachlässigte Volksschulwesen zu verbessern und die Lehrerschaft mit den Fortschritten der Erziehungswissenschaft bekannt zu machen. Er forderte im Gemeindeausschuss, die von den Oberlehrern gänzlich abhängigen Unterlehrer in den Schutz der Gemeinde zu nehmen und ihnen eine fixe Besoldung zu gewähren. Sein schlechter Gesundheitszustand und sein früher Tod 1852 ließen diese Anstrengungen im Sande verlaufen[27].

Größere Wirkung erzielte der patriotische Verein „Silesia". Der Anlass für seine Gründung war die Hungersnot in Schlesien im Winter 1847/48. Der Verein sollte Anliegen der Heimat in Wien fördern.

„Alles Gute, was der Verein für seine Heimat zu thun im Stande ist, ist in der Förderung der Wohlfahrt begriffen, der geistigen sowol, als auch der materiellen. Darin allein liegt der Zweck unseres Wirkens; – nicht also in der Aufstellung und Bekämpfung politischer Ansichten und Grundsätze, nicht in der Hervorhebung einer oder der anderen Nationalität, nicht in der Beobachtung und Kritik der Regierungsmaßregeln ... Für Förderung der materiellen Wohlfahrt sorgte der Verein seit seinem Entstehen durch Einreichung und Einbegleitung von Gesuchen Einzelner, ganzer Zünfte und Gemeinden bei den hohen Ministerien und andern Behörden, durch kleine Unterstützungen Einzelner und ganzer Gemeinden, durch Vorschläge zur Vermeidung der Hindernisse des Wohlstandes und zur Hebung desselben."[28]

Alois wurde zum Sekretär des Vereins bestellt und erhielt Anfang Oktober 1848 den konkreten Auftrag, in einem jahrelangen Streit zwischen der Herrschaft eines Rittergutes in Weißwasser[29] und dessen Ansassen zu vermitteln. Als die Auseinandersetzungen derart eskalierten, dass nur durch einen Einsatz des Militärs Ruhe und Ordnung aufrecht erhalten werden konnten, wendeten sich die Ansassen um Hilfe an den Verein in Wien.

Alois reiste am 4. Oktober von Wien ab, machte zunächst dem Kreishauptmann von Troppau seine Aufwartung und ließ sich dann von den

---

[27] *http://www.bezirksmuseum.info/daten/htm/start.htm*
[28] *Rundschreiben des Vereins „Silesia" vom 9.11.1848, gezeichnet „Alois Hermann Sekretär und im Vollmachtsnamen der Silesia", im Familiennachlass*
[29] *Polnisch Biala Woda, im Powiat Klodzko (Glatz) gelegenes, heute unbewohntes Dorf an den nördlichen Ausläufern des Glatzer Schneegebirges, Ortsteil der Stadtgemeinde Bystrzyca Klodzka, gehörte 1848 zur Grafschaft Glatz*

Gutsansassen in Weißwasser eine Generalvollmacht für die Verhandlungen mit der Herrschaft erteilen. Nach tagelangen Gesprächen mit den Advokaten der Gräfin und zuletzt in Glatz mit der Gräfin selbst brachte Alois Ende Oktober einen Vergleich zustande. Das Amt zu Weißwasser bestätigte am 31. Oktober 1848

„... dass der zwischen der Gräfin ... einerseits und den Ansassen des Rittergutes Weißwasser ... in der Zeit vom 4. bis Ende October 1848 zustandegekommene Vergleich zum großen Teil der Intervention des Herrn Alois Hermann als Generalbevollmächtigter der Gutsinsassen, wodurch ein schon vieljährig geführter Prozeß beseitigt und der hiedurch gestörte Friede wieder hergestellt wurde, zu verdanken ist".

Nach diesem Erfolg hatte es Alois nicht eilig, nach Wien zurückzukehren, denn zwei Tage nach seiner Abreise nach Schlesien war hier der Oktoberaufstand ausgebrochen, der Hof war nach Olmütz geflohen, der Reichstag nach Kremsier verlegt worden. Nach einwöchiger Beschießung Wiens erstürmte am 31. Oktober das Militär die Innere Stadt, der Aufstand wurde blutig niedergeschlagen.

Alois reiste daher nach Teschen und blieb dort bei seiner Mutter bis 7. November. Er benützte diesen Aufenthalt in seiner Heimat, um in Versammlungen die Ziele des Vereins „Silesia" bekannt zu machen. In der politisch unruhigen Zeit war das notwendig, um die misstrauische Bevölkerung davon zu überzeugen, dass die Unterstützung der schlesischen Interessen in Wien nur mit friedlichen, unparteiischen Mitteln beabsichtigt war und nicht mit politischer Agitation. Bei einer derartigen Versammlung in Troppau, kam es zu einem Zwischenfall, als ein pensionierter Rittmeister mit Heftigkeit gegen den Verein und den Redner auftrat, worauf schließlich das Publikum den Störer vor die Tür setzte, was einiges Aufsehen erregte.

Am 9. November verfasste Alois auch noch ein Rundschreiben, in dem er die Ziele des Vereins eingehend erläuterte. Dieses wurde in Teschen gedruckt und den ehrenamtlichen „Agenten" des Vereins übergeben mit dem Aufruf,

„... für die gute Sache fort thätig zu sein und Mitglieder für unsern Verein zu gewinnen ... Jedem Mitgliede steht es frei, seine Ansichten,

Vorschläge und Wünsche entweder brieflich uns mitzuteilen, oder die-
selben in das Troppauer Blatt ‚Silesia' oder den Teschner ‚Tygodnik'
einzusenden ... "

In dem Aufruf hob Alois besonders hervor, dass die Aktionen des
Vereins von den Behörden unterstützt würden und stets die Gesetze
achteten. Er distanzierte sich nachdrücklich von den „Übelgesinnten,
die dahin zielten, das Vertrauen zu den ordentlichen Behörden zu
schwächen." Dennoch, so vermutet er in seinen Memoiren, könnte
seine Vereinstätigkeit viele Jahre später seiner Berufslaufbahn hinder-
lich gewesen sein. Darauf komme ich noch zu sprechen.

Erst Ende November 1848, als sich die Lage etwas beruhigt hatte,
kehrte Alois mit dem Entschluss, in den Staatsdienst zu treten, nach
Wien zurück. Nach einer kurzen Verwendung als Praktikant beim
Wiener Magistrat begann er am 1. Februar 1849 mit der Gerichtspraxis
beim Wiener Civilgericht (bei verschiedenen Dienststellen, u.a. auch
bei der „Civilgerichts-Verwaltung im Bezirke Wieden I. Abtheilung")
und legte am 10. März bei der NÖ. Statthalterei die Prüfungen aus
politischer Gesetzeskunde und II. Teil des Strafgesetzbuches mit sehr
gutem Erfolg ab. Was er in der Gerichtspraxis verdiente, reichte für den
Lebensunterhalt nicht aus. Daher erteilte er auch weiterhin Privatunterricht. Nach dem Ende der Praxis beim Civilgericht Anfang August 1849
wollte er die gleichfalls halbjährige Praxis beim Criminalgericht antreten und die Richteramtsprüfung ablegen.

Bei der Grundentlastungskommission in Schlesien

Es kam jedoch anders:

Aus der Zeitung erfuhr Alois Anfang August 1849, dass der ehemalige,
aus Teschen ihm bekannte Cameraldirector der Erzherzog Carl' (dann
Albrecht') schen Güter, Josef Ritter Kalchegger (später Freiherr) von
Kalchberg[30], nach Wien gekommen war. Kalchberg war kurz zuvor

---

[30] *Kalchegger von Kalchberg, Josef, * 27. 3. 1801 Graz (Steiermark), † 27. 4. 1882*
ebenda, Jurist und Staatsmann; ...1835 Professor an der Theresianischen Ritterakade-
mie, Lehrer der Söhne von Erzherzog Karl sowie später dessen Güterdirektor; 1848

zum Präsidenten der Landeskommission zur Durchführung der Grundentlastung[31] in Schlesien ernannt worden. Alois suchte Kalchberg auf und erhielt von ihm eine Stelle als Actuar[32] bei der Grundentlastungs-Landeskommission in Troppau angeboten. Alois überlegte nicht lange. Er war ungebunden und konnte von dem vorgesehenen Bezug von 50 Gulden Konventionsmünze monatlich ganz gut leben, ohne wie bisher auf Nebeneinkünfte aus Privatunterricht angewiesen zu sein. Am 27. August erhielt er sein Anstellungsdekret, sagte Wien Adieu und leistete am 11. September in Troppau den Diensteid in die Hände des Präsidenten.

Es folgten Wochen harter Arbeit. In den Sitzungen der Landeskommission, die mit dem Präsidenten, zwei ständigen Referenten, einem Sekretär, einem Aushilfsreferenten, vier Großgrundbesitzern und vier Bauern paritätisch besetzt war, führte Alois das Protokoll und erntete von den Mitgliedern viel Lob. Daneben gab es eine Fülle von schwierigen Vorarbeiten für die Ausführung der Grundentlastungsgeschäfte im Detail. Insbesondere mussten für die Bezirkskommissionen Richtlinien für ein einheitliches Vorgehen geschaffen werden. Alois arbeitete die allgemeinen Vorgaben Kalchbergs im Detail aus.

„Ich gewann im Fluge das ganze Vertrauen, aber auch das volle Herz meines Präsidenten, mit dem ich in den ersten Wochen regelmäßig bis zur Mitternacht in seinem Bureau saß."

Gerade in Schlesien waren große Schwierigkeiten bei der Grundentlastung erwartet worden, da nicht nur von Region zu Region, sondern sogar innerhalb der einzelnen Bezirke und Gutskörper sehr unterschiedliche rechtliche Verhältnisse bestanden. Zudem ließ *„der so verschie-*

Abgeordneter zur Frankfurter Nationalversammlung; führte 1850–55 die Grundentlastung in Schlesien und Galizien durch; 1863–65 Handelsminister. (http://www.aeiou.at/aeiou.encyclop.k/k046440.htm)
[31] *Die Loslösung der Bauern aus den grundherrlichen Rechtsgemeinschaften und die Übertragung von Grund und Boden in ihr Eigentum*
[32] *Actuar (v. lat. Actuarius), ein unter öffentlicher Auctorität zur Niederschrift des Verhandelten u. zur Aufsicht über die daraus entstandenen Acten eidlich verpflichteter Rechtsverständiger (Pierer's Universal-Lexikon 1857)*

dene Bildungsgrad der bäuerlichen Grundbesitzer in dem von Deutschen und Slawen bewohnten Land" einen raschen Fortgang nicht erwarten.

Alois beschreibt Kalchberg als einen ungemein fähigen Beamten, bei dem die anspruchsvolle Aufgabe in den besten Händen lag. Bereits zu Neujahr 1850 sprach der Minister des Inneren dem Präsidenten eine glänzende Anerkennung aus. Kalchberg leitete an Alois eine Abschrift davon weiter und fügte den Beisatz hinzu „dass er es für eine angenehme Pflicht halte, seinen Dank mit jenem des Herrn Ministers zu vereinigen". Er sprach ihm seinerseits die volle Anerkennung aus, auf welche er durch seine „erfolgreiche Tätigkeit im Geschäfte der Grundentlastung in Schlesien gerechten Anspruch" habe.

Die sogenannte oktroyierte Reichsverfassung vom 3. März 1849 brachte für Schlesien eine wesentliche Veränderung. Bis dahin waren die Kreise Troppau und Teschen verwaltungsmäßig mit Mähren vereinigt. Nun wurde das Herzogtum mit Wirkung vom 1. Jänner 1850 zum Kronland erhoben und von Mähren getrennt. Es erhielt eine eigene Statthalterei, zum ersten Statthalter wurde Kalchberg ernannt.

In der Absicht, ihm eine definitive Stellung im Staatsdienst zu verschaffen, schlug Kalchberg nun dem Minister des Inneren Alois als Secretär oder Aushilfsreferenten der Landeskommission vor. Dies wurde *„in Anerkennung [seiner] lobenswerten Thätigkeit und erwiesenen Befähigung"* nicht nur genehmigt, sondern Alois erhielt bei dieser Gelegenheit auch eine *„besonders ausgiebige Remuneration. In jungen Jahren und nach einer noch so kurzen Praxis übernahm ich mit Muth, und von großem Vertrauen meines Ichs getragen, Referate über die in vielen Fällen höchst verwickelten Grundentlastungsgeschäfte und wurde nebenbei im Statthalterei-Präsidium verwendet."*

Die von Alois im Detail ausgearbeiteten Instruktionen gingen bald nach Jahresbeginn 1850 an die Bezirkskommissionen hinaus, und im April erhielt er den Auftrag, die Kommissionen in Friedek, Teschen und Bielitz zu besuchen, dort Aufklärungen und Belehrungen zu geben und über das Resultat zu berichten. Sein Bericht vom 12. Mai wurde „mit hoher Befriedigung" zur Kenntnis genommen. Seine „Gewandtheit und Gründlichkeit, die scharfe und richtige Auffassung der Verhältnisse, und die vielfach bekundete Hingebung für den dienstlichen Beruf" fanden besondere Erwähnung.

Bei der Landesschulbehörde in Schlesien

Aber schon hatte Kalchberg eine neue Aufgabe für seinen Mitarbeiter, den er gelegentlich als seine „rechte Hand im Amte" bezeichnete. 1850 wurden für alle österreichischen Kronländer eigene Landesschulbehörden geschaffen. Anfang Oktober wurde Alois zum Concipisten der administrativen Abteilung der Landesschulbehörde in Schlesien mit dem für Statthalterei-Concipisten systemisierten Jahresgehalt von 800 Gulden bestellt. Er verblieb dennoch vorerst bei der Grundentlastungskommission bis zu deren Auflösung im März 1853, verrichtete jedoch nur noch Präsidialarbeit. Seine Haupttätigkeit galt ab Ende 1850 der Landesschulbehörde.

Das Volksschulwesen (nicht nur in Schlesien) befand sich in ungeordneten Verhältnissen. Gesetzlich geregelt war es in der „Politischen Schulverfassung"[33]. Alois merkt in den Memoiren sarkastisch an: „Wer dieses Gesetz kennt, wird sich diese Schulzustände leicht veranschaulichen." Die Lehrer hatten „höchst geringe, vielfach unklar geregelte" Einkommen und waren häufig auf Hilfe aus dem Normalschulfonds angewiesen. Allerdings vergingen oft Jahre, ehe eine solche Hilfszahlung flüssig gemacht wurde. Die Kompetenz für Schulbauten war unklar, die Gemeinden konnten keinen Einfluss auf die Schulen nehmen und kümmerten sich folglich nicht um Lehrer und Schüler. Die

---

[33] *Politische Schulverfassung 1805 ("Politische Verfassung der deutschen Schulen in den k., auch k. k. deutschen Erbstaaten"), regelte von 1806 bis 1869 das österreichische Elementarschulwesen. Sie übertrug die pädagogisch-didaktische Aufsicht auf der unteren und mittleren Ebene völlig kirchlichen Amtsträgern (Ortsseelsorger, Dechant), deren Tätigkeit aber an dieses Gesetz und die staatlichen Verordnungen gebunden war. Die kirchliche Verwaltungsstruktur wurde dadurch für das Schulwesen maßgebend.*
http://www.aeiou.at/aeiou.encyclop.p/p610429.htm

administrativen Schulangelegenheiten besorgte die Statthalterei, die pädagogisch-didaktischen Angelegenheiten lagen in Schlesien in den Händen der kirchlichen Behörden (Consistorien, Schuldistrictsaufseher), deren Organen für diese Aufgabe oft das nötige Fachwissen fehlte.

Der neue Unterrichtsministers Leo Graf Thun-Hohenstein erkannte, welchen großen Wert für den Staat eine tüchtige Volksbildung durch die Schule hatte und rief 1850 die Institution der Schulräte ins Leben, die

„mit der nötigen Sachkenntnis ausgestattet, nach allen Richtungen hebend und befruchtend wirkten…Mit der Errichtung einer eigenen Landesschulbehörde trat, wie dies von dem auf allen Seiten rührigen Statthalter Kalchberg nicht anders zu erwarten war, frisches Leben, Schaffen und Wirken auch in Bezug auf das Schulwesen ein."

Die neu geschaffene Landesschulbehörde setzte sich aus dem Statthalter (Kalchberg) als Vorsitzenden, einem Schulrat (Landesschulinspektor), einem administrativen Referenten und einem Concipisten – Alois – zusammen. Nachdem der administrative Referent auch andere Agenden der Statthalterei zu erledigen hatte, lag ein Großteil der Detailarbeit auf den Schultern des Concipisten.

Die Aufgabenstellung lautete: Schaffung einer genauen Ordnung der äußeren, rechtlichen und ökonomischen Verhältnisse jeder einzelnen Volksschule im Land; dazu gehörte insbesondere auch die Festsetzung der Bezüge aller Lehrer sowie die Festlegung, gegebenenfalls auch Erhöhung des Schulgeldes und dessen Einhebung unter Haftung der politischen Gemeinden.

Um dieses Vorhaben umzusetzen, mussten zunächst die nötigen Daten gesammelt werden. Ab Juli 1852 war daher Alois in den Bezirken unterwegs, erhob die konkreten Verhältnisse und erörterte mit den Durchführungsorganen die Ergebnisse und die künftige Regelung. All das wurde bei der Landesschulbehörde in einem „Grundbuch" verzeichnet, und jede Schule erhielt eine Regulierungsurkunde ausgefertigt. Diese Urkunden brachten das Resultat, dass die Lehrer, wenngleich gering entlohnt, wenigstens hinsichtlich der Höhe und der regelmäßigen Leistung ihres Gehalts gesichert waren. Für die Verwaltung war der große Vorteil, dass es keine Streitfälle mehr gab und das Ministerium von Rekursen in Angelegenheiten der wirtschaftlichen und rechtlichen Verhältnisse der Volksschulen Schlesiens vollkommen verschont blieb.

Mit Kalchberg hatte Alois ein herzliches Verhältnis. In Troppau verbrachte er viele Winterabende in der Familie, kurze Zeit erteilte er Kalchbergs Tochter Privatunterricht.

„Geschätzt, ja geliebt von diesem herrlichen hochgebildeten Manne ... bildete sich mein Geist und mein Wissen nach vielen Richtungen – insbesondere auch nach der politischen – weiter aus."

Durch Kalchberg eröffneten sich ihm Kontakte zur Aristokratie und einflussreichen Persönlichkeiten, wie etwa dem ehemaligen Landeshauptmann von Schlesien, Graf Amand von Kuenburg, und dem Bürgermeister von Troppau, dem nachmaligen Justizminister Dr. Franz Hein. Kalchberg und er waren Gäste des Breslauer Fürstbischofs Diepenbrock und des Erzherzog-Deutschmeisters Maximilian.

Kalchberg war bei der Bevölkerung beliebt und machte auch in öffentlichen Ansprachen von seiner liberalen Gesinnung kein Hehl, „das Land war bestens verwaltet und zufrieden; von Nationalitätshader sah und hörte man damals nichts". In Wien wehte aber bereits ein anderer Wind, Kalchberg genoss in Regierungskreisen nicht mehr das Vertrauen.

„Bach[34] hatte bekanntlich einen anderen Curs genommen, Kempen's Gendarmen[35] wurden im Land immer mehr beschäftigt und besonders auch mit der Überwachung der politischen Gesinnung und Haltung der Staatsbeamten, vom Statthalter angefangen, betraut."

---

[34] *Bach, Alexander Freiherr von, 1813–1893, wurde 1848 Justiz-, 1849–59 Innenminister. Zuerst liberal, vertrat er später die klerikal-absolutistische Richtung, die im Konkordat von 1855 gipfelte, und war der eigentliche Träger des Neoabsolutismus. (http://www.aeiou.at/aeiou.encyclop.v/v225806.htm)*
[35] *Johann Franz Freiherr Kempen von Fichtenstamm, *1793, Offizier, Ende 1849 zur Organisierung der gesamten Landes-Gendarmerie im Kaiserstaat berufen. General-Inspector der Gendarmerie und zugleich Militär-Gouverneur von Wien, seit 1.6.1852 Chef der obersten Polizeibehörde.*

Zum Jahresende 1851 überbrachte Alois die Wiener Amtspost dem Statthalter ins Büro.

„Das von ihm zuerst erbrochene Rescript Bach's enthielt die Mitthei-lung der allerhöchsten Entschließung, mit welcher die Verantwortlich-keit der Minister aufgehoben wurde. Ich sah, wie Kalchberg während des Durchlesens dieses Rescriptes plötzlich erblasste und in seinen Lehnsessel mit den Worten zurücksank: 'Wir haben also wieder den Absolutismus'.“

Exkurs: Politische Entwicklung nach 1848

Eine kurze Darstellung der politischen Entwicklung seit der Revolution von 1848 erscheint hier angebracht:

Unter dem Eindruck des Märzaufstandes von 1848 hatte Kaiser Ferdinand den Erlass einer „Constitution des Vaterlandes", also einer Verfassung, versprochen. Diese sogenannte Pillersdorf'sche Verfas-sung wurde am 25.4.1848 erlassen, ihr Geltungsbereich erstreckte sich jedoch nicht auf Ungarn und Lombardo-Venetien. Noch 1848 wurde diese Verfassung zum Provisorium erklärt. Der Konstituierende Reichstag sollte eine neue Verfassung ausarbeiten. Erstmals trat er im Juli 1848 in Wien zusammen, wegen des Oktoberaufstandes wurde er nach Kremsier verlegt. Am 2. Dezember 1848 trat Kaiser Franz Joseph die Regierung an und wiederholte den Wunsch nach einem baldigen Inkrafttreten einer konstitutionellen Verfassung, also eines Gesetzes-werks, das auf einer Vereinbarung zwischen dem Monarchen und dem durch den Reichstag repräsentierten Volk beruhen sollte.

Drei Monate später war alles anders: Mit der Begründung, der Reichs-tag repräsentiere im Gegensatz zum Kaiser nicht das gesamte Kaiser-tum Österreich, wurde am 4. März 1849 der Reichstag aufgelöst und der Kaiser erließ eine neue, die sogenannte „Oktroyierte Märzverfas-sung" und ein Grundrechtspatent. Zugleich wurde auch die provisori-sche Pillersdorf'sche Verfassung aufgehoben.

Inhaltlich war die neue Verfassung dem Kremsierer Entwurf sehr ähnlich, der bedeutende Unterschied war jedoch, dass dem Monarchen wieder ein absolutes Veto in der Gesetzgebung zustand. Bis dahin hatten in der Verwaltung Verfügungen des Kaisers immerhin noch der Gegenzeichnung eines Ministers bedurft, der damit dem Reichstag bzw. dem Reichsgericht gegenüber die Verantwortung übernahm. Er konnte nämlich die Gegenzeichnung begründet verweigern und so den Kaiser an einer rechtswidrigen Entschließung hindern. Auch diese Verfassung trat formal jedoch nicht in Kraft.

Mit dem Kaiserlichen Patent vom 31.12.1851, dem sogenannten „Silvesterpatent" hob Franz Joseph unter dem bestimmenden Einfluss von Bach die Oktroyierte Märzverfassung auf. Das bedeutete die Rückkehr zum Absolutismus in der etwas gemilderten Form des Neoabsolutismus. Damit fiel auch die Ministerverantwortlichkeit weg, Verfügungen des Kaisers unterlagen keiner Kontrolle mehr.

Kalchbergs Abschied

Alois schreibt in den Memoiren:

„Dies und weiteres, was bald nachfolgte, zeigte überzeugend den neuen Curs der inneren Politik, die sich nun auf das Militär und den Episkopat stützen sollte. Schon nach wenigen Monaten, vor Ostern 1852, wurde uns Beamten durch einen Ministerialerlass aufgetragen, zur Osterbeicht zu gehen und unter Anführung des Statthalters zur Communion in der Troppauer Hauptpfarrkirche in Uniform zu erscheinen."

Kalchbergs Tage als Statthalter von Schlesien waren gezählt. Seine Enthebung verzögerte sich nur deshalb, weil er die schwierige Grundentlastung noch fertigstellen sollte. Im Frühjahr 1853 war diese Aufgabe erledigt, und nun wurde Kalchberg zum Vizepräsidenten der galizischen Statthalterei und zum Präsidenten der dortigen Grundentlastungskommission ernannt. Das entbehrte nicht einer gewissen Perfidie, denn Kalchberg sprach kein Wort Polnisch. Alois spricht in seinen Memoiren von einer Degradierung Kalchbergs. Viele glaubten, er würde der Berufung nach Galizien schon wegen Unkenntnis der polnischen Sprache nicht folgen, er war aber aus finanziellen Gründen darauf angewiesen weiterzudienen. Als er 1848 ins Frankfurter Parlament eintrat, hatte er nämlich den gut dotierten Posten als Direktor der

Erzherzoglich Albrecht'schen Güter aufgeben müssen und besaß kein Vermögen.

Zum Nachfolger Kalchbergs als Landespräsident wurde Anton Halbhuber, der zuvor Statthaltereirat in Böhmen war, bestellt[36]. In den kleineren Kronländern gab es inzwischen anstelle der Statthaltereien Landesregierungen mit Landespräsidenten. Auf Alois hatte diese Veränderung keine unmittelbare dienstliche Auswirkung, er verblieb bei der Landesschulbehörde. Es war aber vorauszusehen, dass Halbhuber dem Liberalismus in der Beamtenschaft Schlesiens „zu Leibe gehen" würde, um dem Bach'schen System die Bahn zu ebnen. Alois trachtete daher, so rasch wie möglich aus Schlesien wegzukommen. Er bat Kalchberg, ihm anlässlich seiner Verabschiedung bei den Ministern in Wien behilflich zu sein, um eine Versetzung zu erreichen. Kalchberg erwirkte beim nö. Statthalter Eminger, dass Alois in der bisherigen Diensteigenschaft als Statthalterei- resp. Regierungs-Concipist übernommen wurde und dazu ein Gesuch einbringen sollte.

Kalchberg erzählte aber auch über seinen Besuch beim Unterrichtsminister Graf Thun. Dieser hatte den Schlussbericht der Landesschulbehörde über die Regulierung der Volksschulen in Schlesien „mit höchster Befriedigung" studiert und war entschlossen, auch in anderen Kronländern nach diesem Vorbild vorzugehen. Er erkundigte sich daher, welche Beamten in Schlesien die Regulierungsarbeiten im Detail ausgeführt hatten, und wünschte, Alois möge bald nach Wien kommen und bei ihm vorsprechen.

Im Sommer 1853 besuchte Alois in Wien zunächst den Statthalter Eminger[37], der ihm die Concipistenstelle bei der nö. Statthalterei zusicherte, und danach den Unterrichtsminister Graf Thun. Dieser empfing

---

[36] *Anton Halbhuber (seit 1854) Freiherr von Festwill (*1809 in Prag, †1886 in Wien), 1853 Landespräsident von Schlesien, 1860 bis 1862 Statthalter des Erzherzogtums Österreich unter der Enns*
[37] *Joseph Wilhelm (seit 1856: Freiherr von) Eminger (1801–1858), war von 1849 bis 1858 Statthalter des Erzherzogtums Österreich unter der Enns (http://agso.unigraz.at/marienthal/chronik/01_01_07_01_Landesregierung.htm)*

ihn sehr freundlich, erkundigte sich ausführlich über die Schulverhältnisse in Schlesien und insbesondere die Regulierung der Volksschulen
und fragte Alois schließlich, „ob er geneigt wäre, in das Unterrichtsministerium überzutreten". Es würden nämlich im Zuge der Organisierung
der Schulbehörden in Ungarn Beamte des Ministeriums dorthin ernannt, sodass in Wien einige „Vacaturen" in nächster Aussicht stünden;
Alois könnte die erste im Ministerium frei werdende Ministerial-Con-
cipisten-Stelle erhalten. Alois nahm das Anbot sofort an, obwohl ihm
„nach seinen Anschauungen und Neigungen der politisch-administra-
tive Dienst mehr entsprochen" hätte. [38] Kurz danach erhielt Alois wie
vorgesehen vom Präsidialsecretär des Unterrichtsministeriums die Aufforderung, ein Gesuch im Dienstweg einzusenden. Alois übergab das
Gesuch dem schlesischen Landespräsidenten Halbhuber, der es sofort
nach Wien weiterleitete. Dann geschah wochenlang nichts. Aus der
Wiener Zeitung ersah Alois, dass inzwischen drei andere Concipisten
im Ministerium aufgenommen wurden, etwas später nochmals zwei.
Sehr vorsichtig begann er Nachforschungen anzustellen, welches
Schicksal seinem Gesuch widerfahren war. Schließlich erfuhr er aus
Wien andeutungsweise, „dass politische Bedenken gegen seine Person
obwalten mögen". Er war sich keiner Schuld bewusst. Wohl zog er
einen Zusammenhang mit seiner früheren Tätigkeit als Sekretär der
„Silesia" in Betracht, bei Ernennungen und Berufungen von Beamten
wurde ja stets die Oberste Polizeibehörde konsultiert, und *„die Beamten
standen ohne Unterschied des Ranges unter der steten Beobachtung der*

---

[38] *Am 23. März 1848 wurde ein „Ministerium des öffentlichen Unterrichts" errichtet.
Bis dahin war für die Angelegenheiten der Bildung die Studienhofkommission zuständig. Im April wurde Franz Seraphin Exner (1802–1853) zum Unterrichtsminister bestellt, Joseph Alexander Freiherr von Helfert (1820–1910) wurde im November sein
Unterstaatssekretär.
Im Juli 1849 wurde Leo Graf Thun-Hohenstein (*1811 in Tetschen <Decin>, Böhmen,
+1888 Wien) zum Minister für Cultus und Unterricht berufen. Während seiner bis 1860
dauernden Amtszeit reformierte von Thun das österreichische Bildungswesen. Grundlage dafür bildeten die Vorschläge von Franz Serafin Exner. Er führte die Hochschul-
autonomie in Österreich ein und strukturierte die Wiener Akademie der Wissenschaften
neu. Seine Bildungspolitik war von Toleranz geprägt. Wissenschaftler evangelischer
oder jüdischer Konfession erhielten Lehrbefugnis an den Universitäten und namhafte
ausländische Gelehrte wurden ins Land gerufen. Die Evangelisch-theologische Lehr-
anstalt erhielt den Status einer Fakultät.*

Gensdarmen". Aber in der Zeit seiner Aktivitäten bei der „Silesia" war er noch nicht im Staatsdienst gestanden und hatte sich dort betont staatstreu verhalten.

Alois hatte die Zivilcourage, einen Brief direkt an den Minister Graf Thun zu schreiben. Er legte ihm seinen ganzen Lebensgang vom Beginn der Studien *„ohne jedwede Schminke getreu"* dar und schrieb,

„dass ich Verdächtigungen gegen meine politische Gesinnung und Haltung nicht ruhig hinnehmen kann und ihn daher als Cavalier und gerechten Mann inständigst bitten muss, sich meiner anzunehmen und mir Gelegenheit zu verschaffen, gegen etwaige Vorwürfe, die mir gemacht werden, mich gründlich rechtfertigen zu können".

Dienstantritt im Unterrichtsministerium

Der Minister reagierte spontan. Es kam keine Rückfrage, kein Vorhalt und keine Einladung zu einem Gespräch. Alois erhielt ein Decret vom 21.September 1854. Der Minister „fand sich bestimmt", ihn in seiner gegenwärtigen Diensteigenschaft unter Übernahme seines Gehalts von 800 Gulden „auf das Budget des Unterrichtsministeriums und Bewilligung einer Functionszulage jährlicher 200 fl. zur Dienstleistung bei dem Unterrichtsministerium einzuberufen".

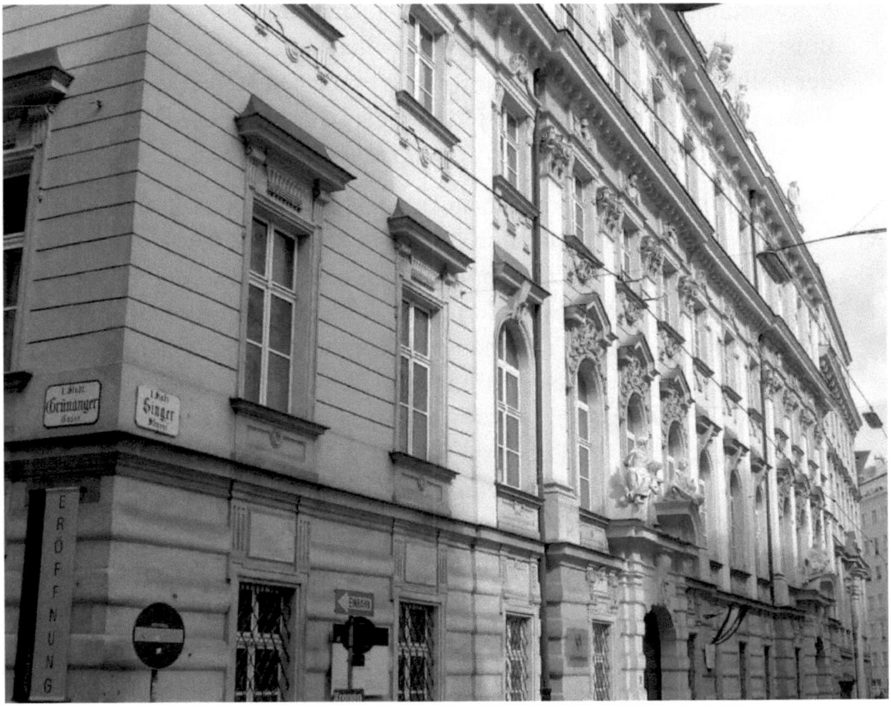
Grünanger
Singer
ERÖFFNUNG

Abbildung 10: Palais Rottal in der Singerstraße, einst Sitz des Unterrichtsministeriums

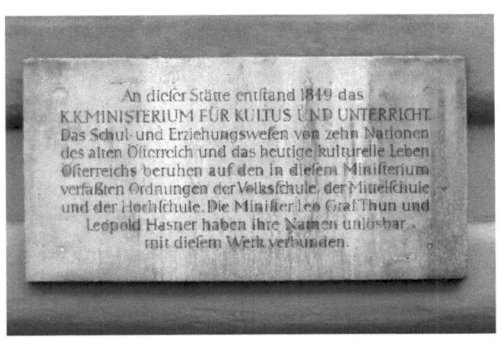

An dieſer Stätte entſtand 1849 das
K.K.MINISTERIUM FÜR KULTUS UND UNTERRICHT.
Das Schul- und Erziehungsweſen von zehn Nationen
des alten Öſterreich und das heutige kulturelle Leben
Öſterreichs beruhen auf den in dieſem Miniſterium
verfaßten Ordnungen der Volksſchule, der Mittelſchule
und der Hochſchule. Die Miniſter Leo Graf Thun und
Leopold Hasner haben ihre Namen unlösbar
mit dieſem Werk verbunden.

Abbildung 11: Gedenktafel am Palais Rottal

Am 30. September trat Alois seinen Dienst im Unterrichtsministerium an. Erst viele Jahre später fand er die Ursache für die Verzögerung heraus:

Halbhuber hatte in der Diensttabelle, die er dem Bewerbungsgesuch anzuschließen hatte, die ausgezeichnete und ersprießliche

Verwendung, und die insbesondere in Schulsachen bewiesene eifrige, umsichtige und erfolgreiche Tätigkeit hervorgehoben, die Frage nach der politischen Haltung aber mit der kryptischen Bemerkung „seit dem Eintritt in den Staatsdienst tadellos" beantwortet. *„Halbhuber hatte da irgend einem Geschwätz in Troppau Gehör gegeben. "*

Ende gut, alles gut, könnte man meinen. Alois sah das nicht so. Der Nachteil für ihn war, dass ihm die fünf „Vordermänner", die während seiner Wartezeit aufgenommen worden waren, in seiner Beamtenlaufbahn bei Beförderungen stets zuvorkamen. So erhielt er 1859 zwar immerhin „Titel und Rang", nicht aber den „Charakter" (also die Besoldung) eines Ministerial-Secretärs; dieser Kunstgriff verhinderte, dass er die nächste frei werdende besoldete Secretärstelle beanspruchen konnte. Diese stand wegen des Anciennitätsprinzips, an das sich Thun für die Besetzung der Posten bis zum (besoldeten) Ministerial-Secretär streng hielt, den vor ihm aufgenommenen Beamten zu. Erst 1863, unter Staatsminister Schmerling, wurde Alois besoldeter Ministerial-Secretär. Diese Verzögerung bei der Beförderung nagte noch bei Abfassung seiner Memoiren beinahe 30 Jahre später an ihm.

Alois wurde dem Departement für das Volksschulwesen zugewiesen. Diese Abteilung war schon zu Zeiten der Studienhofkommission stets unter der Leitung eines höheren Geistlichen gestanden. 1850 wurde Anton Krombholz mit diesem Amt betraut, *„ein unermüdlich tätiger Mann, tüchtiger Pädagoge, ein Geistlicher josefinischen Geistes. "* Hinter dieser knappen Beschreibung verbirgt sich eine sehr bemerkenswerte Persönlichkeit.

Anton Krombholz

Krombholz[39], 1790 geboren, stammte aus Leipa (Česka Lipá) in Nordböhmen und war in einfachen Verhältnissen aufgewachsen. Unter

---

[39] *Kurt Augustinus Huber, Joachim Bahlke, Katholische Kirche und Kultur in Böhmen; Lit-Verlag, 2005*

großen Entbehrungen seiner Familie absolvierte er das Gymnasium, studierte in Leitmeritz und wurde Priester. Sein Lehrer und Studienpräfekt Michael Fesl war ein glühender Verfechter der Reformideen des Religionsphilosophen Bernard Bolzano. Auch Krombholz schloss sich diesem Kreis an, dessen Lehren den höchsten kirchlichen Stellen ein Dorn im Auge waren. 1816 wurde er Professor am Priesterseminar, verlor sein Lehramt jedoch im Zuge einer gegen den Bolzano-Kreis gerichteten „Säuberungsaktion". 1821 wurde er zum Stadtpfarrer in Leipa bestellt. Sein ganzes Augenmerk galt fortan dem Schulwesen. 1832 wurde er Bezirksdechant, 1833 Schulinspektor und war in dieser Position derart erfolgreich, dass die Schulen seines Distrikts bald zu den besten des Landes zählten. 1843 arbeitete er einen vollständigen Entwurf für eine Lehrerbildungsanstalt aus, der dann 1850 in Leitmeritz mit tatkräftiger Hilfe seines Freundes Johann Maresch – er wird uns in der Familiengeschichte noch begegnen – verwirklicht wurde.

Die Ereignisse des Jahres 1848 stärkten auch in der Kirche die Reformwilligen, zu denen Krombholz zählte. Sein Ruf als Schulfachmann drang auch nach Wien. Minister Thun, selbst ein Förderer Bolzanos, berief ihn zunächst nur als Berater für die Schulreform im neu geschaffenen Unterrichtsministerium, übertrug ihm jedoch schließlich 1850 die Leitung der Abteilung für das Volksschulwesen.

Krombholz war vom Josephinismus geprägt und sah in Religion und Sittlichkeit die unentbehrlichen Fundamente der Erziehung und des staatlichen Lebens. Die Einheit von Kirche und Schule war für ihn selbstverständlich. Nicht zuletzt leitete auch josephinisches Nützlichkeitsdenken sein Handeln: Im Klerus besaß der Staat Lehrkräfte, die er nicht bezahlen musste. Um aber als Lehrkraft nützlich zu sein, musste ein Geistlicher für den Schuldienst entsprechend ausgebildet werden.

Eine staatliche Kontrolle dieser Tätigkeit erachtete Krombholz als unerlässlich. Das Konkordat von 1855, das die Schule wieder der kirchlichen Aufsicht auslieferte, war deshalb in seinen Augen ein Rückschritt, ein „Muster an Kurzsichtigkeit".

Krombholz begrüßte zwar den neuen Geist von 1848, lehnte aber die Revolution als Gewalttat ab, weil sie falsche Illusionen weckte. Er bekannte sich zur deutschen Nationalbewegung, suchte aber als Schüler Bolzanos[40] doch mäßigend zu wirken und verteidigte die Einheit des gemeinsamen Vaterlandes Böhmen. „Sollten wir nicht alle Böhmen sein können?" Die deutsche Schule befürwortete er nachdrücklich mit dem Argument, das Deutsche solle als allgemeines Verständigungsmittel dienen und so allen Staatsbürgern Aufstiegsmöglichkeiten eröffnen.

Seine Bedeutung als Schulorganisator besteht darin, dass Krombholz „als Mann des Übergangs dem großen Reformwerk von 1869, dem österreichischen Reichsvolksschulgesetz, die Wege bereitete. Die in der absolutistischen Ära möglichen und in verschiedenen Bereichen erzielten Fortschritte hat Krombholz auf dem Gebiet der Volksbildung geleistet."[41]

Die Anschauungen von Krombholz über Patriotismus und deutsche Sprache stimmen mit den Ansichten von Alois überein, die dieser fast vierzig Jahre später in seinen Memoiren dargelegt hat. Als Alois seinen Dienst im Ministerium antrat, war er 31 Jahre alt und brachte aus Schlesien eigene Erfahrungen mit. Er lag damit auf derselben Linie wie Krombholz und wurde wohl deshalb von Thun berufen. Zwischen Alois und seinem Abteilungsleiter entwickelte sich eine gedeihliche Zusammenarbeit.

---

[40] *Bolzano entwickelte die Idee des Bohemismus von der Verschmelzung der Tschechen und Deutschen in Böhmen zu einer Nation.*
[41] *Kurt Augustinus Huber, Joachim Bahlke, Katholische Kirche und Kultur in Böhmen, Seite 599*

Voraussetzung einer grundlegenden Reform des Volksschulwesens im ganzen Habsburgerreich war die Schaffung einer zeitgemäßen, einheitlichen Gesetzgebung. Da lag vieles im Argen. In den deutsch-slawischen Kronländern galt die „Politische Verfassung der deutschen Schulen in den k., auch k. k. deutschen Erbstaaten", kurz „Politische Schulverfassung" genannt, vom Jahre 1805, die gegenüber der „Allgemeinen Schulordnung" Maria Theresias einen Rückschritt gebracht hatte. Die Schulaufsicht war wieder gänzlich der Kirche übertragen worden, für die Ausbildung der Lehrer wurde eine höchstens sechsmonatige „Abrichtung" als ausreichend angesehen. Diese Schulverfassung mit ihren 478 Paragraphen war hoffnungslos veraltet und seit Jahren Kritikpunkt fortschrittlich denkender Pädagogen. Damit nicht genug hatten Ungarn und seine Nebenländern im „Systema scholarum elementarium" ganz andere Vorschriften, in der Lombardei, dem Veneto und Dalmatien bestand mit dem „Regolamento per le scuole elementari" wieder eine andere Rechtslage.

Neben der alltäglichen Vorerledigung von ministeriellen Entscheidungen war Alois von der ersten Stunde seines Dienstes im Ministerium an mit der Umarbeitung dieses Vorschriftendschungels zu einem einheitlichen Ganzen betraut. Dabei stellte sich die Unsicherheit der politischen Verhältnisse als hauptsächliches Hindernis in den Weg. Während der beinahe zwei Jahre, in denen Alois an dem Entwurf arbeitete, kam 1855 das Konkordat mit der katholischen Kirche zustande, und ein allgemeines Gemeindegesetz, das den Gemeinden vermehrten Einfluss auf die Volksschule bescheren sollte, war in Vorbereitung.

Als Alois 1855 den Text des Konkordats in der Wiener Zeitung erstmals durchlas,

„ging es mir eiskalt über den Rücken. Was will man? fragte ich mich; will man uns in das Mittelalter zurückwerfen, um den mühsam errungenen Fortschritt bringen und weiterem geistigen Streben Schranken setzen?"

Bezüglich des Volksschulwesens brachte das Konkordat im Detail zwar wenig Änderungen, aber der Geist dieses Werkes war erschreckend und für die Bestrebungen des Unterrichtsministeriums lähmend. Die Hoffnung, man könnte die Bezirksschulinspektion den allzu oft ungeeigneten geistlichen Schuldistriktsaufsehern entziehen und wirklichen Fachleuten übertragen, war für Jahre dahin.

Als Alois nach zweijähriger Arbeit seinen auf 89 Großfoliobögen niedergeschriebenen umfassenden Reformentwurf zur Prüfung vorlegte, wanderte dieser in die Schublade. Die große Aufgabe, die österreichische Untertanenschule in die Staatsbürger-Schule zu überführen, konnte nur in kleinen Schritten in Angriff genommen werden, in der neoabsolutistischen Ära waren umwälzende Verbesserungen nicht durchzusetzen. Krombholz verlegte sich darauf, in kluger und geschickter Ausfüllung, manchmal auch Umgehung, des alten gesetzlichen Rahmens durch eine Unzahl von Ministerialerlässen im Bereich der Volksschulen-Verwaltung feste Normen zu schaffen und diese nach Möglichkeit auch auf Ungarn, Dalmatien und Lombardo-Venetien auszudehnen.[42]

Alois hatte daran naturgemäß bedeutenden Anteil. Er lieferte alle Konzepte für die Übertragung der österreichischen Schulorganisation auf die ungarischen Kronländer. Eine zweite ihm zugewiesene sehr tiefgreifende „Systemalarbeit" hatte die Beschaffung der nötigen finanziellen Mittel für die Verbesserung der Lehrerbildung zum Ziel. Denn oft genug scheiterte die Umsetzung von Reformen, selbst wenn diese einmal als vorteilhaft erkannt wurden, am chronischen Geldmangel. Die Geldfrage war „nach allen Richtungen" das größte Hindernis einer wirksamen Besserung der Schulzustände.

---

[42] *Kurt Augustinus Huber, Joachim Bahlke, Katholische Kirche und Kultur in Böhmen, Seite 597*

Zur Finanzierung verschiedenster Maßnahmen auf dem Schulsektor gab es den sogenannten „Normalschulfonds", den der Staat dotierte. Dieser Fonds wurde völlig umorganisiert. Für viele Volksschulen und Kreishauptschulen wurde seine Beitragspflicht gestrichen und diese Last den Gemeinden auferlegt. Mit den dadurch frei werdenden Mitteln wurden besser organisierte Lehrerbildungsanstalten geschaffen und ganz allgemein die Ausbildung der Lehrer verbessert.

Mitten in dieser Arbeit erkrankte Krombholz schwer und erblindete. Im August 1857 übertrug Minister Graf Thun für die Dauer seiner Erkrankung Alois die Leitung des Volksschuldepartements. Mit Jahresanfang 1859 wurde Krombholz in den Ruhestand versetzt – da war er bereits 69 Jahre alt. Alois besuchte Krombholz, „der sein ganzes Lebensglück in den amtlichen Arbeiten suchte und fand", während seiner Krankheit wiederholt und war Jahre später Zeuge seines ruhigen Todes.

Nach dem Abgang von Krombholz wartete die Beamtenschaft gespannt, wie der Minister den vakanten Dienstposten besetzen würde. Natürlich brodelte die Gerüchteküche, und besonders häufig fiel der Name eines in Wien tätigen geistlichen Schuldistriktsaufsehers, der „Anwartschaft auf höhere kirchliche Würden hatte". Thun spielte zunächst auf Zeit. Am 11.1.1859 erhielt Alois ein Dekret, in dem der Minister ihm mitteilte, er finde sich veranlasst,

„Ihnen die Leitung des Departements ... für das Volksschulwesen in Anerkennung des Eifers und der Umsicht, womit Sie seit der Erkrankung des genannten Sektionsrates dieselbe bereits durch anderthalb Jahre zu meiner besonderen Zufriedenheit besorgt haben, bis auf weitere Weisung auch fernerhin anzuvertrauen."

„Titel und Rang" eines Ministerialsecretärs

Vier Monate später, Ende Mai 1859, wurde klar, dass Graf Thun mit der Neubesetzung des Postens keine Eile hatte. Er stattete Alois, wie bereits erwähnt, mit Titel und Rang eines Ministerialsekretärs aus. Damit konnte er ihm Beamte zur Arbeit zuweisen, die ihm im Rang vorgingen. Diese Maßnahme war nur sinnvoll, wenn der Minister beabsichtigte, die Abteilung noch längere Zeit unter der provisorischen Führung von Alois zu belassen. Für seine Mehrleistung erhielt Alois eine Remuneration in wechselnder Höhe, meist 500 Gulden jährlich.

Die „weitere Weisung", die das ministerielle Dekret ankündigte, kam weder vom Grafen Thun noch von seinen Nachfolgern im Amt. Im April 1863 wurde er endlich zum besoldeten Ministerial-Secretär ernannt, eine Beförderung, die er schon längere Zeit erfolglos betrieben hatte. Referent für das Volksschulwesen blieb Alois bis zu seiner Ernennung zum wirklichen Sektionschef 1888, und selbst dann gehörte das Volksschulreferat zu seinem Ressort.

Die Pensionierung von Krombholz hatte zur Folge, dass Alois als Leiter des Departements nun direkt dem Unterstaatssekretär Joseph Alexander Freiherr von Helfert[43] unterstellt war. Helfert, „ein geistvoller Mann und in jeder Beziehung das trefflichste Vorbild für jeden pflichttreuen Beamten" wurde ihm einer der „liebsten und wohlwollendsten Vorgesetzten".

Helfert, so schreibt Alois in seinen Memoiren, trat wie auch Graf Thun „mit aller Entschiedenheit für die eifrigste Pflege der deutschen Sprache in den Volksschulen aller nichtdeutschen Teile des Staatsgebiets ein". Insbesondere in den Kronländern, in denen nur deutsche Mittelschulen bestanden, sollte schon in den Volks- und Hauptschulen die Kenntnis der deutschen Sprache derart vermittelt werden, dass der Besuch der Mittelschule möglich wurde.

„Diese Einrichtung erhielten insbesondere auch alle größeren Volksschulen in den czechischen Städten Böhmens mit voller Zustimmung der

---

[43] *Helfert, Joseph Alexander Freiherr von, * 3. 11. 1820 Prag, † 16. 3. 1910 Wien, konservativer Politiker, Historiker. Unterstaatssekretär im Unterrichtsministerium (1848–60, dann dessen provisorischer Leiter bis zur Liquidierung 1861). Trat für Gleichberechtigung der Nationalitäten besonders im schulischen Bereich ein, Gründer des Instituts für Österreichische Geschichtsforschung (1854) und mit F. M. Schindler der Leo-Gesellschaft (1892). (http://www.aeiou.at/aeiou.encyclop.h/h440206.htm)*

Stadtgemeinden [Unterstreichung im Manuskript]. Diese Schuleinrich-tungen hatten aufrichtige Freunde des czechischen Volkes, Graf Thun und Helfert, aus vollster Überzeugung für das Wohl dieses Volkes getroffen. Hätte man doch dieses System niemals verlassen!"

Helfert blieb Unterstaatssekretär im Unterrichtsministerium und über-nahm nach dessen Auflösung am 21.10.1861 die interimistische Leitung des nun zum Staatsministerium ressortierenden Beamten-apparats. Anlässlich der Neuorganisation des Unterrichtswesens 1863, bei der sich bereits das Übergewicht der liberalen Tendenzen abzeich-nete, schied er aus dem Ministerium aus.[44]

Unter den zahlreichen Veröffentlichungen Helferts, wie etwa einer vierbändigen „Geschichte Österreichs vom Ausgange des Wiener October-Aufstandes 1848" und Darstellungen der Geschichte und des Systems der österreichischen Volksschulen (1861), an denen Alois mit-arbeitete, findet sich auch ein schmales Büchlein über Bernhard Bolzano, das Helfert kurz vor seinem Tod herausgab.

Heiratspläne

Zum Tätigkeitsbereich von Alois gehörten auch amtliche Besichtigun-gen von Volksschulen und Lehrerbildungsanstalten in Ungarn, Böhmen, Mähren, Steiermark, Krain und anderen Kronländern, die ihm „schätzenswerthe Anregungen" zu amtlichen Maßnahmen vermittelte. Selbst seine Diensturlaube verwendete der eingefleischte Junggeselle für solche Reisen. Gelegentlich einer Inspection in Prag im Jahre 1862 lernte er durch den Schulrat Capitel-Dechant Johann Maresch dessen Mündel Antonia von der Decken-Himmelreich kennen, die nun 21 Jahre alt war.

---

[44] *Erica Weinzierl, in Neue Deutsche Biographie, Band 8, Seite 469 Duncker & Humblot, Berlin 1969*

So detailliert Alois in seinen „Memoiren" sein berufliches Werden und Wirken beschreibt, so wenig erfährt der Leser dort über sein Privatleben. Er wird mit der knappen Berichterstattung über die stattgefundene Eheschließung konfrontiert:

„Im Mai desselben Jahres [1863] vermählte ich mich in meinem 40. Lebensjahre mit der von beiden Eltern verwaisten, 21jährigen Antonia Freiin von der Decken aus dem Hause Himmelreich in Prag, einem echt deutschen, durch körperliche Anmuth, Geist und Herz gleich ausgezeichneten Mädchen, dessen Urahnen in Westphalen gelebt hatten. Ich hatte Antonia gelegentlich einer Inspection der Schulen in Prag im Jahre 1862 durch den Schulrath Capitel-Dechant Maresch, der ihr Vormund war, kennen gelernt und bei meinem zweiten Besuche mich mit ihr verlobt. Antonia schuf mir ein volles Lebensglück. Unserer Ehe ist im J. 1864 der Sohn Albert, im J. 1868 die Tochter Johanna und im J. 1871 die Tochter Antonia entsprossen."

Neben dieser an Kürze nicht zu überbietenden Zusammenfassung von mehreren Jahrzehnten des Ehe- und Familienlebens verfügen wir zum Glück über eine sehr umfangreiche Quelle aus den knapp zehn Monaten zwischen der Verlobung am 31. Juli 1862 und der Hochzeit am 20. Mai 1863. Alois lebte in Wien, Antonia blieb während ihrer Brautzeit aber in Prag, ein Gedankenaustausch war fast nur brieflich möglich, und die hundert (!) Briefe, die Alois in diesen 300 Tagen an Antonia schrieb, sind erhalten. Leider fehlt von den kaum weniger zahlreichen Antwortbriefen Antonias jede Spur.

Als 1862 Alois erstmals in der Familie von der Decken in Erscheinung trat, bestand diese nur noch aus den drei Schwestern Bertha, Antonia und Johanna und dem Bruder Friedrich. Die Mutter war zwei Jahre zuvor, am 13. April 1860, verstorben.

Johanna von der Decken in Prag

Kurz nach dem Tod ihres Mannes Friedrich von der Decken zog Johanna von Lodygowice nach Prag und stellte sich der Aufgabe, als Alleinerzieherin ihren Kindern eine standesgemäße gute Erziehung zu geben.

Die Familie von der Decken musste sich finanziell wohl „nach der Decke strecken" – ein Wortspiel, das sich in einem etwas anderen Zusammenhang in einem Brief von Alois findet – doch lebte sie nicht in Not. Johanna hatte schon vor ihrer Eheschließung eigenes Vermögen besessen, das wohl aus dem Nachlass ihres Vaters herrührte, nämlich Staatsobligationen in unbekannter Höhe und eine in Wien grundbücherlich sichergestellte Darlehensforderung von 8.000 Gulden, die sogenannte „Kratochvyl'sche Satzpost", die regelmäßige Zinsen („Interessen") brachte. Außerdem erbte sie nach ihrem „guten Onkel", dem Wiener Advokaten Thomas Halirsch, als er 1849 ohne nähere Angehörige starb, weitere Staatsobligationen und Bankaktien. Von den Erträgen dieser Papiere musste sie die Familie erhalten. Sonstige Einkünfte hatte sie nicht. In einem Brief an eine Bekannte bedauert sie, dass ihre Existenz auf Staatspapieren gegründet sei. Hätte sie Pensionszahlungen von Graf und Gräfin Stolberg bezogen, hätte sie es bei dieser Gelegenheit sicher erwähnt. Sie war sich der Unsicherheit ihrer wirtschaftlichen Lage bewusst, die Teuerung bereitete ihr Sorgen um die Zukunft und die Höhe ihrer Einkünfte wechselte, zumal vor allem die Dividenden aus den Bankaktien von Jahr zu Jahr sehr unterschiedlich ausfielen. Immerhin reichten aber die Erträge zur Deckung des Lebensunterhaltes aus. Den Vermögensstamm konnte sie während all der Jahre ihrer Witwenschaft erhalten. Ein wesentlicher Teil dieser Werte war zugunsten der Kinder gebunden, sodass sie nicht frei darüber verfügen konnte.

Mit der Familie ihres Mannes brach Johanna den Kontakt weitgehend ab; ihrer Schwägerin Johanna Wollenhaupt schrieb sie nach einer Auseinandersetzung, sie wünsche keinen Kontakt mehr. Dem Schwager Leopold, dem Arzt, ging sie gleichfalls aus dem Weg. Antonia erinnert sich in einem ihrer Briefe an Alois an die wiederholte Feststellung ihrer Mutter: „Gott schütze mich vor den Verwandten!" Diese Äußerung konnte sich nur auf die Verwandten Friedrichs beziehen, denn Johanna war die Letzte aus dem Stamm der Hüttenbacher. Nur mit Professor Karl Kuh, mit dem sie weder verwandt noch verschwägert war, hatten sie und die Kinder weiterhin Kontakt. Als Antonia ihm von der Verlobung berichtete, wollte er Alois in Wien kennen lernen; Bertha, ihre ältere Schwester, entschloss sich vor der Hochzeit Antonias, bei Kuh in

Breslau einen längeren Aufenthalt zu nehmen, möglicherweise um eine medizinisch-krankenpflegerische Ausbildung zu erlangen.

Über die Zeit, die Johanna in Prag verbrachte, immerhin mehr als dreizehn Jahre, wissen wir sehr wenig. Sie lebte mit den Kindern in einer Mietwohnung in der Hinteren Dominikanergasse 457, im „Graf Mirbach'schen Haus"[45] auf der noblen Kleinseite, die Kinder besuchten ein deutsches Gymnasium und genossen eine gediegene Ausbildung. Auf die Musikpflege legte Johanna großen Wert. Mit welcher Hingabe, ja Besessenheit, sie in Lodygowice die Erziehung ihrer Bertha in die richtigen Bahnen zu lenken versucht hatte, habe ich beschrieben. In Prag standen ihr dafür weit bessere Möglichkeiten zu Gebote, und aus den Ergebnissen ist zu sehen, dass ihr Streben bei allen Kindern erfolgreich war. Alois, der Schulfachmann mit eigener großer pädagogischer Erfahrung, hebt in seinen Briefen die hervorragende Erziehung hervor, die Antonia von ihrer Mutter erhalten hat.

Dass Johanna dabei Strenge walten ließ, schimmerte schon in einzelnen ihrer Äußerungen in den Briefen an ihren verstorbenen Mann durch. Vielleicht kam gelegentlich die Zärtlichkeit zu kurz. Antonia erwähnte Alois gegenüber einmal, sie sei von ihrem Vater und ihrer Großmutter verzärtelt worden. Es ist nicht verwunderlich, dass Johanna, die sich schon zu Friedrichs Lebzeiten in hohem Maß für die Erziehung der Kinder allein verantwortlich fühlte, gewissermaßen als Gegenpol eine härtere Note ins Spiel brachte. Ihre Schwierigkeiten mit ihrer Mutter könnten darin ihren Grund gehabt haben.

Es war Johanna ein Anliegen, ihre Kinder in der Prager Gesellschaft zu integrieren. Die Anteilnahme, mit der 1862 in den Salons über die bevorstehende Heirat Antonias getratscht wurde, zeigt, dass ihr auch das gelungen war. Darauf komme ich noch zurück.

---

[45] *Friedrich Gotthard von Mirbach war von Kurland nach Böhmen gekommen und wurde von Kaiser Leopold II. als König von Böhmen 1791 in den böhmischen Grafenstand erhoben (http://de.wikipedia.org/wiki/Mirbach_(Adelsgeschlecht). Nach den Stadtplänen zu schließen handelte es sich um ein großes Haus mit mehreren Wohnungen und einem ausgedehnten Garten. Um etwa 1890 wurde es abgerissen, auf dem Grundstück wurde ein Schulgebäude errichtet, in dem heute das Jan Neruda Gymnasium untergebracht ist. Die Adresse ist Hellichova 457/3.*

Johanna hat in ihrem Leben kein dauerhaftes Glück kennen gelernt. Sie
wollte mit ihrem Friedrich ein zufriedenes Leben im Kreis einer großen
Kinderschar führen; das ging nicht in Erfüllung. Die Hoffnung
Friedrichs auf ein befreites Leben nach der Enge des Orliker Forstbe-
triebs erwies sich als trügerisch. Die zunehmenden Schwierigkeiten mit
dem Grafen Stolberg, sein labiler Gesundheitszustand und seine Reiz-
barkeit setzten auch Johanna und ihrer Gesundheit zu, ebenso wie der
Tod des ersten Sohns und die wiederholten Schwangerschaften, die mit
Fehlgeburten endeten. Mit 34 Jahren war sie Witwe mit vier Kindern,
von denen das letzte noch nicht einmal geboren war. Die Energie und
Ausdauer, mit der sie die Aufgabe auf sich nahm und meisterte, diese
Kinder in einer ihr völlig neuen Umgebung großzuziehen, verdient
höchste Bewunderung. Johanna starb 1860 im Alter von 46 Jahren.
Über die Ursache ihres Todes ist nichts bekannt.

Die Familie nach Johannas Tod

Als die Mutter starb, war Bertha bereits 24 Jahre alt, Antonia 19,
Johanna knapp 16 und Friedrich 12, sie waren also „aus dem Ärgsten
heraußen", und die Leitung des Hauswesens im Alltag lag wohl in den
Händen von Bertha. Bedeutendere Entscheidungen fielen dem
Vormund zu, der schon der Mutter an die Seite gestellt war, denn eine
Witwe allein durfte die Vormundschaft für ihre minderjährigen Kinder,
also deren gesetzliche Vertretung, damals gar nicht ausüben.

Das Verhältnis der „von der Decken'schen Pupillen" zu ihrem
Vormund, dem Priester und k.k. Schulrat Johann Maresch, war überraschend herzlich. Wie und wann es zu seiner Bestellung kam, wissen wir
nicht. Sein Name taucht schon in Notizen Johannas auf. Den Briefen
von Alois an Antonia entnehmen wir, dass er in der Familie ein und aus
ging, Ratschläge in allen Lebenslagen erteilte und die seiner Obhut
anvertrauten jungen Damen sogar auf Bälle begleitete. Im trauten Kreis
nannten sie ihn den „Papa". Alois, der als Leiter des Volksschulreferats
im Ministerium die erste Anlaufstelle für alle Schulräte war, lernte den
Schulrat Maresch im Dienst kennen und hatte eine sehr hohe Meinung
von ihm. Maresch war mit Krombholz, dem Vorgesetzten von Alois,
befreundet und schätzte Alois auch sehr.

Abbildung 12: Bertha, Antonia und Johanna von der Decken

Den Plan einer Verbindung von Alois mit einer seiner Mündel fasste Maresch, wie er später selbst gestand, sehr bald. Zunächst mag er wohl gehofft haben, für die bereits sechsundzwanzig Jahre alte Bertha eine gute Partie zu finden. Mit einem ausgeprägten Sinn fürs Praktische ausgestattet hatte er dabei aber wohl auch den Nebeneffekt im Auge, dass die sozusagen familiäre Bindung an einen einflussreichen Mann im Ministerium für ihn selbst von Vorteil war. Dieser Gedanke ist gar nicht so weit hergeholt, lesen wir doch in den Briefen einige Male von Bittstellern, die sich auf Empfehlung Mareschs mit ihren Anliegen im Ministerium an ihn wandten. Ob Alois auch die berufliche Karriere Mareschs förderte, ist nicht bekannt, immerhin war er der Erste, der ihm die angenehme Nachricht übermitteln konnte, dass seine Ernennung zum Dechant bei den Allerheiligen in Prag „vom Kaiser herabgelangt" war.

Bei Gelegenheit einer Inspektionsreise von Alois nach Prag erzählte Maresch in bewegten Worten von den „schönen, gebildeten Mädeln", und Alois „war zu einem Besuch sogleich bereit, hatte aber wirklich nichts anderes im Sinne, als sich mit den schönen Kindern zu unterhalten", denn er war ja „stark in seinen Grundsätzen", nämlich sein bisheriges Junggesellenleben weiter zu führen.

Alois fand alle drei jungen Damen sehr anziehend, aber der Liebreiz, das „engelhafte Wesen" und die körperliche Anmut der zwanzigjährigen Antonia überwältigten ihn. Und Antonia fand Gefallen an ihm. Was nach außen wie eine von Maresch dem jungen Mädchen aufgezwungene Verbindung aussah – und in den Prager Salons so kommentiert wurde – , beruhte von Anfang an auf einer tiefen Zuneigung und wurde für beide die große Liebe des Lebens. Die Außenwelt, so schrieb Alois an Antonia, war so töricht,

„ ... zu glauben, dass Du durch Herrn Schulrat gezwungen wurdest, meine Braut zu werden. – Der von Dir solches geplaudert hat, kennt nicht das Glück der reinen Liebe. "

Immer wieder beteuerte Alois in seinen Briefen, Antonias Liebe mache einen anderen Menschen aus ihm – der Junggeselle Alois war Geschichte.

Zu gerne wüssten wir, wie Antonia das anstellte. Aber ihre Briefe zwischen Verlobung und Hochzeit sind verschollen. Wir sind auf die Kommentare von Alois dazu angewiesen: „Sie strotzen von Liebe, Geist und Humor ... Geist und Herz wetteifern in jedem Deiner Briefe". Er staunt, wie sie ihre ihn „überwältigenden Gefühle in eine Form kleidet, der sich ein renommierter Literat nicht schämen dürfte." Vor allem der Humor begeisterte Alois immer wieder, denn ihm „ward er versagt."

Die Gabe des Briefschreibens hat Antonia wohl von ihrer Mutter geerbt. Die Reaktionen von Alois auf ihre Briefe lassen vermuten, dass sie sehr rasch einen lockeren Konversationston fand, von Scheu gegenüber dem zwanzig Jahre älteren Empfänger war da keine Spur. Im Gegenteil, es war Alois, der einige Zeit brauchte, um sich von einem eher förmlichen Stil frei zu machen. Bis zu seinem Aufenthalt in Prag zu Weihnachten 1862 korrespondierten die Verlobten per Sie. Hingegen ist es nicht als Zeichen von Distanziertheit zu werten, wenn Antonia ihn stets „Hermann" nannte, sie begründete das damit, dass sie ihrem Lieblingsspielzeug in der Kindheit, einer männlichen Puppe, diesen Namen gegeben hatte, das Wort „Hermann" für sie also sehr positiv besetzt war.

Sie plauderten über Literatur, über lateinische Ausdrücke, über Horaz-Oden, über Versmaße – Alois staunte:

„Du sprichst ja von Metrik und hinkenden Jamben wie andere Frauen von Kochlöffeln und schönen Kleidern, mit gleicher Fertigkeit... dass

Dein Wesen auch von der Kunst und dem Schönen so ganz durchdrungen ist, macht mich stolz und erfüllt mich mit ganz besonderer Freude. "
Nirgends in seinen Briefen wurde Alois belehrend, was bei seinem pädagogischen Vorleben nicht überraschend gewesen wäre.

Bei allem, was mit Musik zu tun hatte, erkannte er ihren Vorrang an. Antonia hatte eine schöne Sopranstimme und nahm Gesangs- und Klavierunterricht. Natürlich hatte sie Alois vorgesungen und damit sein Herz erobert. Sofort nach der Verlobung, eben erst nach Wien zurückgekehrt, stellte er zwanzig Hefte mit Liedern, darunter mehrere seiner Lieblingslieder, zusammen und übersandte sie ihr „zum künftigen Antonia Hermann'schen Haushalt" mit der Bitte, sie einzustudieren. Wenig später schrieb er:

„Mit dem fleißigen Klavierspielen machen Sie mir große Freude. Ich habe es leider nicht gelernt, und wer sollte meine Antonia zum Gesang begleiten, wenn wir allein traulich beisammen sein werden und Hermann um eines seiner Lieblingslieder bitten wird! Meine Jugend, Antonia, war nicht die rosige Zeit, in der man Musik und andere Künste lernt. Sehr frühzeitig angewiesen, selbst zu erwerben, plagte ich mich mit dem Unterrichte zahlreicher Kinder ab und musste häufig Nachtstunden zu Hilfe nehmen, um den eigenen Pflichten in der Schule zu genügen. "

Mit ihrer Verlobung änderte sich für Antonia der Alltag. „Musik und andere Künste" traten etwas in den Hintergrund, weil ihre künftigen Aufgaben als Hausfrau ins Blickfeld rückten. Selbst ihre täglichen Turnübungen mit „Eisenkugeln" schränkte sie ein. „Papa" Maresch verschaffte ihr die Gelegenheit, in der Küche der Kreuzherren kochen zu lernen, und sie konnte das Gelernte auch gleich zu Hause umsetzen, denn Bertha war zur Kur in Franzensbad, und so fiel ihr die Aufgabe zu, die kleineren Geschwister Johanna und Fritz zu versorgen. Trotz des Altersunterschieds – Bertha war zwölf Jahre älter als Fritz – hingen die Geschwister aneinander und hatten einen sehr herzlichen Kontakt. Neckereien waren an der Tagesordnung. Bertha, die von den Geschwistern „Tutti" gerufen wurde, nannte Antonia im Scherz ihr „Martinigänschen" (wegen des Geburtstags am 12. November) oder „Möpschen", wohl ein Relikt aus Kindertagen. Hatte sie das Mopsgesicht ihrer

Mutter geerbt? Die Schwester Johanna tritt uns in den Briefen als „Honziček", das tschechische Gegenstück zum deutschen „Hänschen", entgegen. Antonia wurde auch „Toninka" gerufen. Vermutlich sprachen sie alle nicht nur Deutsch sondern auch Tschechisch. Von Antonia wissen wir es mit Bestimmtheit, denn Alois freute sich darauf, dass sie mit seiner Mutter Tschechisch sprechen werde: „Unsere Muttersprache ist ein Mischmasch, und Du wirst darüber genug zu lachen haben."

Alois war auch erfreut, als Antonia ihm berichtete, dass sie sich nun mit „Ausstattungsarbeiten" beschäftigte. Er schlug ihr vor, in dieser Richtung jedoch nicht allzu viel zu tun, wenn etwas fehle, könne man es noch immer anschaffen. Ihre Schwester Johanna fand wenig Gefallen an der bevorstehenden Heirat, vor allem an Antonias Übersiedlung nach Wien.

Abbildung 13: Friedrich von der Decken jun.

Das Heiraten war ihr „der schrecklichste Gedanke". Sie sah klar voraus, dass sich der gemeinsame Haushalt in naher Zukunft auflösen werde, denn auch für den Lebensweg des 14jährigen Fritz stand im Sommer 1862 eine wichtige Entscheidung bevor.

Er wollte Marineoffizier werden, das setzte voraus, dass er in die Marineschule in Triest aufgenommen wurde. Das zu erreichen war gar nicht so einfach, es war ein Gesuch an das Unterrichtsministerium in Wien zu richten, entschieden wurde darüber in Triest. Maresch bat also Alois, seine ministeriellen Beziehungen spielen zu lassen. Der machte keine Versprechungen, zumal sich Maresch mit der Verfassung des Gesuchs Zeit ließ. Als Alois das Gesuch endlich in Händen hatte, brachte er es unverzüglich ein und nahm Kontakt mit einem befreundeten Schulrat in Venedig auf, der wieder den Hofkaplan des Erzherzogs Ferdinand Max kannte …, und so kam es, dass Fritz Ende September

1862 gemeinsam mit Maresch nach Triest reiste und dort als Kadett in die Marineschule eintrat.

Die beiden machten in Wien Station. Sie wohnten im Hotel „National"[46], und Alois führte sie in Wien herum. Mit dem „Omnibus" fuhren sie nach Schönbrunn, besahen dort, wie Fritz in einem Brief schreibt, „den schönen Wald und den Tiergarten, gingen zu Fuß auf die Mauer (ein Landgut)", waren dann zu Gast beim Bruder Josef in Inzersdorf zum Kegelscheiben und kehrten mit der Eisenbahn nach Wien zurück.

Mit dem Nachtzug fuhren Maresch und Fritz am 22. September nach Triest. Vor der Abreise schrieb Maresch noch einen Brief an Bertha: Wir „werden in den Gebirgen allerdings eine kalte Nacht haben, hoffen aber doch durchzukommen." Sarkastisch setzte er hinzu: „Hätten wir nur etwas von dem heftigen Liebefeuer dritter Personen, uns würde wohler sein als dies in so kalten Regionen an der Linie der Schneegränze sonst sein kann".

Und während Maresch und Fritz auf dem Südbahnhof saßen und „eben vielleicht auf das dritte Läuten warteten, nach welchem der Triester Zug abgehen soll", schrieb Alois an Antonia, dass er Fritz ins Herz geschlossen habe: „ein reines, unverdorbenes Gemüth… Ich glaube nicht, dass er gegen den eigenen Vater zärtlicher hätte sein können." Nach der Hochzeit könnten sie ja nach ein paar Tagen Aufenthalt in Graz Fritz in Triest besuchen und dann nach Venedig, „dem Stolz der Städte", weiterreisen.

Die Wohnung von Alois

Fritz hatte sich vom Ambiente eines „Hofsekretärs", wie er Alois scherzhaft bezeichnete, mehr erwartet. Seine Wohnung, so schrieb er, „hat drei herzige Zimmer, nur dass sie ziemlich finster sind". Die Adresse ist leider nicht überliefert. Vermutlich lag die Wohnung nahe der Tuchlauben, befand sich im ersten Stock, und wenigstens ein Zimmer lag gassenseitig: wäre es anders gewesen, hätten die Brüder Alois

---

[46] *Das Hotel „National" wurde 1847 in der Taborstraße 18 an Stelle des Hauses „Zum goldenen Ochsen" errichtet (Czeike, Großes Wien Lexikon)*

nicht mit einem Steinwurf ans Fenster zu einem Wirtshausbesuch animieren können; wahrscheinlich gingen sie zum „Winter". Dieses beliebte Bierhaus im „Winterhaus" an der Ecke Tuchlauben/Landskrongasse[47] bevorzugte der Junggeselle für einfachere Mahlzeiten, weil er von seiner Wohnung dorthin nicht weit hatte und immer Bekannte für ein Gespräch bei einem Glas Bier fand. Antonia kommentierte diese Gewohnheit scherzhaft: „Wozu in die Ferne schweifen, liegt der Winter doch so nah'."

Als Ehewohnung schien Alois seine Junggesellenbehausung nicht tauglich, vor allem fand er die Küche zu klein, um dort einen Dienstboten unterzubringen. Wenn Antonia

„ ... einmal Hofräthin ist, braucht sie in der Küche nur mehr Anweisungen zu geben, in der ersten Zeit wird es notwendig sein, dass sie den Kochlöffel selbst schwingt, die Handhabung des Nudelwalkers wird der dienstbare Geist lernen müssen. "

Für eine Einzelperson war die Wohnung durchaus komfortabel, hin und wieder bewirtete Alois hier auch Freunde oder Bekannte, gelegentlich kamen sie zum Kartenspiel. Für Haushaltsarbeiten in seiner Wohnung setzte er die Hausbesorgerin ein, ihre regelmäßigen Abrechnungen bezahlte er ohne sie anzusehen, obwohl er sonst in Geldangelegenheiten sehr genau war. Wahrscheinlich sorgte die Hausbesorgerin auch für einfache Speisen und Getränke, wenn Gäste zu bewirten waren. Der persönliche Beitrag von Alois dazu war der „schwarze Kaffee", den er auch an Sonn- und Feiertagen selbst bereitete. Die Wäsche ließ er außer Haus waschen. So wollte er es auch in Zukunft im Familienhaushalt beibehalten:

„Waschen ist in Wien im Haushalt nicht Gebrauch, höchstens die Putzwäsche. Die Wäscherin kommt alle 8 oder 14 Tage, das wird nicht teurer sein, als wenn zu Hause gewaschen wird, was hier eine Menge Umstände macht. "

Das wichtigste Möbel in seiner Wohnung war für ihn der Schreibtisch. Regelmäßig erledigte er Büroarbeiten auch in den eigenen vier

---

[47] Czeike, Das Große Groner Wien Lexikon, Molden 1974

Wänden, die Akten nahm er aus dem Büro mit oder ließ sie vom Bürodiener bringen. Natürlich entstanden an diesem Arbeitsplatz auch die meisten seiner Briefe an Antonia. Gerne rauchte er neben der Arbeit eine Zigarre, was auch Antonia bemerkte, denn mancher Brief roch nach Zigarrenrauch. Seine Handschrift war klein und zierlich, Antonia konnte nicht immer alles lesen, deshalb bot er ihr sogar einmal an, etwas größer zu schreiben – „an Papier fehlt es ja nicht, um den Ausfall zu ersetzen".

Der Schreibtisch war gewissermaßen sein Hausaltar. An der Wand darüber hing ein Christus-Bild, gleich darunter ein Bild des Ministers Graf Thun. Alois hatte es auch nach dessen Ausscheiden aus dem Unterrichtsministerium im Jahr 1860 dort belassen, wollte es aber nach der Verlobung durch ein Bild Antonias ersetzen. Er bat sie, ein Bild von sich malen zu lassen. Dieses ließ er dann sofort rahmen, und Minister Thun musste das Feld räumen. Die Qualität des nach einer Fotografie verfertigten Gemäldes dürfte den Vorstellungen von Alois allerdings nicht ganz entsprochen haben, denn er merkte gegenüber Antonia dazu kritisch an: „Ich muss gestehen, dass der Maler auf den Namen eines Künstlers keinen Anspruch machen darf."

Auf den Besitz von Bildern des Partners und auch seiner Familienmitglieder legten sie beide Wert. Schon seinem zweiten Brief von Anfang August 1862 legte Alois ein kleines Bild von sich bei und versprach, ein größeres machen zu lassen. Er selbst trug ein Bildchen von Antonia stets bei sich. Er hatte es in Seidenpapier eingewickelt und in der Brieftasche verwahrt, die zugleich als Geld- und Zigarrentasche diente. Die Herstellung von Bildern war zeitaufwendig, zum Fotografen ging man bevorzugt während der Mittagszeit, wenn die Lichtverhältnisse am besten waren, und der brauchte geraume Zeit, bis er ein ansprechendes Foto „im Kasten" hatte. Es war aber nicht die Schuld des Fotografen, wenn die Bilder, die Alois und sein Bruder Albert bereits im Herbst an Bertha und Johanna zu senden versprochen hatten, noch im Jänner nicht fertig waren; Alois beteuerte, er habe nicht darauf vergessen, er habe nur wegen der vielen Arbeit noch keine Zeit gefunden.

Die Brüder Joseph und Albert

Bald nach der Verlobung band Alois seinen Bruder Albert, den Advokaten, in die Hochzeitsvorbereitungen ein. Er sollte bei den rechtlichen Schritten behilflich sein, die für die Großjährigkeitserklärung Antonias und die Teilung des Vermögens unter den Geschwistern erforderlich waren.

Alois kam mit beiden in Wien lebenden Brüdern Joseph und Albert sehr häufig zusammen.

„Wir machen unter uns keine Zeremonien, alles bewegt sich in Scherz, und gern lasse ich mir's gefallen wenn's über mich hergeht, indem man auf die Gesundheit der abwesenden Braut trinkt." Bei aller Zuneigung gab es zwischen ihnen auch Meinungsverschiedenheiten. *„Jeder von uns ist mit eigener Art geschlagen. Unser verschiedener Beruf hat daran nicht geringen Anteil."*

Albert stand ihm näher, mit ihm harmonierte er besser. Er war nur etwas mehr als ein Jahr älter als Alois, und die beiden hatten als Kinder in Schwarzwasser meist gemeinsam gespielt und ihre Lausbubenstreiche ausgeheckt.

Albert hatte in Wien Jus studiert und das Doktorat gemacht. 1861, also mit knapp vierzig Jahren, eröffnete er als Hof- und Gerichtsadvokat eine eigene Kanzlei, zunächst in der Rabengasse, dem heutigen Rabensteig. Wenig später hatte er seinen Kanzleisitz in der Wollzeile im Haus Nr. 12. Er war wie sein Bruder Alois lange Junggeselle und heiratete im Herbst 1863, wenige Monate nach Alois, in Wiener Neustadt Josefa Müllner, die Tochter des „Mehlwerkbesitzers" Franz Müllner. Am 10.9.1864 kam das erste Kind, eine Tochter Marie zur Welt, insgesamt gebar ihm seine Frau bis 1880 neun Kinder, von denen sechs, die Söhne Albert und Leo, und die Töchter Marie, Josefine, Olga und Dora, am 11.4.1899, als Albert starb, noch am Leben waren[48]. Die Familie wechselte öfter die Wohnung, meist innerhalb der Inneren Stadt. 1884 wurde

---

[48] *Parte des Dr.Albert von Hermann vom 11.4.1899*

Albert der Orden der Eisernen Krone III. Klasse verliehen, was mit der Erhebung in den Ritterstand verbunden war.

Joseph, der älteste der fünf Geschwister, war 1817 geboren, also fünf bzw. sechs Jahre älter als Albert und Alois. Er hatte nach der Matura gleichfalls in Wien Fuß gefasst, hier studiert und 1843 zum Doktor der Medizin und 1844 zum Doktor der Chirurgie promoviert, danach wurde er auch noch „Magister der Geburtshilfe"[49]. Er heiratete bereits 1846, seine erste Frau starb jedoch 1850. Aus dieser Ehe hatte er drei Söhne. Zwei von ihnen waren 1862/63 in Triest; welche Art Ausbildung sie dort genossen, ist aus den Quellen nicht ersichtlich. 1854 schloss er seine zweite Ehe mit der Inzersdorfer Müllerstochter Anna Gaugutsch[50]. 1856 führte er eine Arztpraxis in Inzersdorf[51]. Hauptberuflich war er am Wiedner Spital in der Favoritenstraße tätig. Er erhielt im Jahre 1855 dort zunächst die Bewilligung zur Behandlung der Syphilis-Erkrankung, bis im Jahre 1858 eine Abteilung für Hautkrankheiten und Syphilis eingerichtet und er zum Primararzt ernannt wurde. Joseph Hermann leitete diese Abteilung bis zum Jahre 1888. Er hatte sich, kurze Zeit nachdem Karl Sigmund (1810 – 1883) die Quecksilberbehandlung der Syphilis empfohlen hatte, sehr vehement gegen diese Therapie mit der Behauptung gewandt hatte, dass es die sekundäre konstituionelle Form der Lues gar nicht gebe, sondern dass diese Form der Lues Ausdruck und Folge der Quecksilberbehandlung sei[52]. Als Alois und Antonia einander kennenlernten, hatte er mit seiner zweiten Frau Anna bereits fünf Kinder, im März 1863 kam ein sechstes, und bis 1873 sollten noch sieben weitere nachfolgen. Von seinen dreizehn Kindern aus der zweiten Ehe starben sieben im Kindesalter. Im Winter wohnte die Familie des Joseph Hermann in der Kärntnerstraße (KNr.1100) bzw. Cäciliengasse (jetzt Maysedergasse) Nr.6 im sogenannten Bürger-

[49] *Eintragung im „Lehmann" von 1880*
[50] *Trauungsbuch der Pfarre St.Nikolaus in Inzersdorf, Eintragung vom 26.4.1854*
[51] *Im Amtlichen Bericht über die Versammlung Deutscher Naturforscher und Ärzte, Band 32 vom September 1856 wird (Seite VII) „Hermann Joseph, Dr.med. Inzersdorf bei Wien" als Teilnehmer geführt*
[52] *Karl Heinz Tragl, Chronik der Wiener Krankenanstalten, Böhlau*

spital[53], später, nach dessen Abbruch 1882/83, in der Walfischgasse 12. Vor dem Sommer übersiedelten sie regelmäßig nach Inzersdorf und blieben dort bis Ende September, denn für die Kinder begann das Schuljahr erst im Oktober. Alois bezeichnete deshalb die Familie seines Bruders kurz als „die Inzersdorfer."

Albert war – wenigstens in der Saison 1862/63 – unternehmungslustiger als Alois, er besuchte gern Bälle, während Alois im Fasching 1863 auf dieses Vergnügen leichten Herzens verzichtete. Er versprach aber Antonia, im folgenden Fasching mit ihr Bälle zu besuchen. Von Albert ging oft auch die Anregung zu gemeinsamen Theaterbesuchen der drei Brüder aus, er hatte ein Opernabonnement für jährlich achtzehn Vorstellungen, wovon Alois gelegentlich profitierte, wenn Albert verhindert war.

Joseph als Ältester übernahm für die in Wien lebenden jüngeren Brüder Albert und Alois die Rolle des Familienoberhaupts. Er war als erster von ihnen nach Wien gegangen und hatte hier „eine schwere Schule des Lebens durchgemacht". Damit spielt Alois in einem Brief an Antonia offenbar auf den Tod seiner ersten Frau an. Jetzt aber, da er ein glückliches Familienleben führte, konnte er bis zur Ausgelassenheit lustig sein. Sehr häufig, beinahe regelmäßig kamen sie alle an den Wochenenden in seinem Haus zusammen, sei es in Wien oder eben in Inzersdorf. Auch wenn Alois, was häufig vorkam, am Sonntag im Amt oder zu Hause arbeitete, fuhr er danach noch nach Inzersdorf und besorgte manchmal am Südbahnhof für die Kinder Süßigkeiten. Für heiße Sommertage stand im Garten ein „Duschapparat" bereit, der händisch mit Wasser befüllt werden musste. Das besorgte die Hausfrau. Alois beschrieb seine Schwägerin als „einfaches, natürliches Wesen", sie hatte ihre große Kinderschar und den Haushalt offenbar sehr gut im Griff.

---

[53] *Das in der Kärnthnerstraße stehende Bürgerspital wurde im Jahre 1785 zu einem Zinshaus umgestaltet, hatte 10 Höfe, 20 Stiegen und in vier Stockwerken 220 Wohnungen (Schweickhardt, Franz Xavier Joseph, Darstellung der K.K. Haupt- und Residenzstadt Wien, Band 3, Wien 1832). 1882/83 wurde es abgebrochen, auf den Gründen entstanden die Straßenzüge Tegetthoffstraße, Führichgasse, Maysedergasse (Czeike, Groner Wien Lexikon)*

Dem ländlichen Charakter von Inzersdorf entsprechend gab es dort besondere kulinarische Attraktionen.

„In Inzersdorf werden nämlich öfter im Jahre Schweine abgestochen, das sog. Junge (Kopf, Haxen etc.) mit Kren und Senf bildet dann immer die Speise nach der Suppe und das heißt Schamschuri. "

Bei solchen Gelegenheiten konnte es passieren, dass Alois seinen Appetit nicht bezähmte. Zur Bekämpfung der Schwierigkeiten am nächsten Tag riet ihm der „Bruder Arzt", ein Dampfbad zu nehmen.

Im September 1862 beschlossen die drei Brüder, gemeinsam nach Schlesien zu fahren. Joseph war seit 20 Jahren nicht dort gewesen. Die Zeit reichte nur für einen kurzen Aufenthalt. Die Hinreise mit dem Nachtzug verlief unruhig, weil eine Gruppe von Sangesbrüdern zu einem Sängerfest unterwegs war. Die Mutter und der Mann der Schwester Josefa, ein Kaufmann in Strumien, holten sie von der Bahnstation Pruchna ab – der Ort hatte keine eigene Bahnstation. Schwarzwasser (Strumien) war

„über unsere Ankunft freudigst bewegt. Denken sie sich eine vom Feldbau lebende, meist arme Bevölkerung, und ermessen Sie das Glück einer Mutter aus diesem Städtchen, deren Söhne durch sorgsame Erziehung und später durch eigene Kraft es so weit gebracht haben als wir. "

Nachdem die Brüder auf einem Rundgang Erinnerungen aufgefrischt und alte Bekannte begrüßt hatten, speisten sie zusammen mit der Mutter im Haus der Schwester und fuhren danach nach Teschen, wo die Mutter eine kleine Wohnung hatte. Zunächst fanden sie kein geeignetes Nachtquartier, da wegen des Marktes am nächsten Tag alle Gasthäuser belegt waren, doch stellte ihnen dann der Normalschuldirektor seine Wohnung zur Verfügung.

Die Mutter von Alois

Was Antonia aus den Briefen von Alois über seine Mutter erfuhr, entsprach nicht der Klischeevorstellung von einer einfachen Frau, die, der deutschen Sprache nicht mächtig, mit unerschütterlichem Gottvertrauen und unter schwierigen wirtschaftlichen Bedingungen, sechs Kinder allein großgezogen hatte. Nachdem alle Kinder versorgt waren, hatte sie wieder geheiratet und hieß jetzt Poschwa. Ihr zweiter Mann war ein Tscheche aus Prag mit „herrlichem Silberhaar", der auch Deutsch konnte.

„Er liest ihr immer unsere Briefe vor, die sie dann noch immer eigenhändig in ihrer nur uns Brüdern verständlichen Sprache beantwortet."

Die Mutter war jetzt 66 Jahre alt, sah aber mit ihren schwarzen Haaren aus wie 50, und war lustig und glücklich, wenn sie mit ihren Söhnen zusammentraf, was selten genug vorkam.

Schon als diese noch studierten, war sie einmal jährlich nach Wien gekommen, um nach dem Rechten zu sehen. Diese Gewohnheit behielt sie bei. In Wien

„macht sie großen Staat; sie würde hier keine Mantille u. keinen Hut tragen, wenn selbe nicht der Mode entsprechen ... Sie geht allein in die Gewölben, u. lässt sich, obwol man gleich erkennt, dass sie keine Deutsche ist, um keinen Kreuzer verkürzen".

Alltag im Unterrichtsministerium

Nach Wien zurückgekehrt war Alois im Amt „fürchterlich gehetzt"; im Sommer hatten sich Rückstände angesammelt und nun stand der Schulbeginn bevor. Stets führte er seine Arbeit sehr gewissenhaft und mit Begeisterung für das ihm übertragene Aufgabengebiet, das Volksschulwesen, aus. Das hinderte ihn jedoch nicht, seinen Unmut über die in seinen Augen mangelhafte Organisation seiner Dienststelle und die für ihn nachteiligen Arbeitsbedingungen zu äußern. Früher hatte er „vier oder mehr Hilfsarbeiter" zur Verfügung, 1862 war er auf nur zwei, ja eine längere Zeit auf einen einzigen angewiesen, nachdem man „ohne Noth lange Urlaube bewilligt" hatte und einer schon lange krank war.

Die Auflösung des Unterrichtsministeriums im Jahr 1861 und die Übertragung seiner Aufgaben auf das „Staatsministerium" unter Schmerling hatte für die Beamten die unangenehme Folge, dass viele Personalentscheidungen weiterhin auf die lange Bank geschoben wurden, weil man abwarten wollte, in welche Richtung sich das Bildungs- und Unterrichtswesen entwickeln würde. Anstehende Einzelmaßnahmen unterblieben, um die geplante größere Neuorganisation nicht zu behindern. Es herrschte „seit längerer Zeit eine Stagnation, die durchaus nicht aufmunternd wirkt". Obwohl alle Vorgesetzten einschließlich des Ministers Alois immer wieder versicherten, seine dienstliche Stellung ehestens definitiv zu regeln – er war immer noch nur interimistischer Leiter des Volksschuldepartements – und seine berechtigten Gehaltsansprüche zu erfüllen, geschah jahrelang nichts.

Alois leistete gediegene Arbeit, erwartete aber auch gebührende Anerkennung, und zwar nicht nur durch schöne Worte, sondern auch durch materielle Zuwendungen. Das war bei einem schwerfälligen Dienstschema, das vom Grundsatz der Anciennität und der mehr oder minder automatischen Vorrückungen geprägt war, oft gar nicht möglich. Alois beklagte sich darüber, dass ihm seit seinem Eintritt in den Staatsdienst immer größere Pflichten zugewiesen wurden, als es nach Rang und Stellung hätte geschehen sollen – das Schicksal des einsatzfreudigen Mitarbeiters, dessen überdurchschnittliche Fähigkeiten der Vorgesetzte rasch erkannte und zum Vorteil des Amtes benützte.

An eine fixe Bürozeit war Alois nicht gebunden. In einem seiner Briefe lesen wir, er sei an diesem Tag „von 10 Uhr bis 2 und von 5 bis 9 im Amt gewesen, volle acht Stunden, das ist mehr als genug". Mitte November hatte er die Rückstände vom Sommer aufgearbeitet und machte öfter schon um 7 Uhr Feierabend. Andererseits ging er nicht selten an Sonn- und Feiertagen ins Amt, um zu arbeiten und erledigte auch zu Hause seine Akten. Sein Dienstort befand sich in der Singerstraße 17, im ehemaligen Palais Rottal. Als 1861 das Ministerium aufgelöst und in eine Abteilung des Staatsministeriums umgewandelt wurde, änderte sich daran nichts. Nur mussten die Beamten außer Haus gehen, wenn sie zum Minister gerufen wurden. 1867 wurde wieder ein Unterrichtsministerium geschaffen und verblieb in den Räumlichkeiten in der Singerstraße bis zum Umzug 1871 in das ehemalige Palais Starhemberg am Minoritenplatz.

Neben der üblichen Verwaltungsarbeit wurde Alois auch zu legistischer Tätigkeit herangezogen, also zur Ausarbeitung von Entwürfen für Gesetze, Verordnungen und Erlässe. Im November 1862 sollte er zusätzlich noch eine Informationsschrift für Landtagsabgeordnete verfassen:

„Es handelt sich um ein Schulgesetz, das ich als Referent entworfen habe und das nun in einer Druckschrift umständlich besprochen werden sollte, damit die Landtags-Abgeordneten den ganzen wenig bekannten Gegenstand erfassen und ein gutes Gesetz zu Stande bringen können."

Alois schätzte den Zeitaufwand für diese zusätzliche Aufgabe auf vierzehn Tage intensiver Arbeit. Nach längerem Überlegen lehnte er ab. Er habe, so schrieb er an Antonia, seine kräftigsten Lebensjahre dem Staatsdienst geopfert, ohne Entschädigung erhalten zu haben.

Seine Position im Ministerium brachte es mit sich, dass häufig Hilfesuchende bei ihm intervenierten, wenn sie hofften, durch ein persönliches Gespräch ihrem Anliegen eine günstige Wendung zu geben. Alois machte in solchen Fällen nur Zusagen, wenn er wusste, dass er sie erfüllen werde, wenn nicht, sagte er das dem Betroffenen rundheraus. So sehr er Freude darüber empfand, wenn er mit einem Rat oder einer Entscheidung einer Partei zu ihrem Recht verhelfen konnte, so nutzlos empfand er lange Gespräche, wenn sie zu keinem positiven Ergebnis führten.

„Die vielen Besuche sind eine mitunter unangenehme Zuthat zu meinem Berufe, und am lästigsten fallen mir jene, durch die ich eben nichts neues lerne und die häufig nur den Zweck haben, dass ich persönlichen Interessen anderer dienen soll."

Von solchen Besuchen ließ er sich nicht mehr so viel plagen wie früher, und *„wenn ihn jemand, mit dem er die Konversation aus Höflichkeit nicht selbst beenden konnte, zu lange aufhält, kömmt plötzlich ein Amtsdiener und ruft ihn zum Minister oder anders wohin".*

Die Gehaltsansprüche

Je näher der Termin der Hochzeit rückte, desto heftiger drängte Alois auf eine Entscheidung über seine dienstliche Position und seine Gehaltsansprüche. Bereits Ende Jänner wurde im Ministerium geredet, dass eine Erledigung bevorstehe, zumal noch zwei andere Beamte davon betroffen waren. Er sah sich „wirklich ungerecht, wie kaum jemand anderer, behandelt". Anfang März glaubte er sich schon am Ziel, da

„traten allemal die Bestrebungen zweier anderer Beamten in unserem Hause, die gleichfalls etwas haben wollen, wie böse Orkane dazwischen, und der Minister ließ wieder die Sache liegen, zumal er immer hohe Politik im Kopfe hat".

Kurz darauf meinte der Präsidialsekretär, es könne nicht schaden, wenn Alois nochmals mit dem Minister [Schmerling] rede – obwohl dieser schon fünfmal innerhalb der letzten zwei Jahre eine bestimmte Zusage gemacht hatte.

„Man lernt nie aus – der gefeierte Mann spricht und thut doch nichts; erinnert er sich, was er mir oft gesagt, muss er selbst verlegen werden."

Als Alois darauf neuerlich bei Schmerling vorsprach, erwähnte er seine bevorstehende Heirat und drängte auf eine Erledigung noch im März. Der Minister erging sich in Versprechungen und stellte sogar eine abgesonderte Erledigung für Alois in Aussicht. Dieser kommentierte das Geschehen:

„Glücklicher Weise stehen die Sachen in unserem Ministerium so, dass vieles schon lange faul ist und vor dem Zusammentritt des Reichsrathes eine Ordnung gemacht werden muss."

Vom Ministersekretär erfuhr Alois zehn Tage später, dass eine Separatbehandlung doch nicht in Frage komme, sodass sich die Erledigung in den April verschieben werde. Darauf richtete Alois an den Ministersekretär einen „entschiedenen" Brief mit der Aufforderung, „endlich Gerechtigkeit" walten zu lassen und ihm den genauen Termin zu nennen, an dem er das Gehaltsdekret erhalten werde. „Das hat gewirkt."

Vor Ostern (5. und 6. April 1863) geschah zwar nichts mehr. Alois verbrachte die Feiertage bei Antonia in Prag. Als er aber am 12. April ins Büro kam, gratulierte ihm der Ministersekretär zur Gehaltserhöhung. Am 17. April war im Ministerium

„bunte Bewegung, die erfolgten Beförderungen sind heute endlich bekannt geworden, u. man gratulierte sich gegenseitig... Ich bleibe Departementvorstand und in nächster Zeit wird mein Bureau bedeutend erweitert werden, so dass mir auch der Fortbezug der Zulage von 500 fl. so gut wie gesichert ist."

Am 19. April erhielt Alois endlich das Dekret, mit dem ihm mit Allerhöchster Entschließung des Kaisers eine „sistemisierte Ministerial-Sekretärstelle im Staatsministerium mit 1.680 Gulden Gehalt und jährlich 315 Gulden Quartiergeld allergnädigst verliehen wurde". Damit hatte er eine wesentliche Sorge los, deren Bewältigung noch vor der Hochzeit er sich fest vorgenommen hatte.

Wohnungssuche

Mit einer wichtigen Voraussetzung für die Familiengründung hatte er sich schon bald nach der Verlobung beschäftigt: er suchte nach einer geeigneten Wohnung. Zunächst war in der Familie Decken sogar der Gedanke aufgetaucht, alle drei Schwestern könnten aus Prag wegziehen, wenn man in Wien eine entsprechend große Wohnung fände, die den jungen Eheleuten zusammen mit Bertha und Johanna Platz böte. Dieser Plan wurde jedoch nicht weiter verfolgt.

Bereits im August 1862 hatte Alois bei einer Prüfung im Zivilmädchenpensionat die Bekanntschaft eines Diözesan-Schulaufsehers gemacht, den er nun in seine Heiratspläne einweihte in der Hoffnung, er könnte ihm Zugang zu einer Wohnung in einem „geistlichen Haus" in der Inneren Stadt verschaffen.

„Domkapitel, Schotten und Michaeler besitzen Zinshäuser. Der Zins ist dort günstiger, wird nicht gesteigert, auch wird man nicht gekündigt."

Er stellte sich eine Wohnung in gutem, nicht renovierungsbedürftigem Zustand um einen Jahreszins von 300 bis 400 Gulden vor, die höchstens im zweiten Stock gelegen sein sollte.

Während in den Vorstädten Wiens vierteljährliche Kündigung üblich war, gab es in der Innenstadt jährlich nur zwei gesetzliche Kündigungstermine: Georgi am 24. April und Michaeli am 29. September. Viele Wohnungssuchende konzentrierten daher ihre Aktivitäten auf diese beiden Termine. Wer für Georgi ein Quartier suchte, erfuhr zu Michaeli des Vorjahrs, wo etwas frei werden sollte. Alois begann also die Suche um Michaeli 1862 und hoffte, vielleicht auch mit Protektion, bis Georgi 1863 eine passende Wohnung zu finden.

Bereits am 8. Oktober meldete er Antonia einen Erfolg: Ein Bürokollege, Baron Säumann, hatte ihn auf eine frei werdende Wohnung am Tiefen Graben hingewiesen, in einem dreistöckigen Haus mit nur drei Wohnparteien. Die Wohnung lag im dritten Stock, drei Zimmer gingen auf die Gasse und hatten Flügeltüren, teilweise Parkettböden. Erwähnenswert fand Alois, dass das Stiegenhaus mit einer Gasbeleuchtung ausgestattet war und die Mieter eigene Haustorschlüssel ausgefolgt erhielten, womit sie der strengen Herrschaft des Hausmeisters, der für nächtliches Aufsperren Anspruch auf sein „Sperrsechserl" hatte, entzogen waren. Das Haus hatte überdies einen eigenen geschlossenen Brunnen. Der Zins einschließlich des Zinskreuzers, einer städtischen Abgabe, sollte rund 450 Gulden jährlich betragen und erschien Alois für eine Wohnung in der Innenstadt günstig.

Antonia fand an dem Vorschlag Gefallen und ging mit Hilfe eines Plans von Wien den Weg vom Stephansplatz über den Graben und den Platz Am Hof bis zum Tiefen Graben virtuell nach. Alois lieferte dazu eine genaue Beschreibung:

„Auf der Freiung wie am Hof sind täglich große Gemüse-Märkte, wir haben nur ein paar Schritte zu machen, um alle Lebensmittel (insbesondere auch ein vorzügliches Bier!!!) zu holen. Wollen wir eine kurze Promenade machen, so brauchen wir nur die Freiung zu passieren und kommen durch das ehemalige Schottenthor (das jetzt bei der Stadterweiterung niedergerissen wurde) auf das Glacis. Gehen wir im Winter

in ein Stadttheater (deren sind drei u. die besten in Wien), so brauchen wir, zu Fuß gehend, das oft windig-kalte Glacis nicht zu passieren. "

Alois leistete eine Anzahlung für die Wohnung, um sich den Zugriff zu sichern, war aber bald darauf nicht mehr ganz überzeugt von der Richtigkeit seiner Wahl. „Der Tiefe Graben zählt nicht zu den schönen Straßen in Wien, aber er ist vielen anderen Gassen in der Inneren Stadt vorzuziehen ..." Er gab die Hoffnung nicht auf, noch etwas Besseres, Billigeres zu finden, und besichtigte weitere Wohnungen. Auch in zwei „geistlichen Häusern" blieb er vorgemerkt. Eines davon war der Heiligenkreuzerhof, wo er sich auf eine bestimmte Dreizimmer-Wohnung in der Nachbarschaft eines Bürokollegen Hoffnungen machte. Dort zu wohnen wäre wegen der Sicherheit, nicht gekündigt zu werden, und auch wegen der guten Luft und des niedrigen Zinses (er hörte von 300 Gulden Jahreszins) „ein Terno" gewesen. Aber Alois hatte kein Glück, die Wohnung wurde nicht frei.

Kurze Zeit überlegte er, eine Wohnung im Bürgerspital zu mieten, wo sein Bruder Joseph wohnte. Das Haus gehörte der Stadt Wien, und der Präses der Gemeinde-Kommission, die die Verwaltung führte und auch die Wohnungen vergab, war sein Onkel, der Magistratsrat Plasun, mit dem er regelmäßig zusammenkam. Wenn in diesem riesigen Komplex in bester Lage eine Wohnung frei wurde, führte die Gemeinde die nötigen Instandsetzungen durch und vermietete sie zu einem hohen Mietzins. Dies dürfte der Grund gewesen sein, warum Alois den Gedanken nicht weiter verfolgte.

Etwa ab Jahresbeginn 1863 bezog er die Vorstädte in seine Suche ein. Dort waren vierteljährliche Kündigungstermine üblich; um ein Mietverhältnis mit Georgi aufzulösen, genügte eine Kündigung zu Lichtmess (2. Februar). Wieder war es ein Amtskollege, der Konzipist Fleissner, mit dem ihn ein freundschaftliches Verhältnis verband, der vom bevorstehenden Freiwerden einer Wohnung in seinem Wohnhaus gehört hatte, und Alois konnte sie besichtigen, bevor sie „angeschlagen" wurde. Er griff sofort zu.

„Die Wohnung ist in Neu-Wien hinter dem Schottentore, 2 bis 3 Minuten Weges von der inneren Stadt entfernt in einem der neuen jedoch schon längere Zeit bewohnten Häuser. Sie ist prachtvoll, hat zwei liebe

Vorzimmer und drei große Zimmer, die Salons ähnlich sehen und durchweg größer sind als Eure Zimmer. Alles parkettiert, Flügeltüren und im besten Zustand, Erster Stock, Aussicht wohl nicht auf das Glacis, aber in einen großen, als Garten eingerichteten Hof. Zins 350 fl. und samt allen Zuschlägen 380 fl. jährlich."

An der Adresse Türkenstraße 3 befindet sich heute das Afro-Asiatische Institut.

Die Wohnung war noch bewohnt; mit der Vormieterin, einer „noblen Frau", führte Alois langwierige Verhandlungen wegen einer Möbelablöse, da ihm der von ihr geforderte Preis zu hoch erschien. Schließlich waren es nur noch einige Kleinigkeiten, die in der Wohnung verblieben, für die er nach langem Feilschen 30 Gulden bezahlte.

„Ich habe wie ein Jude gehandelt und billig gekauft. Überhaupt bin ich recht daran, ein Sparmeister zu werden, wie ich's nie war."

Am 7. Mai zog die Vormieterin aus, und Alois konnte endlich mit der Reinigung und dem Streichen der Türen und Fensterläden beginnen lassen. Es war höchste Eile geboten. Seinen Plan, noch vor der Hochzeit die Wohnung zu beziehen, musste er ohnehin fallen lassen. – Inzwischen war es ihm auch gelungen, für die Wohnung am Tiefen Graben einen Interessenten zu finden, sodass er das gegebene Angeld von 225 Gulden zurück erhielt.

Ende der Vormundschaft Antonias

„Die Geldfrage ist in unserer Zeit nicht ohne besondere Wichtigkeit. Du als Mädchen hast weniger Ursache darauf zu sehen, das ist meine Pflicht."

In finanziellen Dingen wollte Alois seine Braut nicht mit Einzelheiten belasten, er machte sich anscheinend auch keine allzu großen Sorgen über die Zukunft, aber die Ungewissheit, wie er nach seinen unbeschwerten Junggesellenjahren einen Haushalt mit Frau und Kindern erhalten werde, beschäftigte ihn doch, solange die Regelung seiner Gehaltsansprüche nicht unter Dach und Fach war. Außerdem sollte er nun auch die Vermögensverwaltung für Antonia übernehmen. Sie war noch minderjährig, bisher hatte der Vormund Maresch dies erledigt. Bereits im September 1862, als Maresch mit Friedrich auf der Durchreise nach Triest in Wien Station machte, wurden daher die notwendigen Schritte besprochen. Sie kamen überein, dass Bruder Albert einen Vorschlag ausarbeiten solle. Den formellen Teilungsakt musste dann ein „Buchhaltungsbeamter" in Prag vorbereiten. Das verlangte die Prager Obervormundschaftsbehörde.

Als Alois zu Weihnachten 1862 nach Prag kam, brachte er Alberts Teilungsvorschlag mit und führte mit dem von der Obervormundschaft betrauten Beamten ein erstes Gespräch. Dieser kam dann in der zweiten Jännerwoche nach Wien und besprach mit Alois und Albert die Details. Alois berichtete Antonia:

„Meine Nase habe auch ich in die Akten gesteckt, es ist ganz recht, dass Du es gescheid und vernünftig findest. Jetzt weiß ich doch ziemlich gewiß, worüber wir zu verfügen haben werden, und die Geldfrage ist in unserer Zeit nicht ohne besondere Wichtigkeit..."

Schon im November 1862, als Alois daranging, eine Wohnung zu mieten, war klar, dass in nächster Zeit größere Ausgaben zu tätigen waren. Antonia hätte zu diesem Zweck Staatsobligationen verkaufen können, doch schien der Zeitpunkt dazu ungünstig, weil der Kurs der Papiere schlecht war. Darauf sprang Maresch ein und gewährte Alois ein Darlehen von 600 Gulden.

Ein wichtiger Schritt zur Regelung der finanziellen Fragen war die Großjährigkeitserklärung Antonias. Sie musste großjährig sein, um ein in Wien hypothekarisch sichergestelltes Darlehen kündigen zu können, aus dessen Erlös sie einen Anteil von 2000 Gulden zu erhalten hatte. Schon ihre Mutter Johanna hatte aus diesem Darlehen regelmäßige Zinsen bezogen. Mitte Februar 1863 lag die Volljährigkeitsurkunde der Prager Behörde vor.

Freizeitgestaltung in Wien

Ende August 1862 hatte Alois geschrieben, seine Lebensweise sei eintönig, nur die Abende seien der Zerstreuung gewidmet. Im selben Atemzug erwähnte er, er habe mit den Brüdern einen Gastgarten in der

Jägerzeile [Praterstraße] besucht, am nächsten Tag mit einem Freund die Lokalitäten Sperl im zweiten Bezirk, die gerade für den Empfang des Deutschen Juristentags geschmückt und allgemein zugänglich waren. Am folgenden Sonntag war er zu einem Ordensfest bei den Piaristen eingeladen. Dort wurde von mittags bis 6 Uhr abends gegessen und getrunken. Die Gefahr der Vereinsamung dürfte also nicht akut gewesen sein.

Das Angebot an Unterhaltung in Wien war freilich mit dem heutigen nicht zu vergleichen, immerhin aber gab es stets bereits ab Mitte August regelmäßige Vorstellungen im Hofburgtheater und in der Hofoper (im „K.K. Hoftheater nächst dem Kärntnerthore"); das Theater am Franz Josephs-Quai (Treumanntheater) und das Thalia Theater pflegten die leichtere Muse, ebenso das Carl-Theater, das neu übernommen und im September 1862 wieder eröffnet wurde.

Die Mitteilungen in seinen Briefen zeigen, dass Alois wenig Eigeninitiative für Theaterbesuche oder für die Teilnahme an Veranstaltungen entwickelte, dass er aber gerne mitmachte, wenn andere ihn dazu animierten. Sehr häufig gingen die drei Brüder gemeinsam aus. Albert dürfte da die treibende Kraft gewesen sein, er besorgte meist die Karten; gelegentlich nahm Alois auch Einladungen von dritter Seite an.

Sein Vorgesetzter, Baron Helfert, versorgte Alois regelmäßig mit einem Billet für die Gesellschaftskonzerte der Gesellschaft der Musikfreunde. Anfang November kam er so im großen Redoutensaal in den Genuss einer Aufführung des Messias [unter Herbeck, in der Mozart'schen Instrumentierung, aber mit Orgel[54]], Details enthält sein Bericht an Antonia nicht, er erwähnt nur, dass die Aufführung bis drei Uhr nachmittags dauerte. Im nächsten dieser Konzerte führte Herbeck die Serenade op.11 von Brahms und ein Violinkonzert von Mozart auf, dazwischen sang die Sopranistin Bochkoltz-Falconi Arien von Mozart und Weber.[55] Da wird der Bericht ausführlicher. Die nicht mehr junge

[54] „Die Presse" 15.11.1862 (Hanslick)
[55] „Die Presse" 10.12.1862 (Hanslick)

herzoglich sächsische Kammersängerin, die erstmals in Wien auftrat, besaß

„außer Meisterhaftigkeit im Vortrag einen ungeheuren, noch nicht dagewesenen Umfang an Stimme, riss das ganze Auditorium zu Beifallsstürmen hin ... Und die Wiener sind im Beifallspenden nicht verschwenderisch."

„Aus Neugier" besuchte er am Abend desselben Tags im Theater an der Wien die Aufführung des Stücks „Twardowski, der polnische Faust", das zwei Kollegen von Alois, Salomon Hermann Mosenthal und Johann Freiherr von Päumann, beide in der Bibliothek des Unterrichtsministeriums tätig, gemeinsam verfasst hatten. Tags darauf bemerkte er über diesen Theaterbesuch:

„Meine Neugier über den polnischen Faust ist befriedigt. Es ist ein Spektakelstück für Kinder."

Im Februar 1863 besuchte er im Burgtheater eine Aufführung des Schauspiels „Eglantine" von Eduard Mautner mit Charlotte Wolter in der Titelrolle und war von dem „meisterhaften Spiel" sehr beeindruckt, sodass er den Entschluss fasste, dieses Theater öfter zu besuchen. Bisher hatte er „die Musik vorgezogen". Tatsächlich war er kurz darauf nochmals im Burgtheater [Philippe Dumanoir und Ange de Keraniou: „Die Eine weint, die Andere lacht", deutsch bearbeitet von Heinrich Laube], fand das Stück aber bei weitem nicht so gut wie die Kritik.

Alois schätzte im Theater auch die leichtere Unterhaltung. Das Treumanntheater am Franz Josefs-Kai (ein hölzernes „Interimstheater", das nur von November 1860 bis Juni 1863 bestand; es wurde durch Brand zerstört und nicht mehr aufgebaut) deckte diesen Sektor mit Aufführungen von einaktigen Lustspielen, Possen, Schwänken und Operetten, bevorzugt von Offenbach, ab. Das Publikum gehörte allen Gesellschaftskreisen an, gelegentlich ging es auf der Bühne recht frivol und derb zu. Über einen dieser Theaterabende schrieb Alois an Antonia:

„Einen eigentümlichen Spaß dieses Theaterabends will ich dir nicht verhehlen, damit du siehst, wie es zuweilen in Wien hergeht. Ich pflege, wenn ich ins Theater gehe, die Leute in den Logen anzuschauen, wo ich

zuweilen Bekannte sehe. Diesmal schaute ich etwas länger in eine Par-terre-Loge, wo eine schöne sehr elegant gekleidete Dame saß. Sie fiel mir auf, und ich schaute mehr auf ihre Toilette als in ihre Augen. Da ich nahe (4. Bank) saß, bemerkte sie das, u. denk dir nur, sie winkte mir unzweideutig, dass ich in ihre Loge komme, u. zwar wiederholt, wenn ich nur unwillkürlich hingeschaut habe. Das war zwischen dem 2. und 3. Stück, dann schaute ich nicht mehr hin, und sprach während der Pausen mit O. Ich kenne die Person nicht; welchen Kalibers sie trotz Loge und Eleganz war, wirst du leicht errathen, sie wird mich für einen Fremden angesehen haben. Ähnliches ist mir in Wien noch nie begegnet."

Im Treumanntheater gab es aber auch eine seriöse Opernstagione. Am 8. Jänner besuchte Alois in Gesellschaft des Bruders Joseph und dessen Frau eine Vorstellung der „Nachtwandlerin" von Bellini mit der Sängerin Désirée Artôt[56] in der Titelrolle.

„Mich hat diese Sängerin entzückt; war es mehr ihre Kunst oder ihr schönes blondes Haar, das dem Deinen gleicht, ich weiß es nicht. Jedenfalls ist die Artôt eine Künstlerin, wie eine solche Wien schon lange nicht gehört hat."

Die „Wiener Zeitung" berichtete am 10.1. über diesen Abend:

„Frl. Artôt hatte diesmal Gelegenheit sich auch als gute Schauspielerin zu zeigen; dass ihre oft erwähnten Vorzüge als Sängerin hier im glän-zendsten Lichte erschienen, bedarf der Erwähnung kaum."

Ein besonderes Theatererlebnis verdankte Alois seinem Bruder Albert, der ihm von seinem Abonnement eine Karte abtrat. Im Carltheater gastierte eine italienische Operntruppe, deren Star die zwanzigjährige Koloratursopranistin Adelina Patti[57] war. Sie trat erstmals in Wien auf und erntete bei Publikum und Kritik Jubelstürme. Alois besuchte die Vorstellung am 4. März 1863. Ein Sperrsitz kostete 5 Gulden. Die Patti

---

[56] *Désirée Artôt de Padilla (* 16. Juli 1835; † 3. April 1907 in Wien)*
[57] *Adelina Patti (*18.2.1843 in Madrid; † 27.9.1919), eine spanische Opernsängerin italienischer Abstammung, galt als eine der ganz großen Koloratursopranistinnen ihrer Zeit.*

sang an diesem Abend die „Nachtwandlerin", was Alois einen direkten Vergleich mit der Artôt ermöglichte.

„Die Patti habe ich gehört und bewundert. Es schien mir nicht möglich, was sie leistet. Es ist schwer, sie eine große Künstlerin zu nennen oder ihre Stimme als gewaltig zu bezeichnen; so viel wird jedenfalls jedem halbwegs gebildeten Hörer klar, dass sie ein seltenes Phänomen ist. Bei der Artôt bewunderte ich die Kunst, bei der Patti die Natur. Diese begeistert, reißt hin."

War Antonia nach diesem Bericht gar auf die Patti eifersüchtig? Auf ihre Frage, ob er an die Patti denke, beruhigte sie Alois im nächsten Brief:

„Ihre Kunst war's, die mich hingerissen hat, auch nicht der leichteste Eindruck von ihrer Persönlichkeit ist in mir zurückgeblieben."

In der Karwoche schickte „wie gewöhnlich" Baron Helfert einen Sperrsitz für das philharmonische Konzert. Herbeck führte erstmals in Wien das „Lazarus"-Fragment von Schubert auf.

„Ich war von der wundervollen Musik ganz ergriffen und hatte Noth mich zu erholen, was mir endlich beim ‚Winter' gelang."

In der Pflege seiner gesellschaftlichen Kontakte war Alois zurückhaltend. Einladungen sprach er nur selten aus, vordergründig erschien ihm wohl seine Junggesellenwohnung nicht repräsentativ genug, doch hatte er nicht vor, nach seiner Heirat den Lebensstil entscheidend zu ändern, vielmehr schlug er Antonia zu diesem Thema vor:

„ ... zuweilen werden wir uns nicht ausschließen können. Wir selbst werden besonders in der ersten Zeit nur äußerst selten jemanden zu uns einladen und uns auch späterhin auf die Familie beschränken."

Mit dem von ihm so geschätzten Baron Kalchberg traf er zwar von Zeit zu Zeit zusammen, lehnte aber eine Einladung in die Familie wenigstens fürs erste unter Hinweis auf „seinen krankhaften Zustand" (eine Erkältung) ab, „eigentlich aber, weil ich zu solchen Unterhaltungen nicht die geringste Lust habe".

Leichter war er zum Kartenspiel mit Kollegen, Freunden und deren
Familien zu gewinnen. Solche Zusammenkünfte scheinen auf die
Herbst- und Wintermonate beschränkt gewesen zu sein, fanden dann
aber alle zwei bis drei Wochen statt. Das bevorzugte Kartenspiel war
Russisch-Whist, nur ausnahmsweise spielte er mit Bruder Albert bei
einem Tarockabend mit. Anfang November hatte er für eine Karten-
partie mit seinem Bürokollegen Altmann mit Frau „erstmals in dieser
Saison seinen Salon eröffnet"; die Altmanns brachten noch einen
Freund mit, einen pensionierten Gendarmerieoberst. Altmann schlug
zunächst im Hinblick auf den Junggesellenstatus von Alois vor, das
Abendessen nach dem Spiel in einem Gasthaus einzunehmen, das
lehnte Alois aber ab („das darf ich aber doch nicht zugeben, obwohl ich
Dir im Vertrauen sagen muss, dass ich jetzt sehr sparsam geworden
bin") und bereitete eine häusliche Mahlzeit vor. Sie spielten wie üblich
um Geld und Alois, der Sparsame, gewann beim Kartenspiel vier
Gulden, womit die Auslagen für das Essen abgedeckt waren.

Zu den übrigen Kartenpartien dieser Saison, von denen in den Briefen
die Rede ist, war Alois eingeladen, meist bei der Familie Altmann oder
anderen Kollegen aus dem Ministerium, einmal auch bei seinem Onkel,
dem Magistratsbeamten Plasun.

Sein Hang zur Zurückgezogenheit im privaten Bereich zeigt sich
besonders deutlich bei der Planung und Vorbereitung der Hochzeit.
Bereits zwei Monate nach der Verlobung teilte er Antonia mit, er wolle
die Hochzeit nur im kleinen Kreis feiern, „mit nicht mehreren geladenen Zeugen, als das Gesetz fordert". Ende Oktober kam offenbar
Antonia darauf zu reden, worauf er erwiderte:

*„Herzlich habe ich darüber gelacht, dass es nun auch Deinen
Wünschen zusagend erscheint, dass wir den Pragern ohne alle Zeremonien und Aufsehen entgehen. Mir würde es sogar sehr lieb sein, wenn
unsere Trauung irgendwo außerhalb Prag's stattfinden könnte. Für
mich wird das der heiligste Akt im Leben sein, und das Gemüth sucht
einen stillen Ort, um sich zu Gott zu erheben. Willst Du denn allenfalls,
wie es jetzt wenigstens hier in Wien Sitte geworden ist, Annoncen an die
Bekannten senden, so werde ich dagegen, wie überhaupt gegen keinen
Deiner Wünsche etwas einwenden. Meinerseits würde ich aber auch*

das für überflüssig halten. Meinen wahren Freunden habe ich mein Glück schon lange bekannt gegeben – der Tag der Trauung ist oder soll für sie eine Nebensache sein. Dass uns Papa trauen möge, war von vornherein meine Meinung, er hat unser Glück gegründet und sollte unseren Bund auch kirchlich weihen."

Die Flucht vor der Öffentlichkeit hatte allerdings, soweit sie sich auf die Hochzeit bezog, einen realen Hintergrund. Wenige Wochen nach der Verlobung hatte ihm ein Rechnungsrat seines Ministeriums, der seinen Urlaub in Prag verbrachte, berichtet, die Verlobung sei in Prag Tratschthema Nummer eins, die Kaffeeschwestern hätten sich dieser Neuigkeit bemächtigt. Da war von einem ungalanten, dicken, alten Herrn die Rede, weit über fünfzig Jahre alt, mit dem Antonia kein Glück gemacht habe. Sogar ein schwarzer Vollbart wurde ihm angedichtet.

Antonia ließ sich von dem Gerede nicht beeindrucken, im Gegenteil, sie gewann im Lauf ihrer Brautzeit an Selbstsicherheit. Wenige Wochen vor der Hochzeit berichtete Maresch in einem Brief an Alois:

"Gestern ging ich früh 8 Uhr in den Landtag, da begegnete ich in der Jesuitengasse Antonia. Mit fürstlichem Anstande u. in voller weiblicher Anmuth schritt sie daher, vielfach gegrüßt von denen, die ihr begegneten. Wahrlich, das Kind hat seit Jahresfrist eine selbstbewusste sichere Haltung erlangt, wie sie selten Frauen nach 10jähriger Ehe haben, u. doch ist sie dabei das liebe Mädchen geblieben, das sie sonst war. Einige jüngere Abgeordnete gingen gerade vorüber, als ich einige Worte mit Antonia wechselte, die in die Musikstunde eilte. Welch' Gefrage im Landtagshause, wo die Herrn bereits Lärm geschlagen hatten, dass ich von einer Dame von "wunderbarer Schönheit" nicht bloß gegrüßt sondern sogar angesprochen worden bin. Wer ist sie etc.etc.? Und dieses schöne und herrliche Kind gehört Ihnen, ist mit Leib u. Seele Ihr Eigenthum!"

Mitte März legte man als Hochzeitstermin den 20. Mai 1863, einen Mittwoch, fest. Alois konnte sich mit seinem Wunsch, die Trauung außerhalb Prags abzuhalten, zwar nicht durchsetzen, doch erreichte er wenigstens eine höchst ungewöhnliche Uhrzeit: 6 Uhr früh! Bruder Albert, der sich als Trauzeuge und Brautführer angeboten hatte, sagte daraufhin seine persönliche Teilnahme ab. Eine Zeremonie, die faktisch unter Ausschluss der Öffentlichkeit stattfinden würde, war offenbar nicht nach seinem Geschmack. Alois ließ sich dadurch nicht beirren. Im Einverständnis aller Beteiligten wurde ein Bekannter Antonias, ein Herr Frieb, als Stellvertreter Alberts ausgewählt; auf diese Weise konnte Albert als Trauzeuge fungieren, ohne selbst bei der Zeremonie anwesend zu sein. Als zweiter Trauzeuge wurde ein Beamter aus Brünn namens Patek ausersehen, ein Bekannter Antonias, für dessen beruflichen Aufstieg zur Statthalterei in Prag Alois sich eingesetzt hatte. Auch die Mutter wollte sich für diesen Anlass nicht den Mühen der Reise von Schlesien nach Prag unterziehen, versicherte ihm aber, dass sie am 20. Mai um 6 Uhr früh die Kirche besuchen und für ihn und Antonia beten wolle.

Aber noch war es nicht so weit. Antonia hatte mit der Vorbereitung ihrer Übersiedlung nach Wien alle Hände voll zu tun. Bereits im Jänner hatte Alois mit den Eheleuten Fleissner darüber eingehend gesprochen, ob es sinnvoll wäre, wenn Antonia Möbel von Prag nach Wien bringen ließe. Fleissner war ihm im Amt unmittelbar unterstellt und wegen seines „reellen Charakters" einer seiner besten Freunde. Sie trafen einander auch regelmäßig zum Kartenspiel. Seit einem Jahr war Fleissner verheiratet, seine Frau war etwa 25 Jahre alt und „eine feingebildete Dame des reellsten Charakters". Alois schlug Antonia vor, einem ihrer Briefe ein paar Zeilen an Frau Fleissner beizulegen, da er überzeugt war, sie beide würden gut harmonieren. Fleissners hielten es für zweckmäßig, einzelne Möbelstücke aus Prag mitzunehmen, auch Altmanns hatten schon problemlos eine Übersiedlung nach Prag und wieder zurück bewerkstelligt. Alois riet Antonia, nicht allzu viel mitzunehmen und eine Übersiedlungsliste zu erstellen, die sie bei seinem Besuch zu Ostern besprechen würden. Schließlich kamen aber doch mehrere Kisten Hausrat zusammen, der von Prag nach Wien mitzunehmen war. Antonia hielt auch Ausschau nach einem Dienstmädchen für ihren Wiener Haushalt.

Die Hochzeitsvorbereitungen in Wien, denen sich Alois erst ab Ostern voll widmete, nahmen mehr Zeit in Anspruch, als er ursprünglich angenommen hatte. Er gab die Anfertigung einer Reihe von Möbeln für die neue Wohnung in Auftrag. Auch dabei griff er gern auf das Angebot Fleissners zurück, ihn mit Rat und Tat zu unterstützen. Sein Bruder

Albert riet dringend zur Anschaffung eines guten Klaviers, Fleissner, ein exzellenter Musiker, machte sich erbötig, bei der Auswahl mitzuwirken.

Auch bei der Planung der Hochzeitsreise ließ sich Alois von den Eheleuten Fleissner Tipps geben. Er hatte vor, gleich nach der Trauung zu verreisen und nannte Antonia ursprünglich als Ziele Triest und Venedig „mit Ruhepunkten in allen größeren Städten und den schönsten Gegenden". Da schwebte ihm auch noch ein vierwöchiger Urlaub um die Hochzeit vor. Einen Monat vor der Hochzeit schlug er dann eine etwas weniger ambitionierte Reiseroute vor, zumal er nur noch drei Wochen Urlaub einplante, wenn Antonia dem zustimme:

„ Wir gehen über Baden, Wiener Neustadt, den Semmering (wunderbarer Eisenbahnbau) nach Bruck an der Mur per Eisenbahn, dann per Wagen nach Leoben, Vordernberg, Stift Admont, Aussee, Hallstadt, Ischl, Gmunden, Linz u. von da retour mit Dampfschiff durch die schönste Donaugegend nach Wien. "

Wenn Antonia einen anderen Wunsch hätte, würde „eine Änderung getroffen werden".

In den letzten Tagen vor der Hochzeit brach dann die Hektik aus. Ich glaube, dass Alois seine Antonia nicht beunruhigen wollte und daher die Probleme herunterspielte, dennoch ist aus den Briefen zu erkennen, dass er nicht mehr alles im Griff hatte.

Bereits in den letzten Märztagen hatten die Inzersdorfer – sie hielten sich noch in ihrer Wiener Wohnung auf, doch stand die Übersiedlung aufs Land unmittelbar bevor – empfohlen, die Matratzen für die Ehebetten unbedingt in Inzersdorf anfertigen zu lassen, da nur so garantiert sei, dass ausschließlich Rosshaar für die Füllung verwendet werde. In der zweiten Maiwoche wurden die Matratzen dann „samt den fertigen Strohsäcken" in die neue Wohnung geliefert, doch war Alois besorgt, sie könnten zu groß sein. Um das festzustellen, musste er auf die Betten warten, die am 11. Mai geliefert werden sollten. Eigentlich hatte Alois bereits für den 8. Mai seine Übersiedlung in die Türkenstraße geplant, doch gab es Verzögerungen, vor allem die Maler und Anstreicher wurden mit ihrer Arbeit nicht fertig. Eine Woche vor der Hochzeit, drei

Tage vor seiner geplanten Abreise nach Prag, am 13. Mai, schrieb er lakonisch, der Plafond sei „schadhaft geworden" und müsse noch repariert werden. Am selben Tag brachte der Tischler endlich auch die Betten – ob sie groß genug für die Matratzen waren, erwähnt Alois nicht. Die Kisten mit dem Hausrat aus Prag ließen auf sich warten, sollten sie bis Freitag 15. Mai nicht eintreffen, werde Fleissner sie übernehmen und den Frachtlohn bezahlen. „Er wird jeden Dienst erweisen." Als Übersiedlungstermin nannte Alois nun Samstag den 16. Mai in der Früh, am Abend wollte er eigentlich schon mit dem Eilzug nach Prag fahren und am Sonntag früh eintreffen. Das konnte er nun aber nicht mehr versprechen: zwar finde seine Verabschiedung beim Staatsminister zum Urlaubsantritt planmäßig am 13. um 14 Uhr statt, doch hatte er am 12. dringende Amtsarbeiten übernommen und war sich nicht sicher, ob er diese bis Samstag mittags erledigen werde können. Antonia werde jedenfalls am Samstag von ihm einen Brief erhalten, spätestens am Montag 9 Uhr früh, also einen Tag später als geplant, werde er bei ihr in Prag sein. Für weitere Briefe, die er noch zur Post geben wollte, so etwa an „Papa" Maresch, fehlte ihm einfach die Zeit.

Vor Absendung dieses Briefs fügte er noch hinzu, er habe den Staatsminister nicht angetroffen, dieser sei zum Kaiser berufen worden; am 14. habe er, Alois, auch noch eine Institutsprüfung abzuhalten.

Am Freitag, dem 15. Mai, um 10 Uhr schrieb er schließlich „in gehobener Stimmung":

„Geliebte Antonia, meine theure Braut!

Mit Stolz und innigem Entzücken nenne ich Dich schriftlich zum letzten Male meine Braut; in wenigen Tagen wirst Du meine untrennbare Lebensgefährtin, meine treueste Gattin, und, um es kurzweg deutsch zu sagen, mein Weib sein. Ein ganzer Himmel liegt in diesem kurzen Worte…"

Es war ihm gelungen, die letzten Vorbereitungen zu beschleunigen, am Vorabend war er noch bei den Franziskanern bei der Beichte, am Freitag früh bei der Kommunion und kündigte nun seine Abreise aus Wien doch schon für Samstag Abend an; die neue Wohnung würden sie allerdings erst gemeinsam einweihen, er werde auch die letzte Nacht noch in der alten Wohnung verbringen,

„obwohl der größte Teil meiner Sachen schon übersiedelt ist. Ob Deine Kisten schon angekommen sind, werde ich erst nachmittags erfahren und Dir darüber ... mündlich die Auskunft geben. "

Auf der Hochzeitsreise

Mit der Trauung fand das Briefschreiben zwischen Alois und Antonia ein Ende. Eine wichtige Quelle meiner Erzählung versiegt. Von der Hochzeitsreise ist immerhin eine Episode zu erwähnen:

Während des Aufenthalts in Linz, von wo aus die jungen Eheleute stromabwärts mit dem Dampfschiff fahren wollten, kam es zu einer Begegnung mit einem dort wohnhaften Schulrat, die ihren Niederschlag in einem etwas umständlichen Brief fand, den Alois einige Monate später erhielt:

„Verzeih'n Sie, wenn ich Ihnen mit diesen Zeilen einige Zeit raube u Sie mit einer Bitte belästige. Die Bitte ist eigentlich an Ihre hochverehrte und liebenswürdige Frau Gemahlin gerichtet; allein da ich in Linz, als mir die Ehre Ihres Besuches zu Theil wurde, sagte, ich hätte dieses Fräulein, falls ich jung genug wäre u sie mich nicht ausgeschlagen hätte auch geheirathet, so kann ich nicht unmittelbar an sie schreiben, ohne mich dem Verdachte einer geheimen Neigung auszusetzen; ich wähle daher ehrlich und rechtschaffen ihren Gemahl als Mittelsperson, welche zu sein ich ihn herzlich bitte. Mein Ansuchen ist zwar etwas anmassend aber im Ganzen ziemlich unschuldig. Ich habe leider wieder eine Geschichte geschrieben, oder eigentlich ich schreibe noch daran. Dieselbe heißt „Witiko" ... Da nun Ihre Frau Gemahlin eine Pragerin ist u mir eine Neigung, aber eine öffentliche eingeflößt hat, u endlich auch gütige Theilnahme mit meinen früheren Arbeiten ausgesprochen hat, so möchte ich ihr gerne das Werk, so bald es fertig ist,

*zierlich gebunden u mit zierlichen Geschenkesworten, wenn ich sie zu-
wege bringe, überreichen wozu ich um die Genehmigung bitte...* "[58]

Zwei Jahre später richtete Adalbert Stifter einen Brief an Antonia, in
dem wir lesen:

*„ ... Menschen, welche gerne den Spuren des Schönen u Edlen nachge-
hen, finden sich wechselweise schneller als andere, haben ein eigenes
Gefühl des Wohlwollens für einander, u dieses Gefühl ist auch ein
dauerndes. Ich habe die sanfte dichterische Wärme Ihres Wesens
sogleich erkannt, da ich Sie zum ersten Male sah, u habe diese Wärme
als ein Erfreuendes in mich übergehen gefühlt. Da ich nun auch nicht
zu den schlechtesten Menschen gehöre, u meine Augen gerne dem
Schönen u Würdigen zuwende, so hoffe ich den Antheil, den Sie mir bei
unseren Begegnungen gezeigt haben, auch für die Zukunft nicht zu
verscherzen. Möge das mitfolgende Buch geeignet sein, diesen Antheil
zu vermehren, vor allem aber möge es Ihnen einige Freude u. einige
schöne Gefühle gewähren...* "[59]

Alois setzte sich einige Zeit danach sehr für seinen Freund ein und verfasste den Vortrag an den Kaiser um Pensionierung Stifters wegen
dessen fortschreitender Erkrankung. Er würdigte darin seine hohe
Bedeutung als österreichischer Dichter, wofür Sektionschef Kriegs-Au,
mit Stifter befreundet, überschwänglich dankte. Anlässlich der Pensionierung wurde Stifter der Hofratstitel verliehen. Wenige Monate vor
seinem Tod übersandte Stifter an Antonia auch noch den zweiten und
dritten Band seines „Witiko".

---

[58] *Brief Adalbert Stifters vom 11.10.1863*
[59] *Brief Stifters vom 5.6.1865*

III. RINGSTRASSENZEIT: LEBEN FÜR DIE MUSIK

Albert, Johanna und Tona

Der nächste Akt unserer Familiengeschichte beginnt überraschenderweise in einer ländlichen Gegend vor den Toren Wiens: Am 5. August 1864 kam in Weinhaus Nr. 28 das erste Kind von Alois und Antonia zur Welt, ein Sohn, der am 13. August in der Weinhauser Kirche auf die Namen Albert Anton Aloys getauft wurde. Taufpate war der Bruder Dr. Albert Hermann, Hof- und Gerichtsadvokat in Wien Grünangergasse Nr. 1.

Alois hatte schon vor der Hochzeit Antonia vorgeschlagen, sie könnten, wenn sie in späteren Jahren mehr Geld hätten, „im heißen Sommer auch einen kurzen Landaufenthalt bei Wien nehmen, die Umgebung ist reizend schön". Offenbar erlaubten es ihre finanziellen Verhältnisse, schon im Sommer 1864 diesen Plan zu verwirklichen; der Umstand, dass für die hochschwangere Antonia der Aufenthalt in guter Luft von Vorteil war, hat den Entschluss wohl noch begünstigt.

Weinhaus lag damals in Niederösterreich und entwickelte sich in der zweiten Hälfte des 19. Jahrhunderts von einem Bauerndorf mit 500 Einwohnern rasch zu einer Wohngegend im Westen der wachsenden Metropole. Es gab sogar schon eine mit Gas betriebene Straßenbeleuchtung. Das zweigeschossige Haus Nr. 28 besteht heute noch an der Anschrift 1180 Wien, Lacknergasse 81.

Die Taufe in der Weinhauser Kirche wurde nicht vom Ortspfarrer vorgenommen sondern von einem „Schulmann", dem mit Alois eng befreundeten Pfarrer von (Alt-)Ottakring, Emanuel Paletz (1816–1900). In den Briefen an Antonia von 1863 berichtete Alois mehrmals von seinen Besuchen bei diesem Geistlichen. Paletz machte sich um die Verbesserung der Schulverhältnisse in allen seinen Wirkungsbereichen verdient. Die Ottakringer Dorf-Trivialschule baute er zu einer Musterhauptschule aus und gründete 1868 in Ottakring eine

Kinderbewahranstalt. 1867 wurde er Dechant und Schuldistriktsaufseher, 1869 auch Schulbezirksinspektor für den Schulbezirk Großenzersdorf. 1873 übernahm er die Pfarre Hütteldorf.

Alois hatte nun ein gesichertes, gutes Einkommen, das die Führung eines gutbürgerlichen Haushalts mit Stubenmädchen und Köchin erlaubte. Von Reichtum konnte aber keine Rede sein.

Am 15.1.1868 brachte Antonia eine Tochter zur Welt, die in der Taufe in der Kirche Am Hof den Namen der mütterlichen Großmutter Johanna erhielt. Am 7. Dezember 1871 folgte als letztes Kind die Tochter Antonia, genannt Tona. Diese Kurzform verwendete sie zeit ihres Lebens.

Die Familie wechselte mehrmals den Wohnsitz. 1867 scheint im Lehmann die Anschrift Färbergasse 6 auf. Das Haus besteht noch. Hier kamen Johanna und Tona zur Welt[60]. 1877 wohnten die Hermanns im Schottenhof, IV. Stiege, 1. Stock.

Die „Erinnerungen" von Johanna

„Wir waren unser drei, ein fröhliches Kleeblatt. Er war der Älteste, in Spiel und Ernst unser Anführer, das Vorbild, dem wir nachstrebten. Selten haben wir ihm freudigsten Gehorsam versagt."

So beginnt die wertvollste, berührendste Quelle für die Kinderjahre der drei Geschwister, das Büchlein „Erinnerungen an Albert von Hermann", das Johanna ein Jahr nach Alberts frühem Tod veröffentlichte. Es ist aufwendig gestaltet, mit festem Leineneinband und Goldschnitt und wurde 1896 in einigen Tageszeitungen und Zeitschriften rezensiert.[61] Jahrzehnte später trug sich auch Tona von Hermann mit der Absicht, eine Biographie mit dem Titel „Memoiren einer Gesangslehrerin" zu veröffentlichen. Dazu ist es anscheinend nicht gekommen. Im Familienbesitz finden sich nur einige handschriftliche lose Blätter, die zwar durchnummeriert wurden, immer wieder fehlen aber einzelne

---

[60] *Taufmatriken der Pfarre zu den neun Chören der Engel (Kirche Am Hof)*
[61] *Johanna Müller, geb. von Hermann, „Erinnerungen an Albert von Hermann", Wien 1896, Hölder. Zitate ohne Quellenangabe stammen aus diesem Buch.*

Seiten. Tona dürfte ihr Vorhaben nicht zu Ende geführt haben. Im Wesentlichen sind in diesem Manuskript nur einzelne Episoden aus der Kinder- und Jugendzeit erhalten geblieben und ergänzen das Bild, das Johanna uns gibt.

Albert war ein zartes, in der frühen Kindheit häufig kränkelndes Kind, „dessen geistiges Gedeihen dem körperlichen weit voran eilte". Beide Eltern widmeten sich ihm mit großer Hingabe, der Vater naturgemäß vor allem abends. Für alle drei Kinder hatte er in ihren ersten Jahren stets eine tägliche Gutenachtgeschichte bereit, von Beginn an nahm er an ihrer Ausbildung Anteil, vor allem in der deutschen Sprache.

Abbildung 14: Albert, Tona und Johanna Hermann im Jahr 1888

„Mein lieber Vater ... , der ein Meister der deutschen Sprache war, .. wurde gleichzeitig unser strenger Lehrer in Grammatik und dem Analysieren, das er uns von Grund aus beibrachte. Was gab es aber für Tränen dabei, wenn wir Objekt und Subjekt verwechselten! Kam ein Besuch aus dem Lehrfach zu uns, wurden wir produziert, erhielten Beispiele zum Analysieren, und wehe uns!, wenn es einen Fehler gab!"[62]

Keines der Kinder besuchte eine öffentliche Volksschule, schon wegen der vermeintlichen Gefahren für die Gesundheit, die dort lauerten. Albert absolvierte ab 1871 die k.k. Lehrer- und Normalschule zu St. Anna „als Privatschüler"; der Vater ließ es sich nicht nehmen, ihm

---

[62] *Tona, Memoiren*

die deutsche Sprache selbst beizubringen, für die anderen Gegenstände wurde ein Hauslehrer engagiert. In regelmäßigen Abständen legte Albert in der Schule eine Prüfung über seine Fortschritte ab. Erwähnenswert ist, dass darüber jeweils Zeugnisse ausgestellt wurden, die vorgedruckt, also standardisiert, den Vermerk enthalten, dass der Schüler „auf Ansuchen seiner Eltern, welche sich von seinen Fortschritten überzeugen wollen, … ausnahmsweise [!] geprüft" wurde. Johanna und Tona bekamen als Hauslehrerin eine „sehr liebe Volksschullehrerin, die [sie] durch ignorierte Tintenklexe, multiplizierte Äpfel, addierte Nüsse, dividierte Kreuzer und reizende moralische Geschichten in dem Wahn wiegte, dass Lernen ein Vergnügen sei".[63]

Im Schuljahr 1873/74 besuchte Albert die 4. Klasse der „Vorbereitungsschule für Gymnasien und Realschulen des em. k.k. Schul- und Unterrichtsrathes Johann R. v. Hermann". Dieser von Hermann sehr geschätzte Pädagoge – es besteht nur eine Namensgleichheit, keine Verwandtschaft mit ihm – war, als Albert in die Schule eintrat, bereits 73 Jahre alt. Er hatte im Lauf seines Lebens in der Erziehungsarbeit Bahnbrechendes geleistet: er führte als Erster den Turnunterricht ein, er erfand den Setzkasten, gestaltete aus der Praxis weitere Lehrbehelfe, auch für den Fremdsprachen- und Gesangsunterricht, und wurde vom Unterrichtsministerium mit der Revision der deutschsprachigen Volksschullehrbücher betraut.[64]

---

[63] *Tona, Memoiren*
[64] *Josef Thonhauser: Hermann, Johann Ritter von. In: Neue Deutsche Biographie (NDB). Band 8. Duncker & Humblot, Berlin 1969, S. 659 f. Johann R.v. Hermann, Inhaber einer Privatschule, wurde 1850 vom Unterrichtsminister Graf Thun-Hohenstein zum Inspektor der Volksschulen in der Steiermark berufen. Nach seinem Ausscheiden aus dem Amt eröffnete er 1854 in Wien wieder eine Privatschule und auch eine öffentliche Hauptschule für Knaben.*

Abbildung 15: Albert als Kind

Die musikalische Begabung Alberts zeigte sich früh. Auf dem Klavier suchte er sich zunächst Lieder nach dem Gehör zusammen und imponierte seiner Schwester Johanna mit kleinen Kunststücken, wie Spielen mit verbundenen Augen. Der ernsthafte Klavierunterricht, mit dem er im Alter von etwa sechs Jahren begann, war dagegen zunächst nicht nach seinem Geschmack; seine Mutter stellte ihn daher vor die Alternative, entweder fleißig zu üben oder das Klavierspiel ganz sein zu lassen. Albert bat unter Tränen um einen anderen Lehrer. Der Wunsch wurde ihm erfüllt, und von da an machte er raschere Fortschritte. Sein Klavierspiel behielt aber auch in späteren Jahren eine gewisse Flüchtigkeit, technische Übungen waren seine Sache nicht. Sein musikalisches Verständnis eilte der Fertigkeit seiner Finger weit voraus.

Die Vorbereitungsschule endete für Albert am 30. April 1874, an welchem Tage ihn, wie im Abgangszeugnis vermerkt ist, „Krankheit der Schule entzog". Im Herbst trat er ins Schottengymnasium ein. In allen acht Klassen erreichte er stets einen „Vorzug", sein Fleiß hingegen wurde von seinen Lehrern meist nicht mit der Höchstnote bewertet.

Ein alltägliches Ereignis wurde zu einem Markstein im Leben Alberts und seiner beiden Schwestern. Im Herbst 1876, Albert besuchte inzwischen die dritte Klasse des Gymnasiums, war der Komponist Wilhelm Westmeyer zu Gast bei der Familie Hermann. Wie es dazu kam, ist nicht bekannt; vielleicht suchte Westmeyer im Unterrichtsministerium

Abbildung 16: Wilhelm Westmeyer

Unterstützung für seinen Plan, in Wien ein Armee-Musik-Conservatorium zu gründen.[65]

Wie üblich wurden die Geschwister dem Besuch „vorgeführt". Johanna berichtet darüber:

„Ein Mann von bestrickender Liebenswürdigkeit, nahm er unsere Kinderherzen im Sturme ein. Nachdem wir ihm auf Papas Geheiß vorgespielt und vorgesungen hatten, setzte er sich ans Klavier und begann zu phantasieren. So hatten wir noch nie spielen gehört. Sprachlos stand Albert neben ihm, tief ergriffen, hingerissen von der Gewalt solcher Töne ... An diesem Tage kam ein neues Leben über ihn. Alle freien Stunden verbrachte er nun am Klavier, phantasierend und komponierend..."

Im selben Jahr noch schrieb Albert eine „Westmeyer-Ouverture", der Widmungsträger bedankte sich mit einem Bildchen, auf dessen Rückseite zu lesen ist: „Dem Componisten der „Westmeyer-Ouverture", seinem jungen und so talentbegabten Freunde, dem ‚Liebling der Frau Musika' z.f.E. von W.Westmeyer Weihnacht 76".

---

[65] *Wilhelm Westmeyer, geboren am 11.2.1829 in Iburg bei Osnabrück, hatte ab 1847 am Konservatorium in Leipzig studiert und lebte zeitweise in Wien. Von seinen zahlreichen Kompositionen (Opern: „Amanda", „Der Wald bei Hermannstadt", „Die Brandschatzung"; Männerquartette, Lieder) wurde am bekanntesten eine „Kaiserouverture" über die österreichische Volkshymne.*

Klavierspielen, Fantasieren und Komponieren genügten dem umtriebigen Albert jedoch bald nicht. Bei einer Zusammenkunft mit Cousins, Cousinen und Freunden entwickelte er seinen Plan, Hauskonzerte zu veranstalten und zu diesem Zweck einen „Musikverein Hermann" zu gründen. Er verstand es, alle dafür zu begeistern. Mutter Antonia wurde als „Protectorin" ausersehen, ein Amt, das sie gerne übernahm, wusste sie doch auch, dass zur Ausführung der Pläne ihre Mitwirkung gebraucht wurde.

Die Kinder gingen an das Projekt mit großem Eifer heran. Im Mitgliederverzeichnis findet sich neben Albert, Johanna und der noch nicht ganz fünfjährigen Tona der Name Hermann noch dreimal; die Kinder Marie, Josefine und Albert des Onkels Dr. Albert Hermann waren gleichfalls Vereinsmitglieder. Marie war 13 Jahre alt, Josefine 10. Ihr neunjähriger Bruder Albert wurde, um Verwechslungen zu vermeiden, als Albert jun. bezeichnet, was dem 13jährigen Direktor des Unternehmens die Führung des Namens „Albert sen." erlaubte. Als „Cassenverwalter und Decorateur" wurde der 15 Jahre alte Adolar Schübel bestellt, der Sohn eines pensionierten Rittmeisters; es gab auch einen „Ceremonienmeister", den elfjährigen Oskar Fleissner, den Sohn des uns bereits bekannten Sektionsrats im Unterrichtsministerium Franz Fleissner, der offenbar aus der Türkenstraße 3 weggezogen war und mit seiner Familie nun auch im Schottenhof (auf der 8. Stiege) wohnte. Als Schriftführer gewannen sie den 21jährigen Carl Czaja, einen Sohn von Alois Hermanns Schwester Josefine in Schwarzwasser, der sich in Wien in der Stiftgasse im 7. Bezirk aufhielt.

Dieser „Musikverein Hermann" war nicht das kurzlebige Ergebnis einer flüchtigen kindlichen Begeisterung; er hatte beinahe zwei Jahre Bestand und brachte einige Hauskonzerte hervor. Er wurde erst im März 1878 nach einem großen Abschiedskonzert aufgelöst, als es für die heranwachsenden jüngeren Mitglieder, den „Director" nicht ausgenommen, immer schwieriger wurde, neben den Anforderungen der Schule regelmäßige Übungsabende mitzumachen.

Für das zweite Konzert des Vereins im April 1877 gab es sogar gedruckte Programmzettel! Albert trat als Chorleiter, Pianist und Komponist in Erscheinung. Er hatte zwei Lieder komponiert, das eine, „Die

Jahreszeiten", sang Johanna allein, das andere, ein Duett „Kampf des Sommers und Winters", Johanna und Albert jun.[66] Eine weitere Komposition Alberts, eine „Savoyarden-Serenade" für Klavier, trug dieser natürlich selbst vor. Johanna und ihre Cousine Marie brachten am Klavier ein oberösterreichisches Volkslied zu Gehör. Im Anschluss an dieses Konzert wurden zwei Ehrenmitglieder ernannt: Sektionsrat Franz Fleissner und Alberts Förderer Wilhelm Westmeyer.

Das letzte Konzert am 30. März 1878 beschreibt Johanna als „das glanzvollste Fest unserer Kindheit".

Nach Alberts Plan war es eine „Concurrenz", ein musikalisch-deklamatorischer Wettstreit, bei dem jeder sein Bestes geben sollte. Er selbst – als Director! – beteiligte sich nicht daran, sondern improvisierte als letzte Darbietung über drei vom Publikum ausgewählte Themen.

Der Programmzettel enthielt einen neuen Namen: Marianne von Päumann, die Tochter des Johann Freiherr von Päumann, Bibliothekar im Unterrichtsministerium.

Johanna, die „eine unbeschreiblich süße Sopranstimme hatte",[67] beteiligte sich am Gesangswettbewerb mit einem selbst komponierten Melodram „Aus dem Aquarium". Tona, nun sechs Jahre alt, trat sowohl in der Konkurrenz „Declamation" mit dem Vortrag eines Gedichts „Das Häschen" auf, als auch im Gesangswettstreit mit einer „Ballade vom Lämmchen" und erhielt als Preis ein kleines, mit Bonbons gefülltes Reisetäschchen.

Die organisatorischen Vorarbeiten für diese Veranstaltung waren gewaltig. Die Eltern stellten die ganze Wohnung zur Verfügung: da gab es einen Konzertsaal, ein Künstlerzimmer, eine Garderobe, einen Platz für das Preisgericht und sogar eine „Künstlerloge" – darauf hatte Albert bestanden. Alles Mobiliar, das nicht benötigt wurde, wurde im Elternschlafzimmer gestapelt.

---

[66] *Johanna schrieb die beiden Lieder nach dem Tod Alberts aus dem Gedächtnis nieder und veröffentlichte sie in den „Erinnerungen"*
[67] *Tona, Memoiren*

Die Schlussnummer, Alberts Improvisationen am Klavier, beschreibt Johanna als den Höhepunkt des Abends. Albert hatte die Textanfänge aller ihm bekannten Lieder und Arien auf kleine Zettel geschrieben und ließ das Publikum drei davon ziehen. Über diese drei Themen improvisierte er frei.

„Er löste die selbstgewählte Aufgabe glänzend, zum Staunen aller Anwesenden. Phantasierte er doch schon als Knabe relativ viel besser, als er aus Noten spielte, und standen ihm dabei Ausdrucksmittel zugebote, die er sonst nicht besaß!"

Nach der feierlichen Preisverleihung, bei der natürlich jedes Mitglied bedacht wurde, gab es noch eine Tafel mit Sekt (für die Erwachsenen) und Trinksprüchen und schließlich einen Ball bis in die frühen Morgenstunden.

Vom Vater Alois Hermann ist im Zusammenhang mit dem „Musikverein" nirgends die Rede, er hielt sich in wohlwollender Distanz, denn nach seiner Überzeugung waren die Kinder zwar ungewöhnlich begabt, doch dienten die künstlerischen Aktivitäten nicht dem Lebenszweck, etwas Ordentliches zu lernen, um später einen Beruf auszuüben. Es war die Mutter, die mit großem persönlichen und sicher auch finanziellen Einsatz unter Zuhilfenahme des Haushaltsbudgets die künstlerischen Ambitionen ihrer Kinder förderte. Sie nahm ihre Aufgabe als „Protectorin" des Vereins sehr ernst.

Ich mache zeitlich einen kleinen Schritt zurück: In der letzten Klasse der Unterstufe des Gymnasiums war Albert häufig krank gewesen und sollte sich in den Ferien vor dem Eintritt in die Oberstufe in guter Luft erholen. Die Familie verbrachte einige Wochen in Salzburg. Dass der Vater während der gesamten Dauer des Aufenthalts anwesend gewesen wäre, ist wenig wahrscheinlich, doch stellte er den Kontakt zu dem Direktor der Lehrerbildungsanstalt, Dr. Bekk, her. Dieser machte die Familie dann mit dem Musikprofessor Josef Wörnhart, dem früheren Leiter der Salzburger Liedertafel, bekannt. Wörnhart erkannte rasch die Begabung Alberts und widmete sich ihm daraufhin intensiv, ließ ihn auf der Orgel üben und unterwies ihn in Theorie. In der Ferienwohnung wurde sogar ein Harmonium aufgestellt. Albert war in seinem Element. „Vormittagelang vergrub er sich im Mozarteum … Er ging auf in

Zukunftsträumen, dachte und fühlte nichts als Musik." Auch hier war die Mutter an seiner Seite und nahm an seinem Glück tätigen Anteil.

Dass Albert von Westmeyer Unterricht erhalten hätte, geht aus den Quellen nicht hervor, ist aber wenig wahrscheinlich. Westmeyer empfahl den Eltern, Albert in die Orgelschule des „Cäcilienvereins" aufnehmen zu lassen.

Im Herbst 1878 begann für Albert der „Ernst des Lebens". Mit dem Eintritt in die Oberstufe des Gymnasiums hatte er mehr Zeit als bisher für die allgemeine Bildung aufzuwenden. Nachdem aber alle Fachleute seine musikalische Begabung bestätigt hatten, sollte er zusätzlich nun auch auf diesem Gebiet eine erstklassige Ausbildung erhalten. Für die Vervollkommnung des Klavierspiels engagierten die Eltern einen neuen Klavierlehrer, dem ein guter Ruf vorauseilte: Heinrich von Bocklet. Dieser junge Mann, der am Beginn einer Karriere als Musikpädagoge und Pianist stand[68], besaß ein großes methodisches Wissen und Können, das er im Unterricht mit der nötigen Strenge dem Schüler zu vermitteln verstand. Albert hatte damit Schwierigkeiten und es kam zunächst zu „ernsten Reibungen" mit dem Lehrer. Bocklet behielt zum Vorteil Alberts die Oberhand. Auch Johanna erhielt von ihm Klavierunterricht.

In den theoretischen Fächern sollte der Besuch der Orgelschule des Cäcilienvereins Albert in erster Linie das nötige Wissen vermitteln. Die Orgelschule des Cäcilienvereins stand unter der Leitung von Josef Böhm. Die Begegnung mit diesem hervorragenden Musiker war für den weiteren Lebensweg Alberts von größter Tragweite, weshalb ich auf diese Persönlichkeit näher eingehe.

---

[68] *Heinrich von Bocklet (1850–1926) österreichischer Musikpädagoge und Komponist; in der „Neuen Freien Presse" vom 20.10.1895 – Albert war damals im Musikreferat der Zeitung tätig – wurden ausführlich „Clavier-Lese-Abende" angekündigt, in denen Bocklet zweimal wöchentlich Interessenten das vier- bzw. achthändige Klavierspiel (auf zwei Klavieren) ermöglichte.*

Josef Böhm

Abbildung 17: Josef Böhm

Der 1841 in Mähren geborene Josef Böhm[69], in Brünn zum Lehrer ausgebildet, kam 1864 nach Wien, wo er zunächst als Klavierlehrer Beschäftigung fand, ehe ihn der damalige Regenschori an St.Michael, Franz Krenn, „entdeckte" und ihm 1865 zur Erlangung der vakanten Organistenstelle an dieser Kirche verhalf. Etwa zur selben Zeit wurde Böhm auch Leiter des Musikunterrichts am Noviziat der Schulbrüder im Waisenhaus am Rennweg und 1867 Regenschori an der Mariahilfer Kirche.

Böhm verfolgte mit geradezu kämpferischem Einsatz das Ziel einer tiefgreifenden Reform der Kirchenmusik in teilweiser Anlehnung an die Ideen der cäcilianischen Bewegung, die von Deutschland ihren Ausgang genommen hatte. Die „unliturgischen" konzertierenden Instrumentalmessen (vor allen Dingen die Blechblasinstrumente, das „blecherne Kalb", wie er es nannte) wollte er aus dem Gottesdienst verbannen und an ihrer Stelle den gregorianischen Choral und die Vokalpolyphonie im Stil Palestrinas gepflegt sehen. Gerade in Wien mit seiner reichen kirchenmusikalischen Tradition traf dieses Vorhaben auf heftigen Widerstand, nicht zuletzt auch bei großen Teilen des Klerus.

1868 gründete Böhm eine private Musikschule und wurde zudem auch zum Musiklehrer an der Lehrerpräparandie in St. Anna, der damaligen Lehrerbildungsanstalt, bestellt. Mit dem Musikunterricht an dieser Schule war ein „Verein zur Beförderung echter Kirchenmusik" betraut. Böhm krempelte diesen Verein um und machte daraus 1871 den „Wiener Cäcilien-Verein". Dieser gründete eine eigene Musikschule

---

[69] *Ausführliche Darstellung: Mantuani, Josef: Prof. Josef Böhm, Abriss seines Lebens und Wirkens, Wien 1895*

mit Böhm als Leiter, sodass es nun zwei Musikschulen unter Böhms Führung gab.

Böhm war nicht nur ein charismatischer Lehrer, Chormeister und Organist sondern trat mit seinem Reformprogramm in zahlreichen Abhandlungen[70] auch als Theoretiker an die Öffentlichkeit. Wissenschaftliche Unterstützung fand er darin vor allem bei dem prominenten Musikhistoriker August Wilhelm Ambros: die alten kirchlichen Tonwerke sollten nicht nur von Historikern studiert sondern auch einem bildungsbedürftigen Publikum zu Gehör gebracht werden. Aus der Verfolgung des gemeinsamen Ziels erwuchs zwischen Ambros und Böhm eine persönliche Freundschaft, die 1876 durch den plötzlichen Tod Ambros' jäh beendet wurde.

Wenn im liturgischen Alltag seine Reformbestrebungen auf Widerspruch stießen, war Böhm unnachgiebig. Diplomatie war seine Sache nicht. 1875 verließ er den Posten an der Mariahilfer Kirche im Streit mit dem „uneinsichtigen" Pfarrer, wurde aber 1876 in Anerkennung seiner Leistungen zum Musiklehrer im erzbischöflichen Priesterseminar und 1877 zum Kapellmeister der Kirche „Am Hof" bestellt. Dort stand der Pfarrer den Reformen aufgeschlossen gegenüber.

Selbst im Cäcilienverein mehrten sich die kritischen Stimmen gegen Böhm, keineswegs alle Mitglieder des Vereinsvorstands waren mit dem rigorosen Reformkurs Böhms einverstanden. Die Bedenken waren nicht von der Hand zu weisen, lesen wir doch in einer Streitschrift der Gegenseite, dass dem „unkünstlerischen, von Herrn Böhm empfohlenen Vorgehen, wonach die unsterblichen Werke unserer größten

---

[70] *nur beispielsweise seien angeführt: „Praktische Elementar-Gesang-Schule zum Gebrauch für Musiklehranstalten, Seminarien, Realschulen und Gymnasien" F. Rörich,Wien 1872; „Zur Reform der Kirchenmusik" in „Berichte und Rechnungsausweise des Cäcilienvereins", Wien 1872; „Der Gesangunterricht und dessen notwendige Reform an den öffentlichen Schulen Österreichs", Mayer & Comp., Wien 1876; „Der gegenwärtige Zustand der Kirchenmusik und des kirchlichen Volksgesanges in Wien und Umgebung", Mayer & Comp., Wien 1876.*

vaterländischen Tonkünstler Haydn, Mozart und Beethoven von unseren Kirchenchören verbannt werden sollen, für alle Zukunft Einhalt geboten werden solle."[71]

Böhm verließ 1880 den Cäcilien-Verein und zog Schüler der Vereinsschule an seine private Musikschule. Im selben Jahr gründeten seine Anhänger einen „Niederösterreichischen Kirchenmusikverein", der wenig später in „Verein St. Ambrosius" umbenannt wurde. Wenngleich der heilige Ambrosius mit der Kirchenmusik eng verbunden ist, ist es wahrscheinlich kein Zufall, dass der Vereinsname auch an Böhms Freund und Förderer August Wilhelm Ambros erinnert. Böhm selbst ließ sich zwar nicht in den Vereinsvorstand wählen, wurde aber zum Vereinskapellmeister ernannt und übernahm überdies die Leitung des aus dem Chor des Cäcilienvereins hervorgegangenen „Chors des Ambrosiusvereins", hatte also faktisch das Heft in der Hand.

Alberts Gymnasialzeit

Während des Schuljahrs war Albert nun mit Gymnasium, Orgelschule und Klavierunterricht mit entsprechenden Übungszeiten voll ausgelastet. An größere Unternehmungen wie die Veranstaltung von Hauskonzerten war nicht zu denken.

Im Schottengymnasium verstand es der Deutschprofessor, P. Hugo Mareta, in Albert die Begeisterung für Literatur im Allgemeinen und insbesondere für einen geschliffenen sprachlichen Ausdruck bei der Abfassung von Aufsätzen zu wecken. Damals entwickelte Albert die beneidenswerte Fähigkeit, einen Aufsatz oder Artikel im Kopf zu entwerfen und ohne schriftliches Konzept soweit fertig zu stellen, dass er ihn schließlich in einem Zug niederschreiben konnte.

Nun erwachte in Albert auch die Begeisterung für das Theater. Die Geburts- und Namenstagsfeste der Eltern dienten ihm und den Schwestern als Vorwand, trotz der Zeitknappheit kleine Theaterszenen einzu-

---

[71] *Mantuani, Josef: Prof. Josef Böhm, Abriss seines Lebens und Wirkens, Wien 1895, S 8*

studieren und im Kreis der engsten Familie als „Überraschung" vorzuführen. Für die Mutter hielt sich der Überraschungseffekt meist in Grenzen, denn die Einrichtung einer möglichst vollständigen Bühne mit Kulissen, Schnürboden und Vorhang war nur mit ihrer Hilfe zu lösen. Lassen wir Johanna erzählen:

„Arme Mama! Ärmste Hausfrau! Was an Leitern, Stricken, Haken und Werkzeugen im Hause vorhanden war, schleppten wir auf Alberts Befehl in sein Zimmer, wo er nach Ausprobung des unbenützten Lampenhakens in der Decke einen wahrhaft großartigen Schnürboden construierte. Es war sogar Decorationswechsel bei offener Scene möglich. Im Schweiß unseres Angesichtes arbeiteten wir bis zum Abend. Meine schüchterne Frage, ob man die letzte halbe Stunde nicht lieber einer Bühnenprobe als der weiteren Ausschmückung des ,Zimmers im Palaste des Orpheus' zuwenden sollte, ging verloren. Albert versicherte mich nochmals, Hauptsache sei die Illusion."

Diese Vorarbeiten dienten der Aufführung eines Stücks für Kindertheater über den Orpheusmythos im Mai 1879 zum Hochzeitstag der Eltern. Albert hatte es irgendwo ausgegraben. Die Aufführung ging beinahe ohne Zwischenfälle über die Bühne. Wegen des großen Erfolges des Theaterabends riefen die Kinder ein häusliches „Wurstltheater" ins Leben. Natürlich war Albert stets der Kasperl. Die Verwendung überlieferter Texte wurde ihnen rasch zu langweilig, Albert ging daher dazu über, Szenen selbst zu entwerfen. Zum Hochzeitstag 1880 führten die Geschwister zur großen Freude und Rührung der Gefeierten ein kleines von Albert verfasstes Lustspiel „Zum Hochzeitstag" auf.

In den großen Ferien konnte Albert, befreit von Schulzwängen, seiner schöpferischen Fantasie freien Lauf lassen. Die „Sommerfrischen" wurden auf diese Weise Schauplatz von Spektakeln aller Art, in die meist die Sommergäste und zum Teil auch die Einheimischen einbezogen wurden. So lud am 2. August 1879 das „Vergnügungs-Comité in Schwarzau" (im Gebirge; Obmann natürlich Albert Hermann) das „hochgeehrte Fremden-Publikum" zu einer Darstellung der „Jagdgruppe aus dem Wiener [Makart] Festzug" ein, der am 27. April dieses Jahres über die Wiener Ringstraße gezogen war.

Noch aufwendiger trieben es die Geschwister im August 1881 – Albert hatte eben erst seinen 17. Geburtstag gefeiert. Sie brachten gemeinsam mit den Kindern anderer Sommergäste ein von Albert gedichtetes und komponiertes „Singspiel aus den österreichischen Alpen" in 2 Akten „Auf der Alm" zur öffentlichen Aufführung. Das Personenverzeichnis weist sieben Rollen aus, einige der Darsteller waren schon zwei Jahre zuvor in Schwarzau am Werk gewesen. Albert trat in einer Gruppe von

Abbildung 18: Johanna, ca.1880

Abbildung 19: Tona, ca.1880

Touristen als Mr. Mongs auf. Die dreizehnjährige Johanna spielte eine „Almerin" namens Annamirl, die weibliche Hauptrolle. Ihren Bruder Hansl spielte „Pipi", die zehn Jahre alte Tona!

Nicht nur den Gesang entdeckte Tona schon in ihrer frühen Kindheit, sie hatte noch andere künstlerische Ambitionen, die die Mutter vor eine weitere Aufgabe stellten: Im Alter von sieben Jahren fasste sie den Entschluss, Balletttänzerin zu werden.

„Erst als ich erfuhr, dass die Tänzerinnen, die ich wegen ihrer kurzen Tanzkleider für Kinder hielt, erwachsene Mädchen waren, zerfiel mein Traum in Enttäuschung.

Meine Tanzsehnsucht konnte ich aber doch stillen. Meine engelsgute Mutter, die uns vernünftige und auch unvernünftige Wünsche in ihrer unendlichen Liebe und Einfühlung in die jungen Herzen zu erfüllen trachtete, nähte mir aus ‚Tarlatan' [steifem Tüll] ein rosa Schichtentanzkleidchen, ich bekam die gleichfarbigen Strümpfe und Seidenschüchelchen dazu. Im Salon wurde die Garnitur zusammengeschoben, und ich konnte mich zu den Fantasien, die mein genialer Bruder allabendlich im finsteren, nur durch den Schein des Straßenlichtes erhellten Zimmer spielte, ‚austanzen'.[72]

Auch Johanna nahm an diesen häuslichen Ballettaufführungen teil. Den Mädchen kam dabei zugute, dass der Vater (!), von der Mutter am Klavier begleitet, ihnen schon in früher Jugend die ersten Tanzschritte beigebracht und Quadrille und Rundtänze geübt hatte.

Im Jahr 1880, Johanna war 13, Tona 9 Jahre alt, beschlossen die Eltern „in andauernder Abneigung gegen öffentliche Volksschulen"[73], die beiden Töchter das Institut Hanausek besuchen zu lassen, ein 1869 gegründetes privates Lehr- und Erziehungsinstitut für Töchter gebildeter Stände. Tona bemerkt in ihren Memoiren sarkastisch, die Hauptgegenstände seien dort gutes Benehmen und Französisch, der Unterricht im Übrigen nur auf „geistigen Mittelstand" gestellt gewesen.

„Hingegen lernten wir ‚Grüßen', ein Zimmer betreten ohne den Rücken zu kehren, Laden ohne Geräusch aufzumachen, einen herabgefallenen Gegenstand der Besitzerin mit Kompliment und Kniebeuge zu überreichen."

Wöchentlich gab es Tanzstunden, eine ehemalige Solotänzerin der Hofoper lehrte die damals üblichen Tänze. Zum jährlichen Ball, den die Vorsteherin des Instituts mit köstlichen Scherzen und Überraschungen zu einem wirklichen Unterhaltungsabend machte, wurden auch junge Herren eingeladen.

„Als diese Frau meinen Bruder Albert kennenlernte, nahm sie sofort Besitz von ihm. Die ‚Schule' wurde fortan ein Boden für Opern- und

---

[72] Tona, Memoiren
[73] Tona, Memoiren

Schauspielkunst. Unsere selbst erfundene Parodie auf ,Des Sängers Fluch' mit melodramatischer Klavieruntermalung durch meinen Bruder, meine Schwester als ,König', mich als jungen singenden Gefährten des fluchenden Sängers hatte einen durchschlagenden Erfolg. Man prophezeite uns allen Dreien eine glänzende Künstlerlaufbahn. "[74]

Dem strengen Vater blieb all dies natürlich nicht verborgen, und nachdem er an seinem Grundsatz, die Kinder müssten erst „etwas lernen", unverrückbar festhielt, kam es im folgenden Herbst zu einem Schulwechsel. Johanna begann ihre Ausbildung in der Staatslehrerinnenbildungsanstalt, Tona wurde in die Übungsschule der Anstalt aufgenommen. In seinen Memoiren schrieb Alois Hermann

„... ließ ich beide Töchter die staatliche Lehrerinnen-Bildungsanstalt in Wien, an deren Organisation im Grunde des neuen Reichsvolksschulgesetzes ich den wesentlichsten Antheil hatte und von der ich überzeugt war, dass Mädchen daselbst überhaupt die beste Ausbildung für's Leben erhalten können, besuchen und sowohl die Reife- als auch die Lehrbefähigungsprüfung ablegen, welche Prüfungen beide mit Auszeichnung bestanden haben".

Das einjährige Intermezzo im Institut Hanausek überging er diskret.

Ihre tänzerischen Ambitionen verfolgte Tona später nicht weiter. Die entscheidenden Anregungen, eine sängerische Laufbahn einzuschlagen, gingen von ihrer Mutter aus.

Tona war noch ein Kleinkind, als Mutter Antonia wieder ihre Gesangsausbildung aufnahm. Mit der ersten Lehrerin, die dafür ausgewählt wurde, hatte sie kein Glück. Tona berichtet, dass sie bei einer der Gesangsstunden anwesend war und sah, wie die Lehrerin ihrer Mutter einen Holzspan in den Mund steckte. Die Schülerin sah dabei nicht glücklich drein, vielleicht ergab sich durch den Fremdkörper im Mund auch eine ungewohnte Tonbildung. Jedenfalls geriet Tona in Angst und lief laut schreiend in die Küche, um Hilfe zu holen. Der Vorfall ließ Zweifel an der Richtigkeit der Lehrmethode aufkommen und führte zur Beendigung des Unterrichts mit dieser Lehrerin.

---

[74] *Tona, Memoiren*

Zum Bekanntenkreis von Westmeyer zählte Carl Maria Wolf, ein ehemaliger Tenor der Budapester Hofoper[75], der im Ruhestand in Wien Gesangsstunden gab. Ihm sang Antonia vor. Sein begeisterter Ausruf „Das ist ja eine zweite Wilt!"[76], und der Vorschlag, sie innerhalb von zwei Jahren zu einer ersten Opernsängerin auszubilden, sorgten für begreifliche Aufregung in der Familie, doch verzichtete Antonia nach einiger Überlegung auf eine Sängerkarriere[77]. Hingegen nahm sie bei Wolf regelmäßig Stunden, bei denen auch die Kinder zuhören durften und manche Kenntnisse erlangten. Am meisten, so berichtet Johanna, profitierte Albert, „dem ein für allemal der Clavierpart übertragen worden war. Er lernte nicht nur gut begleiten, sondern auch flink transponieren".

Im Spätsommer 1880 traf die Nachricht ein, Westmeyer sei in Bonn plötzlich verstorben. Für Albert war es „der erste große Schmerz seines Lebens. Er beweinte den edlen, von ihm so innig geliebten Menschen lange und konnte sich über seinen Verlust nicht trösten." Eine sonderbare Verkettung von Umständen führte dazu, dass gerade der Tod Westmeyers entscheidende Bedeutung für Alberts Laufbahn erlangte.

Der Ambros'sche Nachlass

In Westmeyers Nachlass befand sich eine reichhaltige musikalische Bibliothek mit vielen Manuskripten seiner eigenen Werke. Teil dieser Bibliothek war aber auch die wertvolle musikalische Hinterlassenschaft des Wiener Musikwissenschaftlers und Komponisten August Wilhelm Ambros[78]. Im Zuge seiner Arbeit an der „Geschichte der Musik" hatte

---

[75] *Wolf, Carl Maria (eig. Karoly Farkas) * 20.9.1820 Budapest, † 21.1.1907 Wien. Sänger (Tenor), Gesangpädagoge (Österreichisches Musiklexikon)*
[76] *Marie Wilt (1833 – 1891, österreichische Sängerin (hochdramatischer Sopran); sie begann erst mit dreißig Jahren ihre Gesangsausbildung.*
[77] *Tona, Memoiren*
[78] *August Wilhelm Ambros (1816 –1876), Musikschriftsteller und Musikhistoriker, u.a. Mitarbeiter an Schumanns Neuer Zeitschrift für Musik, 1869 Professur in Prag, 1871 am Konservatorium in Wien, Leiter der kunst- und musikgeschichtlichen Studien des Erzherzogs Rudolf. Verfasste eine Geschichte der Musik (unvollendet; von fünf geplanten Bänden erschienen nur drei).*

dieser in zahlreichen Archiven gestöbert, vor allem in Italien und Deutschland, und hunderte Kompositionen alter Meister abgeschrieben, mit historischen und biographischen Notizen versehen, und auf diese Weise eine für die Musikwissenschaft höchst wertvolle Sammlung angelegt.

Ambros starb unerwartet (an Rotlauf) im Jahr 1876, kurz vor Erreichung seines sechzigsten Lebensjahrs.

Ambros hatte wiederholt den Wunsch geäußert, die Sammlung solle nach seinem Tod in Österreich verbleiben. Westmeyer, der mit Ambros befreundet war, kaufte sie – jedenfalls noch vor dem Sommer 1877 – den Erben ab. Dabei überbot er Angebote aus dem Ausland. Er beabsichtigte, „einem österreichischen Kunstinstitute diese Juwelen kirchlicher und weltlicher Tonkunst seinerzeit als Geschenk zu überweisen".

Bevor er dieses Vorhaben verwirklichen konnte, starb 1880 Westmeyer selbst. Sein plötzlicher Tod stellte die Abwicklung in Frage, vermutlich sahen sich seine Erben nicht an die Schenkungsabsicht des Erblassers gebunden. Neuerlich bestand die Gefahr, die Sammlung könnte an ausländische Interessenten verkauft werden.

Zum Freundeskreis von August Wilhelm Ambros gehörte, ich habe es bereits erwähnt, auch Josef Böhm. Ambros und er hatten auf dem Gebiet der Alten Musik eng zusammengearbeitet. Ambros lieferte dem Musiker Böhm die wissenschaftlichen Grundlagen für seine praktische Tätigkeit.

Böhm hatte sich sehr bemüht, den Freund nicht in Vergessenheit geraten zu lassen. In der 1878 von ihm gegründeten Zeitschrift „Wiener Blätter für Kirchenmusik" ließ er als ersten Artikel einen Aufsatz von Ambros von 1875 abdrucken: „Zur Reform oder Regenerierung der Kirchenmusik". Einige Zeit später änderte er den Namen der „Wiener Blätter für Kirchenmusik" in „Ambrosiusblatt". Böhm veranstaltete auch eine Sammlung für die Errichtung eines Grabdenkmals für Ambros auf dem Grinzinger Friedhof.

Böhm kannte natürlich die Größe und Bedeutung der Notensammlung von Ambros und wusste spätestens seit dem Artikel in der „Musica sacra", dass diese Sammlung in den Besitz Westmeyers gelangt war. Es liegt nahe, dass Böhm nach dem Tod Westmeyers Mittel und Wege suchte, eine Verbringung ins Ausland zu verhindern.

Noch eine zweite Persönlichkeit verfolgte dasselbe Ziel: der junge Musikwissenschaftler Guido Adler. Böhm hatte ihn als wissenschaftlichen Berater gewonnen. Adler promovierte 1880 bei Eduard Hanslick als Musikhistoriker und habilitierte sich 1882. Im April dieses Jahres hielt er auf Einladung Böhms bei der Generalversammlung des Ambrosiusvereins einen Vortrag „Über die Keime der Harmonie"[79].

Im Herbst 1882 trat Albert als frisch gebackener Jusstudent dem Ambrosiusverein als Mitglied bei und lernte dadurch Adler kennen. Johanna schreibt:

„Auf gegenseitige herzliche Sympathie gründete sich alsbald ein reger geistiger Verkehr. Man musicierte häufig miteinander, ging gemeinsam Partituren moderner Werke durch."

Albert bekam Westmeyers (und Ambros') Nachlass zu Gesicht und war davon hingerissen. Es war sein sehnlichster Wunsch, in den Besitz der Sammlung zu gelangen. Immer wieder lag er den Eltern in den Ohren, es wäre jammerschade, wenn diese Schätze ins Ausland gelangten, sie könnten doch als Käufer auftreten. Es liegt die Vermutung nahe, dass Böhm und Adler ihn dabei wärmstens unterstützten. Sie rechneten wohl auch damit, dass Alberts Vater als hoher Beamter des Unterrichtsministeriums günstigen Einfluss auf das Projekt nehmen würde.

Das Vorhaben gelang. Wie es zum erfolgreichen Abschluss kam, welche Hürden im Detail überwunden werden mussten, und welcher Preis ausgehandelt wurde, hat Johanna in ihrer Biographie nicht erwähnt. Sie berichtet nur knapp, dass Albert zu Weihnachten 1882 die Bücher Westmeyers unter dem Christbaum fand und „wenig später" auch die Ambros'sche Hinterlassenschaft erhielt. Eine perfekte Weihnachtsüberraschung!

Welchen entscheidenden Einfluss auf seine Entwicklung und seine berufliche Laufbahn das Erbe Westmeyers tatsächlich hatte, geht aus Alberts Ansuchen an den Kaiser um Promotion sub auspiciis hervor,

---

[79] Mantuani, *Prof.Josef Böhm, Abriss seines Lebens und Wirkens*, Wien 1895, S 42

das er wenige Monate vor seinem Tod (1895) verfasste. Ich zitiere aus dem erhalten gebliebenen Konzept für dieses Gesuch:

„Die mächtigste Anregung, mich speciell musikwissenschaftlichen Studien zu widmen, erhielt ich, als es mir im Jahre 1882 vergönnt war, den wertvollen handschriftlichen Nachlass des berühmten Musikgel.[ehrten] Ambros zu erwerben, eine Sammlung von mehr als 1.500 Partit[uren] alter, größtentheils unbek. Musikwerke, welche damals in das Ausland verkauft werden sollten u. die ich den Intent.[ionen] Ambr. entsprechend im Jahr 1891 der Wiener Hofbibliothek überlassen habe."

Alberts Studentenjahre

Vor dem Sommer 1882 hatte Albert die Matura – natürlich mit Vorzug – abgelegt und war danach so abgespannt, dass die Familie sofort Wien in Richtung Sommerfrische verließ, diesmal mit dem Ziel Hainfeld. Sehr bald war Albert dort wieder voll Aktivität und scharte an die zwanzig Kinder, zumeist von Sommergästen aus dem Rheinland, um sich. Zu seinem Glück fanden sich Sänger, Geiger und Klavierspieler unter ihnen, sodass er zum Geburtstagsfest einer der Mütter eine künstlerische Produktion bisher ungekannten Ausmaßes veranstalten konnte. Am Vorabend des Festes gab es im Garten unter dem Titel „Zigeunerleben" ein „Tableau mit Musik und Tanz", für das Albert einen genauen Szenenablauf entwarf und eine Zigeunermusik für Geigen und Chor nach einem Gedicht von Johanna mit dem Titel „Zigeunerleben" komponierte. Am nächsten Tag leitete er eine musterhafte Aufführung eines Liederreigens „Die Jahreszeiten" von Josef Petz.[80]

Die Zeit, die ihm neben Proben und Aufführungen verblieb, verbrachte er gern auf einer „Schwärmerbank" im nahe gelegenen Wald. „Der Umstand, dass dieser reizende, lauschige Waldwinkel auch der ältesten blonden Zigeunerin theuer war, bot zu manchen Neckereien Anlass." Die beiden taten sehr geheimnisvoll und ergingen sich in unverständlichen Andeutungen, bis sich am Vortag der Abreise herausstellte, dass sie miteinander eine Novelle verfasst hatten: Sie hatten ohne vorherige

---

[80] *Petz, Josef * 27.1.1831 St. Andrä im Lavanttal/K, † 7.3.1911 Graz. Lehrer, Musiker, war als Komponist, Chormeister und Organist tätig.*

Absprache jeweils Fortsetzungen geschrieben und in einem Versteck unter der „Schwärmerbank" füreinander hinterlegt. Das Ergebnis dieser literarischen Tätigkeit ist leider nicht erhalten geblieben.

Ende September kehrte die Familie aus der Sommerfrische zurück und Albert begann Jus zu studieren. Er hätte sich dieses Fach selbst wohl nie ausgesucht – aber der Wille des Vaters setzte sich durch. Albert trug es mit Fassung, denn neben dem Studium blieb ihm ausreichend Zeit, seiner Neigung zu folgen und die musikalische Ausbildung voranzutreiben.

Böhm empfahl ihm, Kompositionsunterricht bei Franz Krenn zu nehmen. Krenn[81], der damals schon 66 Jahre alt war, genoss als Professor für Harmonielehre, Kontrapunkt und Komposition am Konservatorium höchstes Ansehen und war für angehende Komponisten in Wien eine allererste Adresse. Zu seinen Schülern zählten im Lauf der vielen Jahre seines Wirkens nachmalige Berühmtheiten wie Hugo Wolf, Gustav Mahler, Leoš Janáček, Julius Korngold, Ferdinand Löwe und Alexander Zemlinsky.

Als Lehrer und Förderer von Josef Böhm – er hatte ihm, wie schon erwähnt, zu seiner ersten Organistenstelle in St.Michael verholfen – war er auch prominentes Mitglied im Ambrosiusverein, zunächst als Vizepräses, später als Präses.

Als Kompositionsschüler Krenns musste sich

„Albert in allen Formen versuchen. Für eine Anzahl stimmungsvoller Lieder, mehrere Männerchöre, eine Claviersonate, verschiedene kirchliche Compositionen und eine Lustspiel-Ouverture erntete er das volle Lob des strengen Meisters"

und wurde einer seiner Lieblingsschüler. Als Krenn 1886 seinen siebzigsten Geburtstag beging, veranstaltete der Ambrosiusverein eine

---

[81] *Krenn, Franz, * 26. 2. 1816 Dross (Niederösterreich), † 18. 6. 1897 St. Andrä vor dem Hagenthale (Gemeinde St. Andrä-Wördern, Niederösterreich), Komponist und Lehrer. 1869-93 Professor am Wiener Konservatorium, berühmte Lehrerpersönlichkeit.(wikipedia)*

Feier, bei der eines der damals üblichen kleinen musikalischen „Festspiele" aufgeführt wurde. Die Musik hatte Albert komponiert. Er hielt auch die Laudatio für den Jubilar. Das Konzept dafür ist erhalten geblieben:

„Franz Krenn ist geboren 1816 in Baiern[82]. Seine Bedeutung in der Musikwelt basiert sich

auf seine Tätigkeit als Orgelvirtuose

als Dirigent

als Componist

als Pfleger der Kirchenmusik

als Lehrer.

ad 1. Krenn gilt als einer der ersten Orgelspieler: speciell in Österreich ist er Prüfungscommissär für das Lehramt der Orgelspieler.

ad 2. Als Dirigent erwarb er sich große Verdienste durch Aufführungen alter Musik, sowie von Oratorien und klassischen Werken der neueren Zeit.

ad 3. Krenn schrieb zahlreiche Messen, die sich durch große Schönheit und ein würdiges Maßhalten mit Instrumentalmitteln auszeichnen. Ferner schrieb Krenn Lieder, Chöre, Orgelsachen, Oratorien.

ad 4. Krenn hatte in den 40er Jahren in Mariahilf einen großen Kirchenchor, mit dem er die größten Werke Palestrinas, Orlando Lassus', Josquin de Près etc. aufführte. Er pflegte das Ideal der Kirchenmusik, den a-capella-Gesang (ohne Begleitung). Später übernahm er die Michaelerkirche, wirkte auch da noch fördernd und verbessernd auf kirchenmusikalischem Gebiete, ebenso wie als leitende Persönlichkeit beim ehemal. Cäcilienverein, und jetzt als Vice-Präses des Ambrosiusvereines.

ad 5. Die Zahl der Schüler Krenns ist schier nicht berechenbar. Aus allen Ländern, ja sogar aus Amerika kamen junge Leute, um bei ihm

---

[82] *Hier irrt Albert: Franz Krenn ist in Dross, NÖ geboren. Wie der Irrtum entstand, ist nicht bekannt.*

Compositionslehre zu studieren. Viele der geachtetsten lebenden Musiker sind seine Schüler gewesen. Er erteilte früher auch mit Erfolg Gesangsunterricht, ist gegenwärtig Professor der Compositionslehre am Wiener Conservatorium und erteilt auch Privatunterricht.

<u>Charakterzüge</u>: Ernst, etwas ängstlich und pessimistisch, in Kunstsachen auf Grund seiner langjährigen Erfahrung und Tätigkeit conservativ, dabei aber den neuesten Strömungen (Rich.Wagner, Liszt, Berlioz) nicht abhold. Liebevoll gegen jedermann, aufrichtig und <u>gemütlich</u>, sitzt gern zu Hause unterrichten. Schnupft sehr gern (historisch berühmte Tabakdose!), Freund von guten Witzen!"

Neben der theoretischen Fortbildung suchte Hermann auch praktische Betätigung auf dem musikalischen Sektor und fand sie bei Rudolf Weinwurm.

Rudolf Weinwurm

Abbildung 20: Rudolf Weinwurm

Rudolf Weinwurm, geboren 1835 in Scheideldorf, NÖ, war Sängerknabe in Zwettl, danach Hofsängerknabe in Wien. Er studierte Jus, wurde Mitglied der „Juristen-Liedertafel" und machte 1856 die Bekanntschaft Bruckners, mit dem er bis zu dessen Tod 1896 in enger Freundschaft verbunden blieb. Neben seiner jahrzehntelangen Tätigkeit im Akademischen Gesangverein (ab 1858) war Weinwurm 1865 bis 1878 auch Dirigent der Singakademie, 1866 bis 1880 Chormeister des Wiener Männergesangvereins und wurde 1880 Universitätsmusikdirektor. – In seinen zahlreichen Kompositionen, vor allem Chorwerken, beherrschte er den Stil seiner Zeit virtuos. Sein Wirken als

Musikerzieher und Chorleiter hatte einen merkbaren Einfluss auf das Wiener Musikleben in der zweiten Hälfte des 19. Jahrhunderts[83].

Albert trat nach seiner Matura sofort auch dem Akademischen Gesangverein bei und wurde noch im selben Jahr zum Schriftführer bestellt. Weinwurm zog ihn zur Klavier- oder Orgelbegleitung bei öffentlichen Auftritten heran und ließ ihn Proben und kleinere Aufführungen leiten. Weinwurm war schon vor Alberts Eintritt in den Akademischen Gesangverein ein lieber Freund des Hauses Hermann; im Lauf der Jahre vertiefte sich die Freundschaft zu besonderer Herzlichkeit. Über ein Gedicht „Ständchen" von Alois Hermann schrieb Weinwurm einen Männerchor mit Klavierbegleitung und widmete die Komposition dem Dichter.[84] Eine Aufführung durch den Landstrasser Männer-Gesangverein im Rahmen einer Frühlings-Liedertafel unter Chormeister Albert Decker in „A. Dreher's grossem Saale, III. Bez., Hauptstrasse Nr. 97" ist dokumentiert.

Außerdem unterrichtete Weinwurm in der Lehrerinnenbildungsanstalt in der Hegelgasse und kam so auch mit Johanna und Tona beruflich in Berührung. Darauf komme ich noch zurück.

Die Fortschritte Alberts in Theorie und Praxis der Musik hatten zur Folge, dass seine Ferienprojekte noch anspruchsvoller wurden. Im Sommer 1883 war die Familie wieder in Hainfeld. Dort veranstaltete der örtliche Verschönerungsverein im Gasthof „Zur Weintraube" am 4. August ein Konzert, an dem unter anderen ein Orchestermitglied der k.k. Hoftheater und eine Opernsängerin, Frl. Hilda Meissl, mitwirkten. Diese sang, von Albert begleitet, ein von ihm komponiertes „Frühlingslied". Offenbar hatte Albert dieses Konzert organisiert, denn er erhielt einige Tage danach ein Dankschreiben, in dem das Zustandekommen des Konzerts „seinen persönlichen Bemühungen" zugeschrieben und die Ablieferung des für den Verein bestimmten Reinerträgnisses von 20 Gulden bestätigt wurde.

---

[83] *auszugsweise zitiert aus Leopold Nowak in MGG, Kassel 1969, Bd.14, 418 f.*
[84] *Im Familiennachlass findet sich ein undatiertes eigenhändiges Widmungsblatt, das nachträglich in ein gedrucktes Exemplar der Komposition von 1899 (op.51) eingebunden wurde. Weinwurm starb 1896.*

Noch erheblich aufwendiger verlief die am 18.8.1883 zur Feier des Geburtstags des Kaisers veranstaltete musikalisch-deklamatorische Akademie zu Gunsten der Armen Hainfelds. Da gab es zur Einleitung eine vierhändige Fassung der „Kaiserouverture" von Westmeyer mit Albert am Klavier zu hören, vor der Pause sang Hilda Meissl Alberts Lied „Abschied" und als Zugabe sein „Frühlingslied"; im zweiten Teil trug Albert drei eigene Klavierkompositionen vor. Damit nicht genug verlas er eine „humoristische Schluss-Epistel", die ein Sangesbruder vom Akademischen Gesangverein verfasst hatte. In einem ausführlichen Bericht über diese Akademie im St.Pöltner Wochenblatt vom 19.8. heißt es:

"Wenn wir noch anführen, dass die Declamationen, der festlichen Bedeutung des Tages Rechnung tragend, von der Versammlung beifällig aufgenommen wurden, so darf nicht unerwähnt bleiben, dass die zum Schlusse ... eigens zu diesem Zwecke verfasste Humoreske von Herrn von Hermann so wirksam vorgetragen wurde, dass die Zuhörer nicht aus dem Lachen herauskamen."

Die Veranstaltung endete mit einer Lotterie. Nach Abzug der Ausgaben, insbesondere Honorar und Reisespesen eines Solisten und der „Knabenkapelle", Drucksorten, Einladungen, Blumenschmuck, Tischlerarbeiten, Klaviertransport, Bierrechnung für „Knabenkapelle", Feuerwehr und Kassier – Albert stellte diese Abrechnung penibel auf Heller und Pfennig auf – konnte er dem Verschönerungsverein ein Reinerträgnis von 100 Gulden für den wohltätigen Zweck übergeben. Er selbst verdiente dabei natürlich nichts.

Im Fasching 1884 veranstaltete der Akademische Gesangverein einen „Vergnügungsabend", bestehend aus einem kleinen Konzert unter Rudolf Weinwurm und anschließendem Tanz. Für diesen Anlass komponierte Albert einen Walzer „Jubiläums-Reminiscenzen", der einen Monat später auch noch in einer Carnevals-Revue im Volksgarten erklang, und zwar ausgeführt von der Regiments-Musik Wilhelms I. von Preussen.

Im Oktober 1884 rückte Albert zum 27. Feldjäger-Bataillon ein, um sein Freiwilligenjahr zu absolvieren. Er übernahm sehr bald auch in dieser neuen Umgebung wieder eine Art Führerrolle: Im folgenden

Fasching wurde er Präses des Comités des Balles der Einjährig-Freiwilligen. Johanna berichtet, dass Albert ein ausgezeichneter Tänzer war.

„Wir besuchten niemals zusammen einen Ball, ohne dass für mich eine Ehrentour abfiel. Sie dauerte in der Regel ziemlich lang, und ich gelangte stets mit einem kühnen Schwunge auf meinen Platz zurück. Dann hörte ich oft die lieben Worte: ,Mit dir geht's doch am allerbesten!'"

Ende März 1885 gab es im Akademischen Gesangverein aus Anlass des 50. Geburtstags von Rudolf Weinwurm eine „Solenne Semisäcularkneipe", für die Albert eine „Fest-Ouverture" schrieb.

Nach dem Ende seines Freiwilligenjahres wurde Albert mit Wirkung vom 1. Jänner 1886 zum Leutnant der Reserve ernannt. In den folgenden Jahren wurde er immer wieder zu den obligatorischen Waffenübungen einberufen, zuletzt im Jahr 1894.

Die Rückkehr vom Militärdienst zum Studium fiel ihm besonders schwer, die Versuchung, sich ganz der Musik zu widmen, war sehr groß. Sein Freund Guido Adler, der selbst auch Jurist war, versuchte sein Glück, den Vater umzustimmen, um Albert das Studium der Musikwissenschaft zu ermöglichen. Es war alles vergeblich. Weinwurm war da pragmatischer und vertröstete Albert, der nur noch ein Jahr bis zum Absolutorium hatte, auf die Zeit danach.

Die starre Haltung des Vaters ist verständlich. Die Beschäftigung mit der Musik, in welcher Form immer, bot in der damaligen Zeit keine ausreichende Existenzgrundlage. Gerade im Unterrichtsministerium hatte Alois Hermann das Beispiel des Künstlers oder Wissenschaftlers, der als Beamter arbeitete, um seine Lebensführung zu finanzieren, täglich vor Augen. Der Komponist des „Vogelhändler", Carl Zeller, zählte zu seinem Kollegenkreis. Von den Verfassern des Theaterstücks vom „polnischen Faust", Salomon Hermann Mosenthal und Johann Freiherr von Päumann, beide in der Bibliothek des Unterrichtsministeriums beschäftigt, war schon die Rede. Hanslick schreibt in seinen

Memoiren[85] ausführlich über die verschiedenen Stationen seiner Beamtenlaufbahn im Finanzdienst und später im Unterrichtsministerium. Er bewertete diese umso besser, je weniger er dort mit seinen eigentlichen beruflichen Aufgaben behelligt wurde. Er zählt einige Kunstjünger auf, die in ähnlicher Situation waren wie er selbst. August Wilhelm Ambros machte Dienst im Prager Fiskalamt, war später Oberstaatsanwaltstellvertreter und wurde 1871 ins Justizministerium berufen[86]. Nicht zuletzt praktizierte Guido Adler selbst kurz als Jurist am Handelsgericht in Wien, ehe er sich ausschließlich der Musikgeschichte widmete.

Natürlich bedeutete die Entscheidung des Vaters für Albert keinen gänzlichen Rückzug von der Kunst. Anfang 1886 schrieb er die Musik für das Festspiel zum siebzigsten Geburtstag Franz Krenns, von dem schon die Rede war; einige größere kompositorische Vorhaben blieben allerdings unvollendet. Bei einer Liedertafel des Akademischen Gesangvereins im Sofiensaal begleitete er seinen Freund, den Bariton Raimund Halatschka, der einige Lieder zum Besten gab. Von ihm werde ich noch ausführlicher berichten. Bei einer musikalisch-declamatorischen Production der Schüler des Akademischen Gymnasiums wurde Alberts Chor „Jung Werners Minnegruß" aufgeführt und bei der Sommer-Liedertafel des Akademischen Gesangvereins als Novität sein „Abschied" aufgeführt.

Im April 1886 kam es zu einer denkwürdigen "Erstaufführung": Albert hatte beim Studium des Ambros'schen Nachlasses das "Landsknechtständchen" von Orlando di Lasso entdeckt und im Druck herausgegeben. In einem Konzert des Akademischen Gesangvereins im Musikvereinssaal wurde dieses Juwel wieder ans Licht gebracht und erstmals der Öffentlichkeit vorgestellt.

Als Ausschussmitglied des Vereins beschäftigte sich Albert auch mit organisatorischen Themen, so etwa erarbeitete er "Vorschläge behufs

---

[85] *Eduard Hanslick, Aus meinem Leben. Herausgegeben von Peter Wapnewski, Bärenreiter 1987*

[86] *Guido Adler, August Wilhelm Ambros, in Neue Österreichische Biographie, Wien 1931 Abt.1 Band 7 S 33*

Einrichtung eines ‚Artistischen Comités'"[87]. 1886 wurde er zum ersten Schriftführer kooptiert, dem die "Kanzleileitung" oblag. Für derartige Vereinstätigkeiten hatte Albert seit seiner Kindheit, als er den „Musikverein Hermann" gründete, stets eine Schwäche.

Neben diesen Aktivitäten beendete Albert sein Jusstudium und erlangte das Absolutorium.

Danach ging es in die Sommerferien! Das Ziel war Hohenfurth, heute Vyšší Brod, 12 km nördlich von Bad Leonfelden in Tschechien gelegen. Dass es die letzten Ferien waren, die Albert mit der Familie verbrachte, war schon absehbar, denn im Herbst sollte er seine Beamtenlaufbahn beginnen. Zu den schönsten Erinnerungen Johannas zählten gemeinsame Wanderungen im Böhmerwald in den ersten zwei Sommerwochen.

„Länger sollte der Friede aber nicht währen. Es gab ja in Hohenfurth ... einen Musikverein. Auch fand unter der Leitung des sehr musikalischen Oberlehrers alljährlich am 18.August ein ‚Kaiserconcert' statt. Albert war bald die Seele des Ganzen. Selbstverständlich wusste er auch sämmtliche Sommergäste zu vereinigen und war unerschöpflich in Veranstaltungen zu ihrer Unterhaltung. Am Schlusse der Ferien die gewohnte Situation: eine Riesengesellschaft, an ihrer Spitze Albert."

Auf dem Programmzettel des Konzerts findet sich ein „Ständchen" für gemischten Chor und Baritonsolo aus Alberts Feder.

Die Vormittage verbrachte er wie schon in früheren Sommerfrischen im Wald, diesmal beim sogenannten „Leopoldfelsen", dichtend, träumend und schwärmend. Johanna berichtet von einer Romanze mit tränenreichem Ausgang, die ihr Bruder hier erlebte. Künstlerisches Ergebnis war ein sehnsüchtiges Gedicht, das später Freund Weinwurm zu einem schönen Lied mit dem Titel „Bitte" vertonte.

In diesen Jahren war Weinwurm ein künstlerischer Fixpunkt für die ganze Familie. Tona erhielt ab ihrem fünfzehnten Lebensjahr (1886) Gesangsunterricht, doch hatte sie mit ihren Lehrerinnen zunächst kein Glück; mit fehlerhaften Unterrichtsmethoden schadeten sie ihr mehr als

---

[87] *handschriftliches Konzept im Familiennachlass*

sie ihr nützten, sodass ihr die Freude am Singenlernen verleidet wurde. Zum Glück lag an der Lehrerinnenbildungsanstalt in der Hegelgasse, die Johanna und sie besuchten, der Gesangs-Chorunterricht in den Händen von Weinwurm. Tona erinnert sich:

„Durchaus Künstler, ohne Schulpedanterie, wurden seine Chorstunden zur Erholung und Freude. Er kannte uns Kinder von frühester Zeit, war den schönen Chorkompositionen meines Bruders ein warmer Förderer und kam an jedem Neujahrstag meinen Eltern Glück wünschen.

Als Universitätsmusikdirektor hielt Weinwurm auch bei uns an dem akademischen Viertel fest, und in der Wartezeit zogen mich die Kolleginnen zum Klavier, und ich musste vorspielen und vorsingen. Mehrmals geschah es nun, dass Weinwurm schon eingetreten war und, von den Mädchen verdeckt, mir zuhörte. Ganz gegen das Reglement der Anstalt setzte er sich dann manchmal ans Klavier und begleitete weiter oder er lud mich zu einer Doppelfantasie ein, indem er auf einem im Zimmer stehenden Harmonium ein Thema angab, über das wir nun abwechselnd Variationen improvisierten. Da wir zuhause auf unseren beiden Flügeln diesen Sport leidenschaftlich trieben, konnte ich dem Meister ganz gut sekundieren. Und die ‚Klasse‘ war beglückt.“[88]

Aus der Schilderung Tonas ergibt sich: In der Wohnung der Familie Hermann standen zwei Klaviere zur Verfügung, was fürs gemeinsame Improvisieren beträchtliche Möglichkeiten eröffnete, die die Geschwister reichlich nützten; in der Schule war Tona ihren Mitschülerinnen im Klavierspiel schon um ein gutes Stück voraus.

Weinwurm förderte Tona in jeder Weise. Bei der Schulmesse an Sonntagen kam es vor, dass er sie präludieren ließ, „als Belohnung“ erteilte er ihr Unterricht in Harmonielehre. Er ließ sie ein Marienlied als Messeinlage komponieren und selbst vor versammelter Lehrerschaft singen. Da gingen die Nerven mit ihr durch; sie zitterte, zwei Kolleginnen stützten sie, ihre Stimme zitterte, aber irgendwie schaffte sie es schließlich doch und erhielt großes Lob. Niemals später, so schreibt sie,

---

[88] Tona, *Memoiren*

auch nicht bei noch so verantwortungsvollen Auftritten, habe sie der Mut derart verlassen.[89]

Dass Weinwurm Johanna nicht minder schätzte und förderte als ihre jüngere Schwester Tona, beweist der Umstand, dass er ihr zwei Stücke für 4 Violinen in einfacher Lage widmete und im Sommer 1887 nach Hohenfurth schickte. Albert verbrachte diesen Sommer nicht mehr mit der Familie, vermutlich trat Johanna in seine Fußstapfen und führte diese Stücke mit Freundinnen bei einem Konzert auf.

Albert zog besonderen Nutzen aus dem großen Wohlwollen, das Weinwurm seinen Kompositionen entgegenbrachte. Er ließ sich diese vorlegen und übte gelegentlich „gediegene Kritik, die sich stets vom besonderen ins allgemeine Kunstgebiet hinüberspann und manche noch schwankende Ansicht [Alberts] dauernd festigte". Die meisten von Alberts Chorkompositionen wurden im Akademischen Gesangverein uraufgeführt, so „Jung Werners Minnegruß" (7.12.1885, Sofiensaal), „Abschied" (19.6.1886, k.k. Volksgarten), „Altdeutscher Minnespruch" (1886) und „An Marie" (7.12.1886, Sofiensaal). Der Umstand, dass der renommierte Chor Werke Alberts aufführte, trug sicher dazu bei, dass sie auch bei anderen Chören Eingang ins Repertoire fanden. Ein Katalog des Verlags Rebay & Robitschek von 1887 enthält „Jung Werners Minnegruß" für Tenorsolo, Chor und Orchester op. 3 und die Drei Männerchöre a capella op. 4. „Jung Werners Minnegruß" wird in diesem Katalog besonders angepriesen: „Das Tenorsolo ist höchst dankbar und wirkungsvoll mit der Chorbegleitung verwoben, die ganze Composition voll Poesie und von bestrickendem Reize."

Vor allem zwischen 1887 und 1889 sind etliche Konzerte verschiedener Chorvereinigungen und Liedertafeln dokumentiert, in denen Kompositionen von Albert aufgeführt wurden, so z.B. vom Wiener Männergesangverein, der Erstaufführungen mit einem Golddukaten als „Ehrensold" zu honorieren pflegte, vom Deutschen Männergesang-Verein in Prag, vom Neubauer Männergesang-Verein „Sängerlust", der

---

[89] *Tona, Memoiren*

Chorakademie des Ambrosius-Vereins, vom Hernalser Männergesang-verein „Biedersinn", vom Wiener Kaufmännischen Gesangverein, vom Wiener Sängerbund und anderen.

Es ist auffällig, dass nach 1888 kaum mehr neue Kompositionen hinzu-kamen. Die Produktion von Chorwerken im Liedertafelstil erfüllte Albert nicht. Er wendete sich mehr und mehr vom Komponieren ab; neue Aufgaben traten in den Vordergrund.

„Er war seinen Compositionen gegenüber immer ein sehr strenger Richter und hat nur einen kleinen Theil derselben herausgegeben. ‚Es hat ja gar keinen Sinn, heutzutage zu componieren, wenn man sich der Sache nicht ernstlich widmen kann. Wo sollte ich aber die Zeit dafür finden?'"

Im Herbst 1886 trat er in den Dienst der niederösterreichischen Statthalterei und begann damit seine Beamtenlaufbahn in der üblichen Weise. Für eine spätere Verwendung bei einem Ministerium, die seinem Vater vorschwebte, war das Sammeln von Erfahrungen bei den nachgeordneten Behörden von größter Bedeutung und wurde deshalb vorausgesetzt.

Daneben fand ein rastloser Mann wie Albert ausreichend Gelegenheit, seine sonstigen Interessen weiter zu verfolgen. Wichtige Anregungen kamen nun von Josef Böhm, der selbst eine beachtliche Tätigkeit als Musikschriftsteller entfaltete und in Gesprächen mit Albert immer wieder auf sein sicheres Urteil in musikalischen Fragen aufmerksam wurde. Böhm regte ihn zu Aufsätzen an und sorgte dank seiner Verbin-dungen dafür, dass der eine oder andere auch veröffentlicht wurde, so z.B. in der Wiener Tageszeitung „Vaterland". Die Absicht, die Böhm damit verfolgte, verwirklichte sich kurz darauf. Das „Vaterland" trug dem noch nicht dreiundzwanzigjährigen Albert die Übernahme des Musikreferats an, ein Anbot, das er nicht ausschlagen konnte.

Auch für Fragen der Mädchenerziehung begann sich Albert zu interes-sieren. Gemeinsam mit Gabriele Hillardt und Fanni Petritsch gab er 1887 eine Vierteljahresschrift „Die Jahreszeiten, eine Gabe für die der Schule entwachsene Mädchenwelt" heraus, die allerdings nur etwa ein Jahr lang Bestand hatte.

Albert lieferte für die „Jahreszeiten" in erster Linie musikalische Beiträge. In drei Musikbeilagen des Jahrgangs 1887 finden sich ein „Albumblatt" für Harmonium oder Klavier von Rudolf Weinwurm, zwei Klavierstücke „Sehnsucht" und „Mazurka" von August Sturm, Alberts Liedkompositionen „Röslein im Dornbusch" und „Wiegenlied" und eine „Romanze" für Violine und Klavier von Franz Willkomm. Mit „A.H." hat Albert einen umfangreichen Artikel „Von einem deutschen Tonmeister" über Carl Maria von Weber gezeichnet.

In den „Jahreszeiten" findet sich auch ein Beitrag „Wanderbilder aus dem Böhmerwald" von Leopold Fels. Das Pseudonym ist nicht schwer zu enträtseln. Albert hat damit seinem Lieblingsaufenthalt in Hohenfurth, dem Leopoldfelsen, ein Denkmal gesetzt. In fiktiven Tagebucheintragungen berichtet er über Wanderungen durch die Wälder, über Menschen, die er kennengelernt hat, gibt Geschichten wieder, die sie ihm erzählt haben, und zitiert sehr ausführlich Adalbert Stifter, dessen „Hochwald" er als einzige Sommerlektüre aus Wien mitgenommen hatte.

Die „Jahreszeiten" erschienen im Verlag der k.k. Hofbuchhandlung Karl Prochaska, Wien und Teschen. Karl Prochaska hatte 1872 Johanna von der Decken, also Alberts Tante, geheiratet. Der Erfolg Alberts, einen Verleger für das Projekt zu finden, war aber von kurzer Dauer. Im Lauf des Sommers 1887 dürfte Karl Prochaska erkannt haben, dass trotz einer Werbeeinschaltung in einer Tageszeitung für die Zeitschrift kein Interesse bestand, sodass er seinen Rückzug erklärte. Albert wandte sich daraufhin an den Verlag F.Tempsky-G.Freytag in Prag. Georg Freytag persönlich machte sich die Mühe, Albert am 1.10.1887 einen vier Seiten langen Brief zu schreiben und eine ausführliche Begründung für seine Absage zu liefern. Da heißt es:

„ ... Der Markt für literarische Erscheinungen in deutscher Sprache ist in Österreich überhaupt ein beschränkter. Das deutsche Publikum in Österreich ist, soweit es Publikationen dieser Art betrifft, mit Erscheinungen aus dem Deutschen Reich versorgt, und die slawische Bevölkerung Österreichs kauft deutsch geschriebene Bücher überhaupt so gut wie nicht.

Sind Sie jedoch ernstlich gewillt, Ihre „Jahreszeiten' ... fortzuführen, so dürfte dies nur mit Unterstützung der hohen Unterrichtsverwaltung möglich sein. Gelänge es der Fürsprache Ihres hochverehrten Herrn Vaters, die Unterrichts-Verwaltung zu einer jährlichen Subvention zu bewegen, oder würden von der Unterrichtsbehörde circa 500 Exemplare von jedem Heft zu einem ermäßigten Preis angekauft, dann ließe sich das Unternehmen vielleicht durchführen."[90]

Dazu kam es nicht. So scheiterte die erste Initiative Alberts, sich für die Frauenbildung einzusetzen, wegen allzu hoher Erwartungen, sein Interesse an der Sache blieb aber bestehen. Über seine Aktivitäten in späteren Jahren in dieser Richtung wird noch zu berichten sein.

Neben seinen schriftstellerischen Arbeiten beteiligte sich Albert im Frühjahr 1887 aktiv an den Veranstaltungen des Akademischen Gesangvereins. Bei einem Konzert im Bösendorfer Saal am 13. Februar übernahm er die Klavierbegleitung zu einem Vokalchor Weinwurms „Dem Andenken Richard Wagner's" und spielte den Klavierpart eines „Albumblattes" für Violine und Klavier von Richard Wagner. Bei der Sommerliedertafel am 22. Juni im Dreher-Park in Meidling dirigierte er seinen vierstimmigen Chor „An Marie" und bei der Schlusskneipe am 2. Juli in Dreher's Etablissement in Schwechat in der „III. Abtheilung", die zum geselligen Teil des Abends überleitete, einige Chöre, darunter wieder sein „An Marie".

Albert in Krems

In diese fruchtbare Zeit künstlerischer und schriftstellerischer Tätigkeit platzte die erwartete Versetzung zu einer auswärtigen Bezirkshauptmannschaft, und zwar nach Krems an der Donau mit Anfang August 1887. Bevor Albert dort seinen Dienst antrat, gönnte er sich noch ein paar Urlaubstage für einen Besuch der Bayreuther Festspiele, der für ihn zu einem großen Erlebnis wurde.

Vielleicht hatte Albert gehofft, einer der Hauptstadt näher gelegenen Dienststelle zugeteilt zu werden; er war keineswegs erfreut über die

---

[90] *Brief von G.Freytag vom 1.10.1887*

Veränderung, weil damit viele Kontakte, die er geknüpft hatte, unterbrochen oder wenigstens behindert wurden. Das Musikreferat der Tageszeitung „Vaterland", das ihm erst kurz zuvor übertragen worden war, konnte er zwar auch von Krems aus weiter betreuen, doch musste er schweren Herzens dem Akademischen Gesangverein den Rücken kehren. Weinwurm schrieb aus diesem Anlass einen Brief, eines der schönsten Dokumente im Familiennachlass:

„Da ich Dich vor meiner Abreise, die wahrscheinlich morgen erfolgt, kaum mehr sehen werde, so rufe ich Dir mit diesen Zeilen einen herzlichen Abschiedsgruß zu und danke Dir für Alles, was Du je mir und dem Akademischen zu leisten u. zu erweisen die Güte hattest. Dein Verlust ist unersetzlich und die Größe desselben kann nur derjenige ermessen, der das Glück Deiner Achtung und Freundschaft besitzt und die Größe Deines enormen Talentes, Deiner genialen Anlage zu würdigen versteht. Dieser Jemand bin ich und unsäglich hart wird mich Dein durch Deine Laufbahn bedingtes Fernsein vom Akademischen treffen. Trost wird mir und uns Allen die Hoffnung sein, Dich bald wieder unter uns zu sehen. Wir Zwei aber, lieber Albert, bleiben für alle Zeiten verbunden! Dies hofft und bittet mit den herzlichsten Wünschen für Dich und die Deinen Dein alter Rud.Weinwurm."[91]

Krems! Albert mag es zunächst als Gang in die Verbannung erschienen sein. Sehr bald entwickelte sich sein Aufenthalt in der Provinzstadt zu einer der glücklichsten Perioden seines Lebens – mit weitreichenden Folgen. Johanna erklärt das so:

„Albert zählte zu jenen glücklichen Naturen, welche, in neue Verhältnisse verpflanzt, rasch darin Wurzeln fassen. Sein fröhlicher Sinn gewann jeder Lebenslage die besten Seiten ab. Ward ihm irgendein Plan durchkreuzt, dann traten flugs zwei neue an den freigewordenen Platz, und kein nachträgliches Bedauern schwächte die frisch erwachte Kraft."

Er stellte sehr bald fest, dass ihm die Tätigkeit bei der Bezirkshauptmannschaft mehr zusagte als die bisherige Aktenarbeit. Der tägliche Umgang mit den Menschen erforderte Gewandtheit, Schlagfertigkeit

---

[91] *Brief von Rudolf Weinwurm vom 22.7.1887*

und selbständiges Handeln. Seine Vorgesetzten, Statthaltereirat und Bezirkshauptmann Freiherr von Mensshengen und Bezirkskommissär Dr.Victor Přibyl, waren voll des Lobes und übertrugen ihm bald größere Aufgaben. Wo er mögliche Verbesserungen wahrnahm, gab er Anregungen: Seine Idee, ein „Haus der Barmherzigkeit" in Brunn-kirchen (jetzt Ortsteil von Krems im Süden der Stadt) einzurichten, wurde von Mensshengen aufgegriffen und verwirklicht.[92] In dem dafür geschaffenen Comité war Albert Schriftführer.

Die Beamten der Bezirkshauptmannschaft bezogen Albert auch in ihre Freizeitaktivitäten ein. Ziel eines Sonntagsausflugs mit Dr.Přibyl und einem weiteren Kollegen auf dem Donauschiff war Rossatz, wo sie sich einer größeren Gesellschaft anschließen wollten. Johanna berichtet:

„*Man hatte eben in der Cabine schwarzen Kaffee getrunken, als Dr.Přibyl aufstand, um einige bekannte Damen auf dem Deck zu begrüßen. Albert folgte ihm mit den Augen und erblickte draußen ein anmuthiges, dunkeläugiges Mädchen. Er hat es mir selbst erzählt, dass es ihn in diesem Augenblicke wie ein Blitz durchfuhr: die oder keine. Sofort eilte er hinaus und bat Dr.Přibyl, ihn vorzustellen. Es kam aber nicht dazu, da das Schiff eben angelegte und die Gesellschaft getrennt ward. Bald darauf sollten Alberts Begleiter in höchliches Staunen gerathen. Als man sich zu dritt im Walde unter einer breitästigen Tanne lagerte, begann er laut zu schwärmen und hielt begeisterte Reden über die Liebe. Kurze Zeit nachher erfolgte die ersehnte Vorstellung und nun wurde das Benehmen Alberts verständlich. Er wich dem jungen Mädchen den ganzen Abend über nicht mehr von der Seite.*"

Alberts Begeisterung wuchs noch, als er den schönen Gesang Henriettes rühmen hörte. Er beschaffte sich Richard Wagners Lied „Träume" und wusste es geschickt einzurichten, dass er mit ihr das Lied studieren konnte, was nur in mehreren intensiven Einzelproben zu bewältigen war.

---

[92] *Anläßlich des 40jährigen Regierungsjubiläums von Kaiser Franz Joseph I wurde das jetzige Altersheim Brunnkirchen gegründet. Das frühere "Haus der Barmherzigkeit" wurde an der Stelle des ehemaligen Försterhauses Brunnkirchen errichtet (http://www.wetterkreuz.at/geschichte.html).*

Henriette war damals 22 Jahre alt und Vollwaise. Sie war in Leesdorf bei Baden geboren und später in Spitz an der Donau aufgewachsen, wo ihre Mutter Theresia geb. Herzog, die aus einer Rossatzer Schiffsmeisterfamilie stammte, und ihr Vater Ignaz Heinrich Kaukol, Pionierhauptmann in der k.k. Armee, kurz nacheinander verstarben, als sie 12 Jahre alt war. Danach nahm sie der Bruder ihrer Mutter, Franz Herzog, Bauunternehmer und Zivilgeometer in Krems, in seine zahlreiche Familie auf.[93]

Abbildung 21: Albert und Henriette

Ein Jahr oder länger ohne Musik – das war für Albert nicht vorstellbar. Er fand sehr bald, wonach er suchte. In Krems gab es einen Gesang- und Orchesterverein, und – eine Fügung des Schicksals! – der Chormeister war kurz zuvor wegen Krankheit beurlaubt worden. Bereits am 1. November 1887, also drei Monate nachdem er Wien verlassen hatte, bestätigt eine „Aufnahmskarte" Alberts Beitritt zum „Gesang- und Orchesterverein Krems", eine Einladung vom 10.12.1887 zur „Gründungsfeier" des Vereins (mit Konzert) am 7.1.1888 trägt seine Unterschrift „in Stellvertretung des beurlaubten Herrn Chormeisters".

Mit welchem Ernst Albert an die neue Aufgabe heranging, zeigt der „an die Herren ausübenden Mitglieder" – es waren hauptsächlich Männerchöre, kaum gemischte Chöre auf dem Programm – gerichtete Zusatz in der Einladung vom 10.12.1887:

„Einem vielseitigen Wunsche entsprechend werden jedoch von nun an in den Proben, die jedesmal pünktlich um ½ 9 Uhr abends beginnen,

---

[93] *Manuskript „Geschichte der Rossatzer Schiffmeisterfamilie Herzog" von Wilhelm Herzog, 1982*

außer den für die nächste Production bestimmten Nummern stets noch mehrere andere Chöre gesungen werden, damit der Verein recht bald in die Lage kommt, über ein reichhaltiges Repertoir zu verfügen. Die Vereinsleitung setzt voraus, dass jedes einzelne Mitglied, durchdrungen und beseelt von dem Wunsche, den Verein auf eine möglichst hohe Stufe künstlerischer Bedeutung zu bringen, gewiss bei den erwähnten Proben umsoweniger fehlen wird, als ja ein Erfolg in erster Linie von dem einträchtigen und begeisterten Zusammenwirken Aller abhängt."

Die "Niederösterreichische Presse" vom 14. Jänner 1888 schreibt über das Konzert vom 7. Jänner:

"...es kann diese 38.Gründungsfeier als Auferstehungsfeier [des Vereins] bezeichnet werden... Herr Albert von Hermann, ein junger, in den besten Kreisen Wiens gekannter und geschätzter Musiker, hat bei diesem Concerte eine Probe außerordentlicher Leistungsfähigkeit gepaart mit seltener künstlerischer Begabung und vielseitigem Wissen an den Tag gelegt... hier finden wir überall tüchtiges Studium, feinen Geschmack, geistige Beherrschung des Stoffes, sichere Führung und jene innigen Wechselbeziehungen zwischen dem Dirigenten und den Sängern, welche immer das Geheimnis jedes künstlerischen Erfolges bleiben werden ... treffliche Wiedergabe von Hermanns tief empfundenem, effektvoll harmonisierten Chor ‚An Marie' ... originell und vielverheißend für die weiteren Tonschöpfungen des begabten Komponisten".

Aus der "Österreichischen Landzeitung" vom selben Tag ist ein weiteres interessantes Detail zu erfahren:

"Zwei sehr beifällig aufgenommene Duette von Schumann, vorgetragen von Frl. Kathi Bayerl und Henriette Kaukol wurden so hübsch gesungen, dass die beiden Damen sich zu einer Zugabe herbeilassen mußten ... Wir können dem reichbegabten und tüchtigen Musiker Herrn v. Albert[!], welcher mit staunenswerter Sicherheit die Aufführung leitete, unsere vollste Anerkennung darüber aussprechen, dass es vor allem sein Verdienst ist, wenn in verhältnismäßig kurzer Zeit auch in orchestraler Hinsicht der Verein so Vieles und Schönes zu bieten im Stande ist."

Albert war fest entschlossen, dem Verein neues Leben einzuhauchen. Für das Orchesterspiel fehlte ein Bassgeiger. Albert bedrängte seinen Freund und Kollegen Paul Ritter von Luschin-Ebengreuth, einen exzellenten Musiker, der beim Konzert am 7. Jänner als Klavierbegleiter mitgewirkt hatte, so lange, bis sich dieser entschloss, das Instrument zu erlernen.

Nach dem erfolgreichen Debut vom Jänner 1888 im Saal „Zum goldenen Hirschen" leitete Albert noch am 5. April im Saal zum „Weissen Hahn" als außerordentliche Produktion eine Liedertafel, bei der Männerchöre von Engelsberg, Schubert, Kremser, Koschat und – als Männerchor mit Klavierbegleitung – der Donauwalzer von Johann Strauß, aber auch gemischte Chöre von Mendelssohn, nämlich „Drei Volkslieder" und „Abschied vom Walde" aufgeführt wurden. Nach diesem Konzert musste Albert „den Dirigentenstab aus Gesundheitsrücksichten zur Seite legen".[94] Vielleicht war diese Erkrankung eine Folge der Überanstrengung bei einer Waffenübung in Ungarisch Hradisch (heute Uherské Hradiště, Tschechische Republik) im Jänner 1888. Es könnte aber auch eine Rolle gespielt haben, dass sein Vorgänger von seiner Krankheit genesen war und wieder die Leitung übernehmen konnte. Albert widmete dem Verein einen neuen Männerchor mit dem Titel „Der fahrende Musikant" und dirigierte selbst die Uraufführung bei einer Sommer-Liedertafel im „Sterngarten" in Krems am 28. Juni 1888. Im Dezember desselben Jahres, da war Albert schon wieder in Wien, verlieh ihm der Verein „in Anerkennung hervorragender künstlerischer Leistungen und Verdienste um den Verein" die Ehrenmitgliedschaft.[95]

„Damen und Herren vergaben um der guten Erfolge willen ihrem jugendlichen Dirigenten gern all seine eiserne Energie und Strenge."

Dieses Resumée Johannas über Alberts musikalische Tätigkeit beim Kremser Gesang- und Orchesterverein lässt erkennen, dass er es sich selbst und seiner Umgebung nicht leicht machte, sobald es um Musik ging. An einer anderen Stelle erwähnt Johanna, dass er gelegentlich den

---

[94] *Bericht des Kremser Gesang- und Orchester-Vereines am Schluss des 40.Vereinsjahres*
[95] *Notiz in „Niederösterreichische Presse" vom 22.12.1888*

Unmut mancher fröhlich plaudernden Gesellschaft erregte, wenn er sie immer wieder zum Singen (oder nur zum Zuhören) animieren wollte.

Die Musik war stets das Zentrum seines Lebens. Schon in seiner Kindheit hatte er beliebige äußere Anlässe für musikalische Aktivitäten genützt. Als der Vater von einer bevorstehenden Parlamentsauflösung berichtete und Überlegungen über die Folgen anstellte, improvisierte Albert mit den Schwestern einen „grandiosen Abzugsmarsch", den er dann auch noch für Klavier, Violine und Gesang arrangierte und mit einem lustigen Text unterlegte.[96] Oder: Die Mutter erzählte, im Prater Seelöwen gesehen zu haben, was Albert und die Schwestern zur spontanen Aufführung einer Seelöwenpolka inspirierte, in der das Geschrei der Tiere nachgeahmt wurde. Üblich war es, dass sie am Sonntag nach Tisch auf das Kommando „Eins, zwei drei!" zum Klavier eilten und nach Ansage von Albert zu dritt Tänze improvisierten. Abends pflegten sie regelmäßig einen dreistimmigen Gute-Nacht-Gruß auf den Text „Servitore" zu singen.

Für Johanna und Tona war dieser tägliche Umgang mit Musik ein unschätzbarer Gewinn. Es blieb nicht nur beim kreativen „Blödeln" und Improvisieren. Albert empfand stets das Bedürfnis, die Werke, die er sich erarbeitete, die musikalische Literatur, mit der er sich beschäftigte, und auch seine eigenen Kompositionen, seinen Schwestern vorzuführen und zu erklären. So lernten sie sehr früh die Schönheiten der damals weitgehend unbekannten Schätze der Renaissancemusik kennen, die Albert aus dem Ambros'schen Nachlass ans Licht brachte. Das „Landsknechtständchen" von Orlando di Lasso und einige andere effektvolle Stücke konnten sie auswendig und sangen sie gerne in Gesellschaft von Freunden und Bekannten. Zuhause gab es Kammermusikabende und Übungen im Chorgesang. Als Albert 1887 das Musikreferat beim „Vaterland" übernahm, kamen sie als seine Begleiterinnen auch häufig in den Genuss schöner Konzertabende.

---

[96] *Aus dieser Bemerkung und der Tatsache, dass Weinwurm Johanna eine Komposition für Violinen widmete, ziehe ich den Schluss, dass Johanna in ihrer Kindheit Violine spielte.*

Zurück in Wien

Hätte man Albert vor seiner Versetzung nach Krems prophezeit, der Abschied von dort werde ihm schwer fallen, hätte er das als Hirngespinst abgetan. Als es im September 1888 dann so weit war, dass er zum Dienst bei der Statthalterei in Wien zurückberufen wurde, war er unglücklich. Die Trennung von Henriette belastete ihn schwer. Dem jungen Paar stand eine längere Brautzeit bevor, das machte auch Antonia ihrem Sohn klar, als er sich ihr in Wien bald anvertraute. Johanna erinnert sich an den täglichen Brief, den er stets abends noch zur Post trug, und an wechselnde Stimmungslagen, aber auch daran, dass Albert in diesen Jahren besonders seelenvoll am Klavier fantasierte.

Albert, Johanna und Tona waren also wieder unter einem Dach vereint – die Familie wohnte noch immer auf der 4. Stiege im Schottenhof, die Mädchen waren der Kindheit längst entwachsen und besuchten die Lehrerinnenbildungsanstalt in der Hegelgasse.

Tona, die mit kritischen Worten über die Lehrer, die ihr im Lauf ihrer Gesangsausbildung begegneten, durchaus nicht sparte, stellte in ihren „Memoiren" der Schule rückblickend ein sehr gutes Zeugnis aus:

„Man lernte in der Lehrerinnenbildungsanstalt vor Allem ‚wie man lehren muss'. Dieses Fach fiel in unsere methodikbejahenden Herzen und wurde uns gewissermaßen ‚Sport'. Zunächst hatten wir in der den 4 Jahrgängen angegliederten Volks- und Bürgerschule zu hospitieren und aus den Lehrstunden der dort unterrichtenden ersten Pädagoginnen und Methodikerinnen ‚Stundenbilder' zu machen und darin das Gerüst der Methode aufzudecken. Im letzten Jahr kam dann das ‚erste Auftreten' als Lehrende nach gegebenem Thema (z.B. warum schreibt man ‚Lamm' mit 2 m, oder ‚warum haben wir Tag und Nacht' u.s.w.) vor großem Publikum: Direktion mit Fachlehrern und der ganze Jahrgang. Eine Gruppe von 8 Kandidatinnen hatte sich gemeinsam für das Thema vorzubereiten, u.zw. wie bei einem Theaterstück jede Frage festzulegen und die einseitige Rolle als Lehrende zu lernen. Dadurch konnte die Probelektion nach Willen des Vorsitzenden unterbrochen

und von einer auf eine andere Kandidatin zur Fortsetzung übertragen werden.

Das Lehrtalent musste sich erweisen, wenn eine Schülerin nicht richtig antwortete. Die Kinder sollten durch geschickte Fragenstellung selber zum Aussprechen der grammatischen oder arithmetischen Regel gebracht werden. Nach der Probelektion gab es eine Nachbesprechung mit je sehr guter oder minder guter Kritik vonseite des Vorsitzenden.

Abbildung 22: Johanna und Tona, ca. 1887

Irgendwie berührte sich hier Wissenschaft und Kunst; Persönlichkeit und Lehrtalent schmolzen ineinander, und das dadurch erwachte Interesse an dem ‚Schaffen des Lehrers‘ senkte tiefe Wurzeln in unser Gemüt. Außerdem war beim ‚Auftreten‘ immerhin etwas Schauspielerei nötig, und das hob aus dem Alltag des einförmigen Aus- und Inwendiglernens heraus.

Wir schieden als 18- resp. 22jährige, natürlich mit ‚Auszeichnung‘ (anders hätte es unsern Vater tief enttäuscht) aus diesem interessanten Gefängnis unserer Jugend und trugen im Rucksack nicht nur die Methodiken sämtlicher Unterrichtsfächer mit sondern ein universell entwickeltes Lehrtalent.‘[97]

Ich finde aus den bisher bekannten Quellen keine Erklärung dafür, wieso beide Schwestern trotz ihres doch erheblichen Altersunterschieds im selben Jahr (1890) ihre Lehrerausbildung abschlossen. Wie auch immer, im Sommer 1890 hatten Johanna und Tona ihre Reifeprüfung

---

[97] *Tona, Memoiren*

abgelegt. Tona fand im Schuljahr 1891/92 eine Anstellung als Lehrerin in der Privat-Volks- und Bürgerschule für Mädchen, geleitet von Sophie Paulus, in der Habsburgergasse 6 und wurde im Frühjahrstermin 1894 zur Lehrbefähigungsprüfung zugelassen. Ein Verwendungszeugnis vom 27. September 1893 bestätigt, dass sie sich

„ebenso durch gediegene Kenntnisse, wie durch außerordentlichen Pflichteifer auf das Beste bewährt hat. Das Fräulein hat sich durch freundliche und taktvolle Behandlung der Schülerinnen deren Verehrung und Anhänglichkeit in hohem Grade zu erwerben gewusst und verpflichtet mich dadurch, sowie durch die schönen Fortschritte der ganzen Klasse zu großer Anerkennung. "

Auch Johanna arbeitete nach der Reifeprüfung bis zu ihrer Verehelichung am 19. Oktober 1893 als Volksschullehrerin. Der Eintritt von Johanna und Tona ins Berufsleben, mit dem sich die Lebenswege der drei Geschwister allmählich trennen, bietet eine passende Gelegenheit für einen Rückblick auf ihre gemeinsame Kindheit und Jugend.

Rückblick: Die Kunst in der Familie Hermann

Es fällt auf, dass alle drei Geschwister Hermann weit überdurchschnittliche Leistungen auf musikalischem Gebiet erbrachten, sodass es nahe liegt, unter den Ahnen nach Anzeichen ähnlicher Begabung zu forschen.

Von den beiden Elternteilen betonte der Vater Alois Hermann stets den „Vorrang" seiner Frau in musikalischen Dingen. Er bedauert in seinen Memoiren, dass ihm keine Gelegenheit zu einer musikalischen Ausbildung geboten wurde.

Im Leben seines Bruders Albert, des Advokaten, spielte die Musik sicher eine größere Rolle. Wir wissen nicht, ob er ein Instrument beherrschte. Von einer seiner Töchter wird erzählt[98], sie habe Musikstücke nach dem Gehör auf dem Klavier wiedergeben können; nicht zu

---

[98] *Mitteilung von Frau Mag.Erika Weber, einer Urenkelin Dr. Albert Hermanns*

vergessen, dass sich drei Kinder Alberts im „Musikverein Hermann" betätigten.

Die Mutter Antonia von der Decken war von Kindheit an mit Musik konfrontiert. Die Ausbildung im Klavierspiel gehörte zum Erziehungsprogramm der höheren Töchter. Aus den Briefen ihrer Mutter, Johanna geborene Hüttenbacher, an ihren Mann Friedrich von der Decken wissen wir, dass diese geradezu verbissen das Ziel verfolgte, ihrer Tochter Bertha eine gediegene Schulbildung und dadurch Zugang zu den „besten Kreisen" zu verschaffen. Antonia war, als diese Briefe geschrieben wurden, noch zu klein, um schon in den Genuss einer solchen Erziehung zu kommen, daher gibt es in den Briefen dafür keinen unmittelbaren Beweis. In ihrer Brautzeit spielte sie jedenfalls so gut Klavier, dass sie sich, mit einer sehr schönen Stimme begabt, selbst zum Gesang begleiten konnte. Sie nahm auch weiterhin Gesangsstunden.

In der Familie ihres Vaters Friedrich von der Decken, die vor allem Soldaten und Beamte hervorbrachte, finden sich keine Zeugnisse einer gesteigerten Hinneigung zur Kunst im Allgemeinen oder zur Musik im Besonderen. In der Familie Hüttenbacher – Halirsch hingegen, aus der die Mutter stammt, hat sich der früh verstorbene Friedrich Ludwig Halirsch (1802–1832) als Dichter einen Namen gemacht.

Die Geschwister Hermann hatten bereits in der Kindheit und Jugend einen ausgeprägten Hang zu kreativer Beschäftigung mit Literatur in jeder Form. Albert schrieb kurze Theaterszenen, Novelletten und Kurzgeschichten und begann schon vor seinem zwanzigsten Lebensjahr Abhandlungen über musikalische Themen zu verfassen. Auch seine oft gerühmte Redegabe ist hier zu erwähnen. Von Johanna wissen wir, dass sie in ihrer Jugend Gedichte schrieb. Die „Erinnerungen", die sie nach dem Tod Alberts veröffentlichte, sind von literarischem Wert und ein Zeugnis ihrer schriftstellerischen Begabung. Tonas „Jugendsünden" auf dem literarischen Sektor sind nicht erhalten geblieben. Außer ihren Fachpublikationen über den Gesangsunterricht finden sich in ihrem Nachlass Gedichtbände, Aphorismensammlungen, pointierte Aufsätze über aktuelle Themen, usw., ein umfangreiches Oeuvre, das noch der eingehenderen Sichtung harrt. Die leider nur bruchstückhaft überlieferten „Memoiren" sind ein gutes Beispiel für ihren lockeren, humorvollen Stil. 1946 beteiligte sie sich als Fünfundsiebzigjährige am Wettbewerb, mit dem der Text der österreichischen Bundeshymne gesucht wurde.

Die Wurzeln der Sprachbegabung der Geschwister finden sich sowohl beim Vater als auch in der Familie der Mutter. Alois Hermann schrieb in seiner Jugend Gedichte, Tona schätzte an ihm die meisterhafte Beherrschung der deutschen Sprache (die nicht seine Muttersprache war!). Er weckte ihren „Sinn für logisches Denken und Abstrahieren der Regel".[99]

Die Briefe, die Antonia in der Brautzeit an Alois schrieb, sind leider nicht erhalten. Alois fand immer wieder begeisterte Worte über ihren Inhalt und Stil, vor allem über ihren Humor. Ähnlich angetan war schon Antonias Vater Friedrich von der Decken von den Briefen seiner Frau Johanna, ein Urteil, das aus den erhalten gebliebenen Briefen nachvollzogen werden kann.

„Nicht nur das Angeborene, auch das Erworbene ist der Mensch." Dieser Ausspruch Goethes trifft in hohem Maße auf Albert, Johanna und Tona Hermann zu. Erst der positive Einfluss des Elternhauses brachte die vorhandenen Talente voll zur Entfaltung. Es war auch in bürgerlichen Kreisen keineswegs selbstverständlich, dass Eltern die Kreativität ihrer Kinder mit so viel Verständnis förderten, wie es hier geschehen ist. Sie durften ihre Ideen umsetzen, man ließ sie ausprobieren und improvisieren, auch wenn das Ergebnis nicht perfekt war. So blieb ihnen die Begeisterung für das Organisieren von Belustigungen, für das Theaterspielen, das Tanzen, vor allem aber für das Musizieren erhalten. Wahrscheinlich kostete es einige Anstrengung, Albert klar zu machen, dass eine gediegene technische Ausbildung im Klavierspiel die Voraussetzung für all das war, was er anstrebte, er begriff das mit Hilfe seiner Lehrer aber sehr bald. Der mehrmalige Wechsel der Lehrer, vor allem für Alberts Klavierunterricht, zeigt, dass den Eltern das Beste gerade gut genug war, und dass sie die Ursache für

---

[99] *Tona, Memoiren*

mangelnden Fortschritt nicht nur im fehlenden guten Willen des Schülers suchten.

Für die beiden Schwestern bedeutete die Führerrolle, die Albert bei den gemeinsamen Aktivitäten einnahm, eine ungemein wertvolle Förderung, vor allem für Johanna, die ihm altersmäßig näher war. Vom gemeinsamen Musizieren und dem Bedürfnis Alberts ausgehend, die Ergebnisse seiner Studien und Arbeiten anderen mitzuteilen, entwickelte sich zwischen Johanna und ihm ein sehr tiefes persönliches Verhältnis. Je älter sie beide wurden, desto mehr kam Johanna die Rolle einer Vertrauten zu, der Albert sein Herz ausschütten konnte. Mit ihr besprach er seine Zukunftspläne in musikalischer Hinsicht, sie erfuhr auch als Erste, noch vor der Mutter, von seiner Liebe zu Henriette.

„An einem trüben Wintersonntag, als Albert den geplanten Ausflug nach Krems wegen mannigfacher Hindernisse in letzter Stunde aufgeben musste, bat er mich nachmittags, mit ihm zu musicieren. Wir spielten Schumann. Mochte die seelenvolle Composition eine wehmütige Stimmung in ihm wecken oder überhaupt in seine Stimmung passen – er umfing mich plötzlich laut schluchzend. Dass ich ihm in jener Stunde und in anderen, wo all das zurückgehaltene Weh in stürmischen Fluten aus seinem bangen Herzen brach, Trost zusprechen konnte, lässt mich noch heute dem Schicksal danken."

Neben den Lehrern und dem langjährigen Freund Rudolf Weinwurm trat bald nachdem Albert maturiert hatte, Guido Adler als Berater der Familie in musikalischen Dingen und Förderer der Geschwister in Erscheinung. Dass Albert ihn 1882 im Ambrosiusverein kennenlernte, habe ich bereits erwähnt. Es spricht für Alberts fachliche und menschliche Qualitäten, dass aus

Abbildung 23: Guido Adler

der Bekanntschaft des Studienanfängers mit dem wesentlich älteren Universitätslehrer ein reger geistiger Verkehr (man musizierte gemeinsam und ging Partituren moderner Werke durch) und schließlich eine feste Freundschaft erwuchs. Zwei Separatdrucke von Aufsätzen Guido Adlers aus dieser Zeit finden sich im Nachlass Alberts: „Umfang, Methode und Ziel der Musikwissenschaft" mit handschriftlichem Vermerk vom 27. Dezember 1884: „Meinem werthen Commilitonen Hermann in freundschaftlicher Gesinnung", und „Johann Sebastian Bach und Georg Friedrich Händel. Ihre Bedeutung und Stellung in der Geschichte der Musik" mit der Widmung: „Meinem lieben Commilitonen und Freunde Albert R. v. Hermann treu ergeben G. A." vom September 1885.

Guido Adler

Adler war ein gern gesehener Gast in der Familie Hermann. Nach dem beschriebenen missglückten Stimmbildungsversuch Johannas und Tonas mit einer in den Ruhestand getretenen hochdramatischen Opernsängerin empfahl Adler eine Schülerin Stockhausens als Lehrerin, was sich allerdings gleichfalls als Missgriff erwies. Tona beschreibt detailliert die unkonventionelle Methode dieser Lehrerin und berichtet dann:

„Professor Adler kündigte sich als Zuhörer einer Gesangsstunde an; er wollte sich überzeugen, ob der erwartete Erfolg seiner Empfehlung eingetreten sei. Ich möchte dieses peinliche Erlebnis nicht erzählen. Unsere Lehrerin tat uns ungemein leid. Als der allzu gestrenge und scharfe Kritiker fortgegangen war mit den Worten: ‚Dies muss die letzte Gesangsstunde gewesen sein', bekam unsere Lehrerin einen Nervenanfall, u. meine Mutter musste sie nachhause bringen."[100]

Nach der Rückkehr Alberts aus Krems im Herbst 1888 verdichten sich die Spuren Guido Adlers in seinem Leben. Adler, der damals Außerordentlicher Professor in Prag war, zog Albert zur Mitarbeit bei einigen Projekten heran. 1888 glaubte Adler einen unbekannten Satz eines Klavierkonzerts von Ludwig van Beethoven entdeckt zu haben. Im April 1889 wurde dieser sensationelle Fund in einem philharmonischen

---

[100] *Tona, Memoiren S. 29 f.*

Konzert unter Hans Richter der Öffentlichkeit vorgestellt. An den Vorarbeiten für die Aufführung wirkte Albert mit, indem er die Koordination zwischen Hans Richter und dem Solisten Josef Labor übernahm[101] und auch die Einführung für den Programmzettel verfasste. Am 20. April 1889 erschien im „Vaterland" eine Rezension[102] über das Konzert, in der sich Albert vor allem mit dem Einwand einiger Fachleute auseinandersetzte, der aufgefundene Konzertsatz stamme von Mozart und nicht von Beethoven. Mit überzeugenden Argumenten begründete er da die richtige Meinung, die Komposition könne nicht von Mozart sein. In Wahrheit stammt das Werk allerdings mit höchster Wahrscheinlichkeit weder von Mozart noch von Beethoven, sondern von Johann Josef Rösler (1771–1813). Das stellte sich aber erst mehr als dreißig Jahre später heraus.

Im Lauf des Jahres 1890 entwickelten Guido Adler und Albert den Plan, gemeinsam ein Ballett zu schreiben, das die historische Entwicklung des Tanzes von der Pharaonenzeit bis zum Wiener Walzer darstellen sollte. Adler wollte das Libretto liefern, Albert sollte die Musik komponieren. Johanna berichtet:

„Albert komponierte bereits an der Musik – da ward das ‚Tanzmärchen' in der Oper angekündigt. ‚Pech muß der Mensch haben!' schrieb Professor Adler. ‚Ich träumte schon von einer schönen Villa, die wir uns zusammen bauen wollten aus den Erträgnissen unseres choreographischen Werkes. Siehe da, kommt ein Tanzmeisterpaar und nimmt uns den schönsten Fleck weg, der uns eigentlich bestimmt war.[103] Ich sprach kein Wörtchen über die Idee – große Geister treffen sich. Am meisten bedaure ich jedoch, dass du deine prächtigen Motive jetzt nicht versilbern kannst ...'.

Im selben Brief Adlers – leider ist er nicht erhalten geblieben – las Johanna, als sie die „Erinnerungen" schrieb, auch von weiteren

---

[101] *Correspondenz-Karte von Hans Richter an Albert vom 25. März 1889*
[102] *„Concerte" in „Vaterland" vom 20.4.1889, S. 1 f*
[103] *Am 19.12.1890 wurde in der Hofoper das Ballett „Ein Tanzmärchen" von F. Gaul und J. Haßreiter, Musik von J. Bayer uraufgeführt. Im „Vaterland" vom 20.12. schrieb Albert eine nicht eben freundliche, aber sehr sachliche Rezension darüber.*

Ballettideen Alberts. Im Nachlass fand sie die „ziemlich vollständige Skizze" eines Balletts „Amor und Psyche" und Entwürfe zweier Operneinakter. Auch diese sind verschollen.

Neue Aufgaben

Für die Ausführung so umfangreicher Projekte fand Albert einfach nicht die Zeit, auch Chormusik schrieb er kaum mehr. Am 18.12.1889 finden wir noch die Uraufführung eines Chors „Gretelein" in einem Konzert des Wiener Männergesangvereins unter Eduard Kremser, in einer Gruppe von „Liedern im Volkston"; dafür erhielt er wieder den obligaten Golddukaten. Danach sind in den vorhandenen Konzertprogrammen aus der Feder Alberts keine Novitäten mehr dokumentiert, auch Aufführungen seiner früheren Kompositionen wurden seltener, insbesondere dürfte der Akademische Gesangverein seit seinem Abgang nach Krems nichts mehr von ihm gesungen haben. Auffällig ist andererseits, dass etwa zur selben Zeit die Chorakademie des Ambrosius-Vereins Chöre von Albert aufs Programm setzte, nämlich am 18.2.1889 im Sofiensaal „Hüt dich Gott", am 17.3. im Bösendorfersaal „Röslein im Dornbusch" und am 19.5. im Bürgersaal Hainburg beide eben genannten Werke.

Von den erwähnten unvollendeten Kompositionsentwürfen abgesehen schrieb Albert in diesen Jahren einige Lieder für seine Braut. Dazu Johanna:

„Selten kam er ohne ein neues Opus zu ihr, nie fehlte eines an der Geburts- oder Namenstagsbescherung Henriettens ... Er hat diese Lieder als ihr ausschließliches Eigenthum nie veröffentlicht."

Im August 1890 reservierte Albert einige Tage Urlaub für eine Sommerfrische im alten Stil, diesmal allerdings nicht mit der Familie sondern mit Henriette und ihren Verwandten. Die „Folge" davon war ein Konzert in Hietlers Gasthaus in Rossatz, zu dem auch „eine zahlreiche und gewählte Gesellschaft" aus Krems anreiste. Die gesamte Organisation lag in den Händen der Familie Herzog: Familienmitglieder stellten sämtliche Zierpflanzen und das vorzügliche Klavier bei, sie schmückten den Saal aus, und Frau Johanna Herzog übernahm den wichtigen Dienst an der Abendkasse. Unter den Künstlern gab es vertraute Namen: Heinrich Herzog jun., ein Cousin von Henriette, war an einem vierhändigen Klaviervortrag beteiligt, Henriette und ihre Schwester Justine Kaukol traten als Sängerinnen im Duett und solistisch auf, unter anderem mit zwei Liedern von Albert: einem Frühlingslied, das schon 1883 in Hainfeld erklungen war, und einer Neuheit: „Maria". Albert selbst spielte ein Nocturne von Eugène D'Albert und begleitete die Sängerinnen am Klavier. An einen abschließenden heiteren Teil schloss sich das „sehnlichst erwartete Tanzkränzchen". Für die Rückfahrt nach Krems standen „Gesellschaftswägen" zur Verfügung. Nachdem zusätzlich zu dem regulären Eintritt von 50 Kreuzern „Überzahlungen dankbarst angenommen und besonders ausgewiesen" wurden und Frau Johanna Herzog „als Cassierin mit gewohnter Liebenswürdigkeit, mit der sie das Geld [aus den Taschen der Gäste] hervorzauberte, wahre Wunder wirkte", ergab sich ein beträchtlicher Reinertrag, der zu gleichen Teilen der freiwilligen Feuerwehr und der armen Schuljugend zugewendet wurde.[104]

Neben seiner eigentlichen Tätigkeit als Beamter der Statthalterei war Albert auf juristischem Gebiet auch schriftstellerisch tätig. Er gab in den Jahren 1889 und 1890 ein „Handbuch der Gesetze, Verordnungen und Normalerlässe über das Volksschulwesen in Nieder-Österreich" und eine „Sammlung der Matrikenvorschriften" heraus und arbeitete an einer Zeitschrift für das österreichische Volksschulwesen mit. Mit einem Aufsatz „Über die Fortbildung der Mädchen nach vollendeter Schulpflicht", in welchem er zweijährige Kurse nach Abschluss der Bürgerschule vorschlug, um den Mädchen eine allseitige höhere Ausbildung angedeihen zu lassen, griff er wieder das Thema der Frauenbildung auf; Anregungen dazu bekam er sicher im Kreis der Familie von seinen beiden Schwestern, den angehenden Pädagoginnen.

Mit großer Begeisterung und Zielstrebigkeit erfüllte Albert seine Aufgabe als Musikreferent der Tageszeitung „Vaterland", war das doch eine Aufgabe, die ihm Geltung in Musikkreisen verschaffen und damit seinen Zukunftsplänen dienen konnte. Sie entsprach auch den Inten-

---

[104] Bericht über den Konzertabend in einer nicht näher bezeichneten Kremser Tageszeitung

tionen seines Freundes und Förderers Guido Adler, der Alberts Hinneigung zur Musikwissenschaft mit Nachdruck unterstützte. Johanna schreibt darüber:

„Er [Albert] hat [die Aufgabe] von Anfang an richtig erkannt, war sich klar über die doppelte Verantwortlichkeit des Kritikers dem Publicum sowohl als dem schaffenden Künstler gegenüber. Er versuchte Verständnis zu wecken, anzuregen, aufzumuntern, Schäden zu bessern. Immer hat er die Sache, nie sich selbst in den Vordergrund gestellt. "

Die Tätigkeit als Musikkritiker nahm Albert zeitlich sehr in Anspruch. Einmal bemerkte er Johanna gegenüber, dass er „seit vierzehn Tagen den ersten konzertfreien Abend habe." Das überrascht zunächst, weil der Kulturteil damals in den meisten Tageszeitungen, auch im „Vaterland", weniger Raum einnahm als in heutigen Blättern. Tägliche Kulturberichte sucht man vergeblich. Das lag einerseits daran, dass die Zeitungen insgesamt einen geringeren Umfang hatten; von der gegenwärtigen Informationsflut war man noch weit entfernt. Andererseits war das Konzertleben, wie wir es heute kennen, noch wenig entwickelt, Premierenberichte gab es in erster Linie von der Hofoper, dann allerdings für heutige Begriffe sehr ausführlich. Im Vordergrund stand in der Regel die Beschreibung des Werks und der Musik. Die Rezension sollte der Information des Publikums dienen, das ohne Radio und Fernsehen mehr als heute auf die Zeitungsberichte angewiesen war.

Als verantwortungsvoller Musikreferent trachtete Albert, sich über die aktuellen Strömungen auf dem Laufenden zu halten, und besuchte regelmäßig Konzerte und Opernabende, darunter viele, über die er keinen Bericht verfasste.

„Bei allen hervorragenden Concerten sah man ihn. Er begann gerade eine populäre Erscheinung zu werden. Man sah sich um und suchte nach dieser schlanken Gestalt mit den schmalen, allzu schmalen Schultern, die aber dennoch den Kopf mit den ... ernsten Zügen so hoch und sicher trugen. "[105]

---

[105] Marie Herzfeld, „Albert v. Hermann, ein Wiener Musiker" in „Wiener Mode X., Heft 3 (1896)

Ein immer wiederkehrender Kritikpunkt in den Rezensionen Alberts über Aufführungen in der Hofoper war das Repertoire. Die Direktion lag seit 1880 in den Händen von Wilhelm Jahn, der neben der administrativen Leitung des Hauses auch dirigierte und Regie führte. Jahn bezeichnete sich selbst, was die Auswahl der aufgeführten Opern betraf, als Kosmopoliten, dessen Herzen Italiener und Franzosen ebenso nahe stünden wie Deutsche. In einer Rezension von 1893 bestritt Albert dies mit Entschiedenheit: Die deutsche Oper werde in Wien seit Jahren arg vernachlässigt, die Wiener Hofoper sei von den Autoren längst aufgegeben, heimische Talente wanderten „in die Fremde, wo ihrer gastliche Aufnahme harrt".[106] Konkreter Anlass für diese harten Worte war die Aufführung des zweiaktigen „Melodramma" „A Santa Lucia" des Sizilianers Pierantonio Tasca, das ein Jahr davor in Berlin uraufgeführt worden war und einen eher schwachen Aufguss der in ganz Europa erfolgreichen „Cavalleria rusticana" darstellte. Albert listete in seinem Artikel die Misserfolge der in den Jahren zuvor traditionsgemäß jeweils am 4. Oktober, dem Namenstag des Kaisers, aufgeführten Novitäten auf.

„Werke, welche die Opernleitung aus eigener Initiative aus den neueren Erscheinungen ausgewählt hat, sind bisher mit verschwindend geringen Ausnahmen durchgefallen. Nun fragt es sich: Wie soll das Institut seine Mission erfüllen, auch auf die moderne Production fördernd zu wirken, wenn die wenigen der alljährlich versprochenen Novitäten, zu deren Aufführung es in Wirklichkeit kommt, sich als schlecht gewählt herausstellen."[107]

Marie Herzfeld erklärt Alberts Intentionen so:

„... er begnügte sich nicht mit Kritik, d.h. mit Lob und Tadel; er nahm an der Kunst ein zu tiefes Interesse. Er wollte mithelfen, der Oper ein gesundes, groß gedachtes Repertoire zu schaffen. Nie hörte er auf, zu mahnen, zu erinnern: ,Vergesst nicht der Lebenden, doch vergesst auch nicht der Todten!'"[108]

---

[106] *„Hofoperntheater" in „Das Vaterland" vom 6.10.1893*
[107] *„Hofoperntheater", aaO.*
[108] *Marie Herzfeld, „Albert v. Hermann, ein Wiener Musiker", aaO.*

Albert schätzte wohl Wagner, die Neudeutschen und Bruckner sehr hoch, war aber niemals ein einseitiger Parteigänger dieser Musikrichtung. Maßgeblich war ihm, fern von allen „Lagerstreitigkeiten", die Qualität der aufgeführten Werke. Dies zeigt mit aller Deutlichkeit seine Kritik der Aufführung des „Bajazzo" am 19.11.1893:

„In der Hauptsache wird es auch heute ausgemacht bleiben, dass die ,Pagliacci' zu den bedeutendsten Producten der neueren Opernliteratur zählen, dass da ein überaus packender, aus dem Volksleben gegriffener Stoff in der Hand eines hochdramatischen musikalischen Talentes lag, und dass in diesem Werke äußere Wirkung und innerer Werth in keinem störenden Missverhältnisse stehen. In letzterem, vielleicht problematisch klingenden Lobe liegt gleichwohl jenes Moment, das Leoncavallo und Mascagni von der weitaus größten Zahl ihrer jung-italienischen Collegen trennt. In ihnen erschöpft sich vorläufig die Hoffnung auf eine neue Blüthezeit des musikdramatischen Kunstwerkes. "[109]

In einem Premierenbericht über die Oper „Die Rantzau" von Mascagni warf er dem Verleger Sanzogno vor, aus Gründen des Geschäfts den jungen Komponisten zu übergroßer Eile angetrieben zu haben, was auf Kosten der Qualität des Werks gegangen sei.

Albert unterschied sehr klar die Mängel des Repertoires und der Stückauswahl von der Qualität der Aufführung. Über Wilhelm Jahn als Dirigent und Regisseur, meist auch über die Sänger, war er voll des Lobes und rechnete es ihnen hoch an, wenn sie aus einem minderwertigen Werk noch das Bestmögliche herausholten.

Am 21.5.1893 wurde im Rahmen eines Gesamtgastspiels der Solisten der Mailänder Scala an der Wiener Oper Verdis „Falstaff" in italienischer Sprache aufgeführt. Albert vertrat in seinem Aufführungsbericht die Meinung, das Werk werde sich wegen des Fehlens von Melodien auf der Opernbühne nicht durchsetzen:

„ ... Wagner hat nicht ein einziges Werk geschrieben – die Nibelungen nicht ausgenommen – in welchem die Durchführung seiner Idee vom

---

[109] *„Hofoperntheater" in „Das Vaterland" vom 21.11.1893*

Gesammtkunstwerke die Musik um ihre Geltung gebracht hätte. Und dass gerade ein Italiener als Feind der Melodie auftritt und durch seinen Starrsinn in der Verfolgung eines – vielleicht missverstandenen – Principes die deutsche Gründlichkeit noch übertrumpft, das ist fürwahr – fin de siècle.

Wenn es nun nach dem Gesagten keiner Versicherung bedarf, dass ‚Falstaff' für ein größeres Theaterpublicum absolut ohne tiefere Wirkung bleibt und immer bleiben wird, weil die Melodie, die Seele der Musik, fehlt, so kann es andererseits für den musikalischen Gourmand kaum einen feineren Leckerbissen geben, als die Partitur der neuen Oper. Verdi hat sich diesmal an die Musiker gewendet und auf die Popularität des Werkes verzichtet. Man darf die Partitur des ‚Falstaff' ohne Weiteres als ein Wunderwerk musikalischer Charakteristik, geistvollen Humors, reizender Anmuth und technischer Vollendung bezeichnen – Vorzüge, die dem Werk einen historischen Werth unter allen Umständen sichern, weil Verdi in den erwähnten Richtungen wirklich Großartiges und Originelles geleistet hat...

Ob ‚Falstaff' auf der deutschen Bühne Fuß fassen wird? Eine schwere Frage! Fast scheint es undenkbar, dass unser gewichtiges Deutsch ohne Zungenverrenkungen zu jener Musik gesprochen werden kann. Auch wendet sich das ganze Werk, wie schon erwähnt, an einen Kreis von Sachverständigen und lässt das große Publikum kalt; das hat auch die erste Aufführung des ‚Falstaff' in Wien bewiesen; ... indessen scheint es überflüssig, die Bedenken gegen eine deutsche Aufführung des ‚Falstaff' zu erörtern; im Ablehnen und Übersehen bedeutender Werke hat ja unsere Opernleitung eine solche Praxis, dass wir ihr die weiteren Schicksale des ‚Falstaff' mit voller Beruhigung überlassen können."[110]

Albert brannte darauf, in der Musikszene Wiens etwas zu bewirken, Veränderungen herbeizuführen, die ihm wichtig erschienen. Diese Einstellung führte ihn mit einem Mann zusammen, der genauso dachte und handelte wie er: mit dem Hofmusikverleger Albert Gutmann.

---

[110] „Das Vaterland" vom 25.5.1893

Albert Gutmann

Abbildung 24: Albert Gutmann

Gutmann, 1851 geboren, war dreizehn Jahre älter als Albert. Heute würde man ihn als den Inbegriff des dynamischen, innovativen Jungunternehmers bezeichnen. Er gründete 1873 einen Musikverlag und mietete dafür Räumlichkeiten in den Arkaden des Hofoperngebäudes. Neben seiner Verlagstätigkeit trat er als Konzertveranstalter in Erscheinung, organisierte mit Hilfe guter internationaler Kontakte Gastspiele von bedeutenden Künstlern, die in Wien nicht oder nur vom Hörensagen bekannt waren, und brachte so Leben und Bewegung in die schwerfällige Wiener Musikszene. Vieles was er unternahm war geschäftlich riskant, erwies sich aber, weil er einen guten „Riecher" hatte, oft künstlerisch und letztlich auch finanziell als Glücksgriff. Als ein Beispiel für viele sei erwähnt, dass er als Erster Symphonien von Anton Bruckner druckte und verlegte, was in den etablierten Wiener Verlegerkreisen damals als großes Wagnis angesehen wurde.[111]

Eines der wesentlichen Anliegen dieses Musikbesessenen war es, einer breiteren Bevölkerungsschicht gute Musik näher zu bringen; die sich daraus für seinen Verlag und seine Künstleragentur ergebenden finanziellen Vorteile nahm er gewissermaßen billigend in Kauf.

1890 erschien im Druck eine Art „Petition" Gutmanns[112] an die Gesellschaft der Musikfreunde, der er als Mitglied angehörte. In einer Generalversammlung der Gesellschaft hatte er angeregt, in Wien ein (zweites) aus Berufsmusikern zusammengesetztes Orchester zu

---

[111] *Albert Gutmann, Aus dem Wiener Musikleben, 1914.*

[112] *Albert Gutmann, „Volksconcerte in Wien. Vorschläge zur Bildung eines Concertorchesters", Wien, undatiert*

gründen, um breiteren Bevölkerungskreisen zu mäßigen Eintrittspreisen den Zugang zu guter Musik zu ermöglichen. Daraufhin wurde er eingeladen, einen Vorschlag auszuarbeiten.

Gutmann beklagte in dieser Denkschrift, dass für die „Popularisierung der klassischen Orchestermusik" in Wien nichts getan werde. Es gebe jährlich nur ein Dutzend Orchesterkonzerte – die philharmonischen und die „Gesellschaftskonzerte" zusammengenommen –, die schon auf Grund des hohen Eintrittspreises für ein breiteres Publikum nicht erreichbar und von den „oberen Zweitausend" ohnedies ausgebucht seien. Er unterstrich diese Kritik mit dem Hinweis, dass z.B. Berlin seiner Bevölkerung ein sehr viel breiteres Angebot an Aufführungen von Orchestermusik biete. Schließlich legte Gutmann eine Kalkulation vor, unterbreitete sehr detaillierte Vorschläge zur Anzahl der Aufführungen, zur Preisgestaltung und zur Dotierung des notwendigen Berufsorchesters und rechnete vor, dass das Projekt finanzierbar wäre.

Albert griff im „Vaterland" diese Idee Gutmanns begeistert auf. In vielen seiner Referate über Aufführungen von Oratorien und anderen großen Chorwerken weist er auf den prächtigen Plan hin, ein zweites philharmonisches Orchester zur Veranstaltung populärer Symphoniekonzerte ins Leben zu rufen. Johanna zitiert Albert:

„Durch eine solche Ausdehnung des Zuhörerkreises würden die Wiener Gesellschaftskonzerte ihrer Mission erst vollkommen gerecht. Die Kunst ist nicht für exklusive Kreise bestimmt, und an Haydns ‚Jahreszeiten' erbaut sich der einfache Schulmeister geradeso, wenn nicht mehr, als so mancher der ‚Gründer', welche auf ihren erbgesessenen Plätzen das kunstliebende Wien repräsentieren wollen."

Johanna weiter:

„Zum Beweis dieser – einem Referat über Beethovens Missa solemnis entnommenen – Behauptung führt Albert an, dass es ihn nach der Aufführung gewaltige Mühe gekostet habe, einem stadtbekannten Mäcen zu beweisen, dass er Beethovens Missa solemnis und nicht Bachs Hohe Messe gehört hatte."

Gutmanns Initiative wurde von der Gesellschaft zwar mit Wohlwollen zur Kenntnis genommen. Zu einem Handeln waren die maßgeblichen

Persönlichkeiten aber nicht zu bewegen. Es blieb vorerst alles beim Alten, die Zeit war noch nicht reif.

Alois Hermann bis zur Pensionierung 1891

In seinem „Brotberuf" kam Albert einen Schritt weiter. Im Dezember 1890 wurde er zum Statthaltereiconcipisten für Mähren ernannt, jedoch gleichzeitig „in zeitweise Dienstverwendung" in das Ministerium für Cultus und Unterricht in Wien berufen, wodurch sein weiterer Verbleib in Wien möglich war. Ohne die Einflussnahme seines Vaters wäre diese Berufung ins Ministerium nicht zustande gekommen. Kurz vor seinem Eintritt in den Ruhestand war Alois Hermann bemüht, seinem Sohn den Berufsweg im öffentlichen Dienst zu ebnen.

Wie hatte sich die Karriere von Alois Hermann entwickelt?

Die nachfolgende knappe Schilderung der Entwicklungen im Unterrichtsministerium ab den Sechzigerjahren des 19. Jahrhunderts beruht weitgehend auf der Darstellung von Alois Hermann in seinen Memoiren, die im Staatsarchiv verwahrt werden.[113] Eine detaillierte Beschreibung der Entstehung des Reichsvolksschulgesetzes und der schwierigen politischen Verhältnisse, mit denen er als Beamter in den Siebziger- und Achtzigerjahren des 19.Jahrhunderts konfrontiert war, würde aber den Rahmen dieser Familiengeschichte sprengen.

Seit seinem Eintritt als Beamter ins Unterrichtsministerium waren beinahe zehn Jahre vergangen, bis Alois den „Charakter" eines Ministerialsecretärs, also eine systemisierte Stelle, erreicht hatte. In den folgenden acht Jahren kam er auf der Karriereleiter rasch voran.

Nach der Katastrophe von Königgrätz 1866 war es in der Monarchie zu tiefgreifenden Veränderungen gekommen. Im Abgeordnetenhaus hatten nun die Liberalen das Sagen, mit dem Staatsgrundgesetz von

---

[113] *Textzitate in diesem Kapitel stammen, sofern nicht eine andere Quelle angegeben wird, aus den Memoiren von Alois Hermann.*

1867 wurden viele Forderungen der Revolution von 1848 erst verwirklicht: Gleichheit vor dem Gesetz, Glaubens- und Gewissensfreiheit, Pressefreiheit und viele andere Grund- und Menschenrechte.

Das Unterrichtsministerium, das 1861 im Staatsministerium aufgegangen war, wurde wieder errichtet und an seine Spitze wurde im Juni 1867 zunächst Anton Hye berufen.

„In Hye's Augen, ich weiß das von ihm selbst, galt ich als eine Spezialität auf dem Gebiet des Volksschulwesens, die schon damals im Ministerium schwer zu ersetzen gewesen wäre. Unter diesem, durch das allgemein bekannte Wohlwollen für die Beamten und die seltene Humanität für jeden, der sich an ihn wandte, ausgezeichneten Chef fühlten auch wir Beamten des Unterrichtsministeriums uns wahrhaft glücklich. Mir ist dieser hochedle Mann immer Freund und Gönner geblieben. "

Über Hye's Antrag wurde Alois „Titel und Charakter" eines Sektionsrats verliehen. Hye blieb aber nur bis Dezember 1867. Nach ihm wurde Leopold Hasner von Artha Minister für Kultus und Unterricht. Hasner, so erinnert sich Alois, war *„einer der edelsten Männer, denen ich im Leben begegnet bin"*. Wie sehr dieser die Sachkenntnis von Alois schätzte, zeigt sich schon daran, dass er die Mitglieder der Volksschulsektion des Unterrichtsrates, der allerdings kurze Zeit später aufgelöst wurde, nach dem Vorschlag von Alois ernannte. Einer von ihnen war der bereits erwähnte Pfarrer Paletz, ein zweiter der Privatschulinhaber und ehemalige Schulrat Johann Ritter von Hermann. Mit ihm besteht nur eine Namensgleichheit, kein Verwandtschaftsverhältnis, ich komme in Kürze auf ihn zu sprechen.[114]

Hasners Hauptanliegen war es, eine für die gesamte Monarchie verbindliche gesetzliche Regelung für die Volksschulen zu schaffen.

---

[114] *Nach einer anderen Quelle soll Johann Ritter von Hermann schon 1863 von Schmerling in den Unterrichtsrat berufen worden sein. Josef Thonhauser: Hermann, Johann Ritter von. In: Neue Deutsche Biographie (NDB). Band 8. Duncker & Humblot, Berlin 1969, S. 659 f.*

Die Ausarbeitung dieses Reichsvolksschulgesetzes wurde Alois übertragen, der wie kein Zweiter im Ministerium mit allen Problemen des Volksschulwesens bestens vertraut war.

Trotz des massiven Widerstands der Konservativen wurde das Gesetz am 21. April 1869 im Abgeordnetenhaus nach einer bis tief in die Nacht dauernden Marathonsitzung beschlossen und am 10. Mai im Herrenhaus angenommen.[115]

Dieses Gesetz brachte einen völligen Neubau des österreichischen Pflichtschulwesens. Die Schule wurde aus der kirchlichen Aufsicht gelöst, die Schulpflicht verlängert, der Lehr- und Bildungsstoff wesentlich ausgeweitet, Bürgerschulen und Lehrerbildungsanstalten errichtet, die Lehrerschaft „verbeamtet".[116]

Der Kaiser verlieh nach der Erlassung des Reichsvolksschulgesetzes Alois mit Entschließung vom 27.7.1869 „in Anerkennung seiner ausgezeichneten Dienstleistung" den Orden der Eisernen Krone dritter Klasse, worauf „die statutenmäßige Erhebung in den Ritterstand erfolgte".

Im Ministerium wurde Alois befördert. Im Oktober 1870 wurden ihm Titel und Charakter eines Ministerialrates verliehen, im März 1871 wurde er zum besoldeten Ministerialrat ernannt.

Bald nach der Entstehung der Doppelmonarchie Österreich-Ungarn traten im Unterrichtswesen neue Probleme auf. Das Bestreben der „Slawen" war es, die deutsche Sprache in den Schulen der nicht deutschsprachigen Kronländer der Monarchie zurückzudrängen. Dem Bemühen des galizischen Landesschulrats, die deutschen Schulen in Biala zu „polonisieren", trat Alois *„mit einer etwas ungebührlichen amtlichen Bemerkung scharf entgegen, worüber es einen nicht gelinden Sturm gab"*. Die Sache verlief zwar im Sande, doch festigte sie den Ruf von Alois als Slawengegner. Vor allem für die Tschechen, die sich seit

---

[115] *Eva Maria Hörmannseder, „Schulbildung zwischen Politik und Realität", Diplomarbeit 2013, Seite 39 f.*

[116] *Werner Tscherne, Unerwartete Folgen des Reichsvolksschulgesetzes, Mitteilungen 47 des Landesarchivs Steiermark*

der Entstehung der Doppelmonarchie gegenüber Ungarn benachteiligt fühlten und immer neue Forderungen stellten, auch auf dem Gebiet des Unterrichtswesens, wurde Alois zunehmend zum Feindbild.

In der (dritten) Amtszeit von Karl Ritter von Stremayr als Unterrichts-minister (1871 bis 1879), der auch Abgeordneter der Deutschliberalen im Reichstag war, wurde Alois neben seinen „großen amtlichen Agenden" der Vorsitz einer Kommission von Schulfachleuten aus allen Kronländern übertragen, die ein Organisationsstatut für die österreichi-schen Lehrer- und Lehrerinnenbildungsanstalten erarbeitete. Dieses bewährte sich bestens und wurde erst 1886 geringfügig geändert.

Im Jahre 1879 wurde Alois das Ritterkreuz des Leopoldordens ver-liehen. Als Intimkenner ministerieller Gepflogenheiten vermutete er, man habe ihm damit ein Trostpflaster dafür verabreichen wollen, dass der Titel und Charakter eines Sektionschefs an den ihm im Range nach-stehenden Ministerialrat Dr. Lemayr verliehen wurde. Lemayr war zu dieser Zeit für höhere Aufgaben, möglicherweise sogar als neuer Unterrichtsminister, vorgesehen. Ein Regierungswechsel – Taaffe wurde 1879 Ministerpräsident – durchkreuzte jedoch diesen Plan, worauf Lemayr das Unterrichtsministerium verließ.

Die Regierung von Ministerpräsident Taaffe (1879 bis 1893) brachte einen grundlegenden Wandel der Politik. Taaffe verfolgte einen streng konservativen Kurs, die Vormacht der Liberalen ging zu Ende. Stremayr schied 1880 aus dem Ministerium. An seiner Stelle wurde zunächst der Konservative Sigmund Conrad von Eybesfeld Unterrichts-minister (1880 bis 1885). Alois wurde als rangältester Ministerialrat zu Sektionschefarbeiten herangezogen, erhielt aber den Titel und Charakter eines Sektionschefs erst Ende 1884, weil er

„als Deutsch-Österreicher zu dieser Ehrenstelle seitens des Versöh-nungsministeriums[117] nicht früher als reif gehalten werden konnte,

---

[117] *Ministerpräsident Taaffe stand ab August 1879 einem „Versöhnungsministerium" vor, dessen Aufgabe es war, zwischen den Nationalitäten der Monarchie vermittelnd zu wirken.*

bevor nicht auch die Möglichkeit gegeben war, einen tschechischen Beamten in einer höheren Stellung im Unterrichtsministerium zu placieren".

Mit solchen „Quotenregelungen" versuchte man in der Staatsverwaltung, den Forderungen der Tschechen Zugeständnisse zu machen. Alois dazu: *„Die Abneigung der Tschechen gegen mich wurde aber auch dadurch keineswegs gemildert. "*

Mit dem Erstarken der klerikalen Partei gewann ihre Forderung an Gewicht, das Reichsvolksschulgesetz zu ändern und zur konfessionellen Schule zurückzukehren. 1883 wurde das Gesetz tatsächlich novelliert, doch wurden längst nicht alle Wünsche der Klerikalen erfüllt.

1885 wurde Minister Conrad abberufen. Grund dafür war ein Eklat im Abgeordnetenhaus: Der Tiroler Abgeordnete Monsignore Greuter, ein prominenter Vertreter des Klerikalismus in Österreich, hatte Conrad wegen Missständen an der Wiener Universität angegriffen[118] und gefordert, die Universitäten wieder der Kontrolle der Jesuiten zu unterstellen.

„Nachdem Baron Conrad – erregt in seinem österreichischen Herzen – den tirolischen Abgeordneten P. Greuter öffentlich im Parlamente abgekanzelt hatte, konnte er – das war allgemeine Überzeugung – bei der damaligen Majorität des Abgeordnetenhauses nicht länger im Amt bleiben. "

Die „Neue Freie Presse" kommentierte seine Abberufung so:

„Alle seine Fügsamkeit und Schmiegsamkeit, alles Entgegenkommen, das er der unersättlichen slawisch-klerikalen Verbindung bewiesen, alle Opfer, die er ihr auf Kosten der besten Werke früherer Perioden gebracht, haben ihn nicht zu erhalten vermocht. ... Er ist nicht der Erste und wird vermutlich noch immer nicht der Letzte sein, der diesen mit politischen Leichensteinen besäten Weg wandert. ... Es ist kein Zweifel: der Unterrichtsminister Conrad ist auf das Andringen der vereinigten tschechischen und klerikalen Partei gefallen ..."[119]

---

[118] *Rudolf Steiner, „Monsignore Greuter", Erstveröffentlichung: „Deutsche Wochenschrift 1888, VI. Jahrgang, Nr. 26 (GA 31, S. 127–129)*
[119] *"Neue Freie Presse" vom 7.11.1885*

Alles wartete gespannt auf den Namen des Nachfolgers.

„Als nun die Wiener Zeitung am 5.11.1885[120] die Ernennung des Theresianums-Direktors Gautsch (vor wenigen Jahren noch Ministerial-Vizesekretär in unserem Ministerium) brachte, war vor allem unter den Beamten des Ministeriums die Überraschung sehr groß. War der neue Mann doch erst 34 Jahre alt, also wesentlich jünger als die meisten der ihm nun unterstellten Beamten. Er galt zwar als talentiert, war aber bisher in keiner Weise hervorgetreten und hatte keinerlei Erfahrung. Dass dieser Mann zum obersten Chef der österreichischen Unterrichtsverwaltung – für welches hoch wichtige Amt glänzende Namen von Fachwissen und Erfahrung zu Gebote standen – ernannt wurde, hielten Sachkundige und ernste Politiker als nur im Reiche der Unwahrscheinlichkeiten für möglich."

Sofort nach seinem Amtsantritt führte Gautsch mit Alois ein Gespräch und versicherte ihn seines besonderen Vertrauens. Es gab im Unterrichtsministerium damals drei Sektionschefs: Fidler, Dr.Pozzi und Alois. Fidler ging in Pension und wurde durch den Hofrat der steiermärkischen Statthalterei Graf Enzenberg, einen Wunschkandidaten Taaffes, ersetzt. Pozzi, der sich dadurch brüskiert fühlte, weil ihm die (besoldete) Sektionschefsstelle Fidlers nach dessen Ausscheiden zugesagt worden war, trat daraufhin auch in den Ruhestand. Auf seinen Posten rückte Ministerialrat von David nach. Unter diesen drei Beamten, Enzenberg, Hermann und David wurde nun die Oberleitung der Geschäfte verteilt.

Die anfängliche Skepsis von Alois gegenüber Gautsch erwies sich als unbegründet. Die Beamten hatten befürchtet, Gautsch werde nach der Pfeife Taaffes tanzen. Das bewahrheitete sich nicht, wenngleich er es schwer hatte, sich im Ministerkabinett zu behaupten.

„Im Amte, dessen Gewalten so viele Gelegenheiten bieten, sich allerwärts Feinde zu schaffen, sicherte er sich volle Selbstständigkeit. Insbesondere in der ersten Zeit entwickelte er auch große Energie, um praktische Verbesserungen im Unterrichtswesen herbeizuführen und die Lehrerwelt, die doch im Großen und Ganzen ihre Pflichten voll

---

[120] *„Wiener Zeitung" vom 7.11.1885, Nr.256.*

erfüllt, oft zittern zu machen ... Insbesondere fand das dem Minister geläufigste Mittelschulwesen eine umsichtsvolle und erfolgreiche Förderung, wenngleich die Lehrerwelt mit mancher Verfügung nicht einverstanden war".

Am Reichvolksschulgesetz hielt Gautsch trotz der dem Klerus freundlichen Haltung der Regierung *„wie an einem noli me tangere"* fest. Erst 1889 legte er, dem unaufhörlichen Drängen der klerikalen Partei nachgebend, dem Reichsrat den Entwurf für eine weitere Novelle vor, die aber von den Vorstellungen der Klerikalen so erheblich abwich, dass sie unerledigt blieb.

In der ersten Zeit seiner Tätigkeit als Minister, so vermutete Alois, dürfte Gautsch den Klerikalen Zugeständnisse in Aussicht gestellt haben.

„Damals besuchte mich eines Tages Prinz Liechtenstein und erklärte mir, dass Gautsch zu Konzessionen in der Schulfrage geneigt sei, ich jedoch die Sache näher auszuarbeiten haben würde. Ich aber habe dem Prinzen gegenüber meine prinzipiellen Bedenken gegen eine solche Aktion nicht zurückgehalten und insbesondere auch darauf hingewiesen, dass bei der Zusammensetzung des Abgeordnetenhauses auch der klerikalste Unterrichtsminister die konfessionelle Volksschule, wie solche die klerikale Partei anstrebe, nicht durchzusetzen, ja bei weitem nicht einmal die einfache Majorität dafür zu erreichen vermöchte, während z.B. schon die Wiederherstellung der ehemaligen Schulaufsicht sogar der Zweidrittel-Majorität benötigen würde. Ich rechnete dem Prinzen so vor: Die vereinigte Linke ist prinzipielle Gegnerin der Sache; die Tschechen würden im Zustimmungsfall von der jungtschechischen Partei sofort verdrängt werden; die Polen endlich gebärden sich wohl immer als Katholiken, sind aber weit mehr national und ihr Hauptbestreben sei, das ganze Land zu polonisieren, weshalb sie ein gleiches Recht den griechisch unierten Ruthenen in der Sache schwerlich einräumen würden. ... Im Süden des Reiches seien ähnliche Verhältnisse. Was bleibe also im Abgeordnetenhaus für die von den Klerikalen angestrebte konfessionelle Schule übrig? – Einem anderen klerikalen Abgeordneten bemerkte ich bei einer Unterredung scherzweise, dass, selbst wenn der Heilige Vater Unterrichtsminister in

Österreich würde, er bei der gegenwärtigen Zusammensetzung des Abgeordnetenhauses die konfessionelle Schule, wie solche angestrebt werde, im Wege der Gesetzgebung nicht durchzuführen vermöchte. "

Gautsch war sich bewusst, dass Alois mehr und mehr zum roten Tuch für Slawen und Klerikale wurde, und suchte ihn aus der Schusslinie zu nehmen. Entgegen der bisherigen Übung zog er Alois, wenn es um den Unterrichtsetat ging, im Budgetausschuss und im Plenum des Parlaments nicht mehr als Regierungsvertreter bei. Den Entwurf für die Novelle von 1889 hatte noch Alois ausgearbeitet und bei den kommissionellen Beratungen im Ministerium auch vertreten, die Ausarbeitung des Motivenberichts und die Vertretung im Parlament legte Gautsch aber in andere Hände *("ich als der von Gautsch so oft benannte ‚Vater der Schulgesetze' wäre offenbar für die konservative klerikale Partei nicht der rechte Mann dazu gewesen")*.

Am 19. Februar 1889 tauchte als Meldung in der Prager „Deutschen Zeitung" das Gerücht auf, Alois werde in den Ruhestand treten, Ministerialrat Rittner [ein Pole] sei zum Nachfolger ausersehen.

Abbildung 25: Alois Hermann ca.1890

Die Prager Meldung stellt es als gewiss hin, *„dass Sektionschef Hermann endlich dem Andrängen der Nichtdeutschen weichen muss. Der Genannte war längst schon der Gegenstand der heftigsten Angriffe von slawischer Seite"*.

Im Jahr 1889 erhielt Alois zwei hohe Auszeichnungen: Der Prinzregent von Bayern verlieh ihm (vermutlich über Gautschs Antrag) anlässlich der damaligen Kunstausstellung in München, an der sich das österreichische Unterrichtsministerium beteiligt hatte, den Verdienstorden vom heiligen Michael zweiter

Klasse mit Stern; aus Anlass des zwanzigjährigen Bestandes des Reichsvolkschulgesetzes erhielt er mit einem prachtvoll ausgestatteten Diplom taxfrei das Bürgerrecht der Stadt Wien verliehen.

Ende 1889 legte Gautsch selbst, „wenngleich in zarter Weise", Alois nahe, in Pension zu gehen. Alois war überzeugt, dass Gautsch ihn nicht gegen seinen Willen „außer Aktivität setzen" werde. Alois hielt Gautsch daher entgegen, er sei im Besitz seiner vollen Arbeitskraft, von seinen vierzig Dienstjahren sei ein Jahr streng gesetzlich nicht anrechenbar, seine Pensionierung könnte daher nur mit einem Gnaden-akt erfolgen, um den er keinesfalls ansuchen werde.

Der entscheidende Beweggrund für das Widerstreben von Alois war aber die Zukunft Alberts, der noch als unbesoldeter Statthalterei-Con-zipist Dienst versah. Alois ließ sich von Gautsch versprechen,

„ihn noch vor meinem Austritte zur Dienstleistung in das Unterrichts-ministerium einzuberufen und für sein weiteres Fortkommen ernstlich besorgt sein zu wollen. (Solche Einberufungen junger Leute zur Dienst-leistung in die Ministerien, speziell jenes für Cultus und Unterricht, die eine rasche Karriere im Staatsdienst ermöglichen, sind, wenn es sich nicht gerade um nichtdeutsche Sprachen handelt, häufig Protektionen, die nicht nur verdienten Staatsbeamten sondern auch anderen einfluss-reichen Vätern, insbesondere Politikern, zuteil wurden)."

Erst nachdem Albert im Dezember 1890 den Dienst im Unterrichtsmi-nisterium angetreten und Alois seine vierzig Dienstjahre auch „streng gesetzlich" erfüllt hatte, überreichte er vierzehn Tage vor Jahresende sein Pensionsgesuch. Die Zukunft Alberts als Beamter war damit weit-gehend gesichert, und es war dies ein willkommener Anlass, zu Weih-nachten 1890 die Verlobung mit Henriette zu feiern.

In einem Brief an Henriette – Albert lag krank zu Hause – schrieb er am 8. Jänner 1891:

„Papa's Pensionierung ist heute vom Kaiser gekommen, zugleich mit der Verleihung des Comthur-Kreuzes des Franz-Josefs-Ordens mit dem Stern – eine sehr schöne Decoration, welche sich Papa gar nicht erwartet hatte ... Der Minister versicherte Papa auch, dass er es als seine heilige Pflicht betrachte, für mein Fortkommen zu sorgen und *dass er wegen meiner Zukunft ganz unbesorgt sein könne ... Was der Minister mit mir Besonderes vor hat, werden wir ja bald sehen, und im Übrigen brauche ich ja nichts jetzt, als Avancement in der Tour, dann wäre ich im Sommer Commissär u. das genügt bis auf Weiteres."*

Zwei Tage später, Albert war noch immer nicht ausgehfähig, schrieb er:

„Bei uns geht's zu wie in einem Taubenschlag; ein Besuch reicht dem anderen die Thür, Telegramme und Briefe liegen in Haufen da u. das ganze Haus ist in Aufruhr."

Wieder zwei Tage später, am 12. Jänner, waren bereits über dreihundert Karten und Briefe mit Glückwünschen eingelangt.

„Heute war [Papa] beim Kaiser, der ihm eine großartige Anerkennung aussprach, so dass der Papa ganz gerührt war. Der Kaiser erkundigte sich auch um die Familie bei Papa, fragte auch, ob ich im politischen Dienst stehe, worauf Papa sagte, dass ich schon im Ministerium bin."[121]

Von den zahlreichen Zeitungsmeldungen, die sich mit seiner Pensionierung beschäftigten, erfüllte ein Artikel des Redakteurs Jessen in den „Neuen pädagogischen Blättern" Alois mit besonderer Genugtuung, weil Jessen zu keiner Zeit zu seinen Lobrednern zählte:

„ ... Mit Hermann tritt der Mann, der in den letzten beiden Jahrzehnten, wenn auch nicht dem Titel so doch dem Wesen nach für das Gebiet der Volksschule der eigentliche Unterrichtsminister war, vom Schauplatz seiner Tätigkeit zurück. Hermann war kein Parteimann; den Liberalen war er zu wenig liberal, den Klerikalen zu wenig klerikal, die Deutschen vermuteten manchmal in ihm einen Tschechenfreund, die Tschechen griffen ihn als Deutschen an. Er war mit einem Worte ein Beamter und stellte als solcher seine persönliche Überzeugung zurück. So konnte er sich denn zu allen Zeiten in seiner Stellung behaupten und unter Ministern, die sich in ihren Richtungen wesentlich unterschieden, sein Ressort – das Volksschulwesen Österreichs – behalten. Er war an der Stelle, wo sozusagen alles im ewigen Wechsel kreiste, der beharrende

[121] Briefe Alberts an Henriette vom 8., 10. und 12.1.1891

ruhige Geist. Er kannte sein Gebiet genau, bis ins Kleinste hinein, und die Minister, die von juridischen und anderen Geschäften weg gerufen wurden, das Unterrichtswesen zu leiten, mussten bei einem solchen Eintritt in eine ihnen mehr oder minder fremde Welt froh sein, einen so wohlinformierten und in allen Teilen der Unterrichtsverwaltung so geübten Beamten zur Seite zu haben. Es ist ganz naturgemäß, dass sein Einfluss dabei ein sehr bedeutender, ja vielfach geradezu maßgebender wurde. Obwohl es natürlich ist, dass wir, denen an dem Ausbau des Volksschulwesens in freisinniger Richtung alles liegt, durch gar manches von einem Mann getrennt werden, der als Beamter in der Erfüllung seiner Pflichten sich einen höheren Willen zur Richtschnur nimmt, so können wir Herrn von Hermann doch unsere Achtung nicht versagen. Die von ihm entwickelte Arbeitskraft dürfte kaum ihresgleichen finden, und die Art, wie er in seinem Gebiete zuhause war, musste jeden, der Gelegenheit hatte, sich darüber ein Urteil zu bilden, in Verwunderung setzen. Hermann war, wo es der Erörterung über die Zweckdienlichkeit dieser oder jener Einrichtung galt, auch nicht engherzig, sondern ging auf Gründe, gleich viel von welcher Seite sie kamen, bereitwillig ein. Wir haben vor Jahren mehrfach Gelegenheit gehabt, Beratungen, die unter seiner Leitung im Unterrichtsministerium stattfanden, als Experten teilzunehmen und können nur bezeugen, dass er Gründe wog und wägen ließ, aber die Eingeladenen nicht als Statisten betrachtete, welche man geladen hätte, fertigen Elaboraten durch Reden in den Wind den Schein parlamentarischen Zustandekommens – wenn dieser Ausdruck anders erlaubt ist – zu verleihen. Über Ansichten hinweg werden wir seiner Person ein freundliches Andenken immer bewahren. Was sein Zurücktreten bedeutet, können wir nicht entscheiden. Er ist wohl nicht mehr jung, aber voll geistiger Frische. Hat er das Bedürfnis empfunden, sich nach einem Leben voller Arbeit einen ruhigen Lebensabend zu gönnen? Oder weicht er, der Beamte, einer Partei zuliebe? Die Zukunft wird die Antwort geben."[122]

Von den zahllosen Glückwünschen, die er empfing, zitierte Alois in den Memoiren wörtlich das Schreiben von Dr. Guido Adler, Musikprofessor der deutschen Universität in Prag:

---

[122] *A.Ch.Jessen in „Neue pädagogische Blätter" Jg. 1891, Nr. 3*

„Gestatten Sie, dass ich mein tiefes Bedauern über Ihren Rücktritt vom Amte ausspreche. Was Sie in demselben für die Schulpflege gewirkt haben, darüber wird die Geschichte des Unterrichtswesens in Österreich manches Blatt enthalten, welches Ihren Namen mit unvergänglichen Zügen bewahren wird. Und nicht nur sachlich, auch persönlich wird Ihr Auftreten Jedem unvergesslich bleiben, der das Glück hatte, mit Ihnen im Amte zu verkehren. ... So lange es Beamte von solchem Gerechtigkeitssinn und unbeugsamer Lauterkeit des Charakters gibt, ruht der österreichische Staat auf festen Pfeilern, das Fundament und die Krone des Gebäudes sind dann niet- und nagelfest verbunden. "

Die Hoffnungen von Alois, er werde auch nach der Pensionierung in die Lage versetzt werden, dem Ministerium weitere Dienste zu leisten, gründeten sich auf vage Zusagen von Gautsch, erfüllten sich aber nur zum Teil. Er blieb Vorsitzender der beim Ministerium bestehenden Schulbuchkommission und wurde in die ständige Kommission zur Beratung legislativer Arbeiten auf dem Gebiet des Volksschulwesens berufen; Gautsch behielt sich überdies vor, in wichtigen Angelegenheiten seines Ressorts seinen Rat fallweise zu erbitten. Tatsächlich blieb es beim Vorsitz der Schulbuchkommission, den Sitzungen der legislativen Kommission (falls solche stattgefunden haben) wurde er nicht beigezogen, Gautsch nahm die persönliche Beratung nie in Anspruch. Gleich nach der Pensionierung war sogar die Rede davon gewesen, er werde einen Sitz im Verwaltungsrat einer Eisenbahnlinie erhalten[123], was gleichfalls im Sand verlief.

Aus dem eben zitierten Brief Alberts vom 8. Jänner 1891 ergibt sich ein anderes biographisches Detail, das für die Familiengeschichte von Bedeutung ist.

„Herr Müller hat seine Prüfung mit Auszeichnung gemacht, worüber natürlich große Freude herrscht. Er will zur Bahn gehen, wo er als Jurist sehr schöne Aussichten hat. "[124]

---

[123] *Brief Alberts an Henriette vom 8.1.1891*
[124] *Brief Alberts an Henriette vom 8.1.1891*

Otto Müller-Martini verkehrte also schon damals in der Familie, die Hochzeit mit Johanna fand aber erst am 19. Oktober 1893 statt.

Albert und Henriette heiraten

Die Trauung von Albert und Henriette wurde für den 1. Juni 1891 in der Schottenkirche festgesetzt.

Albert bat seinen Freund Weinwurm, eine seiner Schwestern im Brautzug in die Kirche zu führen. Der lehnte ab, er fühle sich gesundheitlich dazu nicht in der Lage. Das hinderte ihn aber nicht, für die Hochzeitsfeierlichkeiten eine musikalische Überraschung vorzubereiten. Er hatte Alberts Männerchor „An Marie" einen dem Anlass entsprechenden Text unterlegen lassen und führte ihn mit Mitgliedern der Tischgesellschaft „Deutsche Tafelrunde" nach dem Ringwechsel auf. Bei der häuslichen Feier sang Dr. Raimund Halatschka anstatt eines Toastes das Lied „Bitte", das Albert für Henriette komponiert hatte, daran schloss sich eine von Weinwurm eigens verfasste Festkantate.

Dr. Raimund Halatschka[125], Besitzer „einer Barytonstimme von seltener Schönheit", war einer der engsten Freunde Alberts. Halatschka trat immer wieder im Akademischen Gesangverein und nun auch bei der „Deutschen Tafelrunde" als Gesangssolist auf. Er unterrichtete (1890) an der k.k. Staatsrealschule in Sechshaus und war ein sehr geselliger Mensch. Natürlich war die Musik ein wichtiges Bindeglied der beiden Freunde. Wenn es ihre Zeit erlaubte, musizierten sie gemeinsam und gingen dabei Lieder von Schubert, Schumann und anderen bändeweise durch. Gelegentlich, so berichtet Johanna, unternahm das Freundespaar sogar „Sängerfahrten über die Länder".

„Selten ging es ohne drollige Abenteuer ab, wenn sie unter strenger Wahrung des Incognito in irgend einem geeigneten Claviersaale ein Concert improvisierten. Nie erfuhren die staunenden Zuhörer, wer ihnen so seltenen Kunstgenuss geboten hatte. War die Begeisterung

---

[125] *Dr.phil.Raimund Halatschka (1857 – 27.8.1922), Germanist, (http://scopeq.cc.uni-vie.ac.at/query)*

aufs höchste gestiegen, dann empfahl man sich mit unnahbarer Liebenswürdigkeit. "

Halatschka hielt seinem Freund Albert über den Tod hinaus die Treue. Er übernahm für die beiden kleinen Söhne Willhelm und Walter die Vormundschaft. Mit schöner Regelmäßigkeit schenkte er den heranwachsenden Buben Noten, vornehmlich Liederalben mit handschriftlicher Widmung.

Die jungen Eheleute bezogen eine Wohnung in der Josefstadt, im Haus Maria Treu-Gasse 6. Wo und wie sie ihre Flitterwochen verbrachten, ist nicht bekannt. Sie unternahmen eine Reise und kehrten „sonnverbrannt und glückstrahlend" zurück.

Im August wurde Albert vom Statthalter in Brünn zum Bezirkskommissär der IX. Rangklasse „in definitiver Eigenschaft" ernannt, blieb aber weiter zur Verwendung in Wien. Diese Ernennung bedeutete noch immer keinen „sicheren Posten" und auch keinen Schutz gegen eine allfällige Versetzung zu einer Behörde außerhalb Wiens. Erst mit der Ernennung zum Ministerialkonzipisten im März 1893 war seine Dienstverwendung in Wien wenigstens für die nächsten Jahre gesichert.[126]

Neue Pläne

Ein Brief der Herderschen Verlagsbuchhandlung[127] zeigt, dass Albert bald nach Rückkehr von der Hochzeitsreise schon wieder Pläne schmiedete. Mit Bedauern lehnte es der Verlag ab, dem Projekt einer „Zeitschrift für Tonkunst" näher zu treten. Die Zeitschrift, an der auch Theobald Kretschmann[128] mitarbeiten sollte, war vor allem zur Behandlung kirchenmusikalischer Themen vorgesehen, weshalb der Verlag meinte, es müsste auch ein Geistlicher bei der Redaktion beteiligt sein,

---

[126] *Alois Hermann, Memoiren*
[127] *Brief der Herderschen Verlagsbuchhandlung vom 16.9.1891.*
[128] *Kretschmann, Theobald, 1850–1919, vielseitiger Musiker, seit 1881 Solocellist der Hofoper, veranstaltete Kammer– und Orchesterkonzerte, 1889–1902 Regenschori an der Votivkirche (ÖBL 1815–1950, Bd. 4 (Lfg. 18), S. 262 f.).*

und eine Fusion mit der Zeitschrift des Weihbischofs Katschthaler[129] in Salzburg anregte.

Im Übrigen verraten die schriftstellerischen und musikalischen Aktivitäten der folgenden Jahre, die Albert neben dem Musikreferat im „Vaterland" entfaltete, die lenkende Hand Guido Adlers. Bereits im April 1888 war dieser an das Ministerium für Kultus und Unterricht mit der Idee herangetreten, eine riesige Musiksammlung unter dem Titel „Monumenta historiae musices" zu begründen, in welcher Werke von Komponisten aus der Monarchie und dem gesamten deutschen Sprachraum veröffentlicht werden sollten. Dieser umfassende Plan konnte nicht verwirklicht werden, da die transleithanische Reichshälfte zu einer Zusammenarbeit nicht bereit war und im deutschen Sprachraum bereits zwei "Denkmäler"-Editionen vorbereitet wurden, die „Denkmäler deutscher Tonkunst" (ihr erster Band erschien 1892 und kam damit Adlers Plänen zuvor) und die „Denkmäler der Tonkunst in Bayern".[130]

Selbst in der geographisch reduzierten Form der „Denkmäler der Tonkunst in Österreich", die Adler nun plante, war die Sammlung ein Jahrhundertwerk, das nur mit großzügiger staatlicher Hilfe Aussicht auf Verwirklichung hatte. Adler hatte die geniale Idee, allerhöchstes Interesse an der Edition dadurch zu wecken, dass als Vorläufer und Probestücke Prachtbände mit den Werken der komponierenden Habsburgerkaiser der Barockzeit erscheinen sollten.

Ausstellung für Musik und Theaterwesen 1892

Adlers Vorhaben kam ein musikalisches Großereignis von internationaler Bedeutung, das gerade in Wien vorbereitet wurde, sehr entgegen, die Ausstellung für Musik und Theaterwesen. Er selbst wurde zum Leiter der musikalischen Abteilung für Österreich-Ungarn und Deutschland bestellt.

---

[129] *Katschthaler, Johannes Baptist, 1832–1914, 1891 Weihbischof, 1900 Fürsterzbischof in Salzburg, förderte die cäcilianische Reform der Kirchenmusik.*
[130] *Theophil Antonicek, Kurze Geschichte der DTÖ in www.dtoe.at*

Die „Internationale Ausstellung für Musik und Theaterwesen", von Fürstin Pauline Metternich initiiert und gefördert, fand vom 7. Mai bis 9. Oktober 1892 im Wiener Prater (Rotunde) statt. Sie wurde mit großem ideellen und finanziellen Aufwand geplant und durchgeführt[131]. Zahlreiche europäische Länder und sogar die USA beteiligten sich daran. Die eigentliche Fachausstellung brachte die historische, künstlerische und technische Entwicklung der Musikpflege und des Theaterwesens zur Darstellung und gliederte sich in einen „toten" und einen „lebenden" Teil, d.h. neben Schauobjekten wurde der Aufführung von Musik, Theater und Oper breiter Raum gegeben. Daneben gab es noch eine gewerbliche Spezialausstellung, die der Präsentation der modernen Erzeugnisse für Musik- und Theaterpflege diente. Eigens für die Ausstellung wurde ein Theater gebaut, in dem den ganzen Sommer über Sprechstücke und Opern aufgeführt wurden. Die Rotunde wurde mit großem Aufwand für musikalische Aufführungen adaptiert. Es gab Woche für Woche zumindest drei Konzerte.

Adler als Leiter der musikalischen Abteilung für Österreich-Ungarn und Deutschland arbeitete von Anfang an darauf hin, dass die Auswahl der im „toten Teil" auszustellenden Objekte nicht dem Gutdünken der beteiligten Nationen und Institutionen überlassen blieb, sondern dass nur solche Gegenstände beschafft wurden, die in das strenge wissenschaftliche Konzept der Schau passten. Es war das erklärte Ziel Adlers, einem Fachpublikum die Möglichkeit zu bieten, Materialien, welche sonst in einer Unzahl von Bibliotheken zerstreut lagen, auf einem Fleck beisammen zu haben[132].

Den „lebenden" Teil der Musikausstellung, die Gestaltung der Konzerte, legte Guido Adler in die Hände von Albert (Hermann) und Albert Gutmann als „Referenten des Musikcomités", wobei Hermann vor allem die Erstellung der Programme für die zwölf historischen Konzerte und gemeinsam mit Gutmann die Auswahl der Künstler oblag.

---

[131] Die Ausstellung endete mit einem Defizit von annähernd 60.000 Gulden, sodass die Sponsoren im Rahmen des „Garantiefonds" einen Nachschuss zu leisten hatten („Neue Freie Presse" 14.11.1893, Seite 5).
[132] Hermann, „Die internationale Musik- und Theater-Ausstellung in Wien 1892" in „Das Vaterland" vom 20.12.1891

„Die Frage, was diese Musikaufführungen eigentlich zu bieten hätten, war nicht so leicht gelöst. Vor allem galt es, von dem herkömmlichen Concertwesen abzuweichen, also nicht etwa eine Fortsetzung der winterlichen Concertsaison anzustreben, sondern Form und Inhalt der geplanten Darbietungen in ein der Musikstadt Wien würdiges und der Fachausstellung entsprechendes System zu bringen: die Meisterwerke der Classiker, Romantiker und zeitgenössischen Componisten aufzuführen und diese Concerte den breiteren Schichten der Bevölkerung durch einen minimalen Eintrittspreis leicht zugänglich zu machen; ferner in einer Reihe von historischen Concerten die Entwickelung der Tonkunst zu veranschaulichen, endlich die lebenden Componisten soviel wie möglich selbst zur Aufführung ihrer Werke heranzuziehen und eine Reihe hervorragender Dirigenten einzuladen".[133]*

Die Erstellung der Programme für die historischen Konzerte war eine heikle Aufgabe.

„Seit den zu Ende der Sechzigerjahre von L.A. Zellner veranstalteten historischen Soiréen geschah in Wien – von den lobenswerthen Bestrebungen einzelner Corporationen abgesehen – so gut wie nichts für die Belebung des musikhistorischen Sinnes, bis durch die von Dr. Robert Hirschfeld im Jahre 1884 ins Leben gerufenen ‚musikalischen Renaissance-Abenden‘ eine verheißungsvolle Wende eintrat."[134]

Die Veranstaltung von zwölf historischen Konzerten innerhalb von etwas mehr als vier Monaten war also in jeder Hinsicht eine Pioniertat: Dem Wiener Publikum war die „Alte Musik" kaum bekannt, es gab auch wenige Ensembles, die mit der Aufführungspraxis vertraut waren. Die erste Wahl war unangefochten die Chor-Akademie des Ambrosius-Vereins unter Josef Böhm, daneben hatte auch die von Max von Weinzierl geleitete Singakademie immer wieder geistliche und

---

[133] *Bericht der Referenten des Musikcomités Albert Gutmann und Albert v. Hermann in Schneider, Siegmund: Die Internationale Ausstellung für Musik- und Theaterwesen in Wien, 1892*

[134] *„Historische Concerte der internationalen Musik- und Theaterausstellung in Wien 1892", S.2*

weltliche Werke der Renaissancemusik aufgeführt. Mit ihr galt es Verbindung aufzunehmen.

Am 13. Oktober 1891 verstarb einer der beiden Gründer der Singakademie, Dr. August Schmidt[135]. Bei der Trauerfeier, die die Singakademie am 3.11.1891 im Akademischen Gymnasium veranstaltete, hielt Albert „in geistvoller und schwunghafter Weise"[136] eine Gedenkrede. Bei der Auswahl des Redners wird wohl Guido Adler die Hände im Spiel gehabt haben. Albert nahm die Gelegenheit wahr, die Trauergäste daran zu erinnern, dass

„gerade Wien, wo die klassische Tonkunst seit dem 15.Jahrhundert eine hervorragende Pflegestätte hatte, der Boden für die Pflege jener Kunstrichtung sei, welche die Wiener Singakademie auf ihr Panier geschrieben habe; sie sei daher dazu berufen, dem klassischen A-capella-Gesange mit jenem Eifer zu obliegen, welchen die Gründer des Vereines seinerzeit entfaltet hatten, um einer wahrhaft großen Idee zum Durchbruch zu verhelfen; die Mitglieder der Singakademie könnten daher das Andenken des Verstorbenen nicht besser ehren, als wenn sie in seinem Geist dem Programm der Singakademie treu blieben".[137]

Der Zweck dieses flammenden Appells trat bald zutage. Wenig später lud das Comité der Ausstellung die Singakademie ein, sich an der Ausstellung zu beteiligen und im „lebenden" Teil einige der historischen Konzerte zu übernehmen. Am 7.12.1891 fasste die Generalversammlung der Singakademie den einstimmigen Beschluss, die Einladung anzunehmen. Die Teilnahme an der Ausstellung rief in der Singakademie bereits in der Vorbereitungsphase eine Aufbruchsstimmung hervor. Artistischer Direktor war seit acht Jahren Max von Weinzierl (1841–1898). Dieser war im Lauf seiner Karriere bei verschiedenen Chören in Wien – vorwiegend Männerchören – erfolgreich als Dirigent

---

[135] *August Schmidt, 9. 8. 1808 Wien – 13. 10. 1891 Wien-Unter St. Veit, Buchhaltungsbeamter, Musikschriftsteller und Komponist; Herausgeber der "Allgemeinen Wiener Musikzeitung" und des "Orpheus", Gründer des Wiener Männergesangvereins (1843), Mitbegründer der Wiener Philharmonischen Konzerte (1842) und der Wiener Singakademie.*

[136] *Jahresbericht der Wiener Singakademie 1891–92, Seite 4*
[137] *ebendort, Seite 5*

tätig. Neben seiner Tätigkeit bei der Wiener Singakademie (seit 1884) leitete er auch den Gesangverein der österreichischen Eisenbahnbeamten und war Regenschori an der Piaristenkirche. Aus den Programmen[138] ist zu ersehen, dass er ab 1885 alle Konzerte der Singakademie selbst dirigierte. Die größte Produktion in seiner Ära war „Athalia" von Händel mit renommierten Solisten und den Wiener Philharmonikern am 26.12.1885 im Großen Musikvereinssaal. Im Frühjahr 1886 führte man in der Schottenkirche das „Stabat Mater" von Dvorak auf. Die Mehrzahl der Konzerte in den folgenden sechs Jahren, im Durchschnitt drei pro Jahr (was der statutarischen Verpflichtung entsprach), brachten „gemischte" Programme von kürzeren Chorwerken aus verschiedenen Epochen; regelmäßig waren darunter Kompositionen der Renaissance oder des Barock.

Die einzelnen Konzertprogramme waren, insbesondere vom musikhistorischen Standpunkt aus, im Detail durchaus interessant, doch wurden sie jahrelang immer wieder nach demselben Schema zusammengestellt. Für größere Unternehmungen fehlte es sowohl an Geld als auch an Aufträgen. Es ist vorstellbar, dass sich dieses Fehlen von „Highlights" nachteilig auf die Einsatzfreude der Sänger – durchwegs Amateure – und damit letztlich auf die Qualität des Chors auswirkte. Die regelmäßige Beschäftigung mit Werken der Alten Musik in all den Jahren war der Grund dafür, dass die Ausstellungsleitung die Singakademie zur Teilnahme einlud. Das Angebot an eine gewissermaßen „ausgehungerte" Sängerschar, sich an einem internationalen Großprojekt zu beteiligen, verfehlte jedenfalls nicht seine Wirkung. Die Vereinsleitung war sich einerseits bewusst, dass die Singakademie mit diesen Konzerten

„mit einbezogen wurde in den Mittelpunkt eines gesteigerten Interesses für Musik und eingefügt in das großartige Bild, welches die Ausstellung von allen musikalischen Erscheinungen bieten sollte",

andererseits sah man aber auch Probleme in der verhältnismäßig kurzen Vorbereitungszeit und in der Tatsache, dass die Konzerte im Sommer stattfanden; man fürchtete für die ausübenden Mitglieder eine

---

[138] *Konzertarchiv der Wiener Singakademie*

„starke Belastungsprobe, nachdem die vorgerückte Saison auf einen glänzenden Probenbesuch nur unbestimmt rechnen ließ".[139]

Die Vereinsleitung wählte gemeinsam mit Albert schließlich 19 Chorwerke aus, wovon 7 aus Aufführungen der letzten Jahre dem Großteil der Sänger bekannt waren. Ein kleinerer Teil kannte noch weitere 3 Stücke, deren Aufführung schon einige Jahre zurücklag. 9 Chöre mussten völlig neu studiert werden. Zur Erleichterung der Probenarbeit wurde für 4 Stücke ein kleines Ensemble von geübten Sängern gebildet.

Bereits im zweiten Konzert der Saison am 24.2.1892 begann die „Zukunft": Es wurden vier Stücke ins Programm aufgenommen, die für die Ausstellung bestimmt waren, darunter Lassos „Landsknechtsständchen". Als Gesangssolistin wirkte Bertha Gutmann, die Frau von Albert Gutmann mit, außerdem trat der „Orchesterverein für klassische Musik" unter dem designierten Dirigenten des Ausstellungsorchesters, Hermann Grädener, mit einer „Instrumental-Einlage" auf, einem Concerto grosso von Händel.

Eine Neuerung stellte es auch dar, dass das Konzert vier Tage später als Veranstaltung des niederösterreichischen Volksbildungs-Vereins in einer Schule im achten Bezirk bei freiem Eintritt wiederholt wurde. Unschwer ist da der Einfluss von Albert und Gutmann zu erkennen, deren Anliegen es war, neue Publikumsschichten anzusprechen.

Chorintern wehte gleichfalls ein neuer Wind: Um die gesteckten Ziele zu bewältigen, wurde der Probenbesuch besonders streng kontrolliert, „unnachsichtiges Vorgehen gegen säumige Mitglieder war ein Gebot der Notwendigkeit".[140] Das hatte zur Folge, dass sich ein beachtlicher Teil der ausübenden Mitglieder empfahl.

---

[139] *Jahresbericht 1891/92, Seite 17*
[140] *Jahresbericht 1891/92, S 4.*

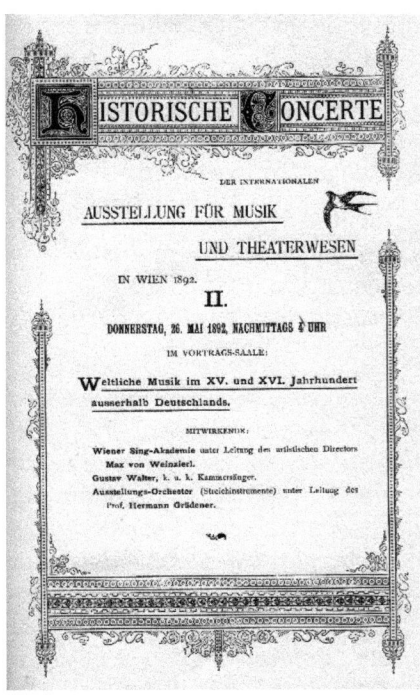

Abbildung 26: Erstes Konzert der Singakademie

Im Rahmen der Musikausstellung wurden der Singakademie schließlich zwei Konzerte anvertraut, der Chorakademie des Ambrosius-Vereins drei Konzerte, darunter die mit Solisten und Instrumentalisten groß besetzte Schlussveranstaltung der Historischen Konzerte und der gesamten Ausstellung mit Werken der Kaiser Ferdinand III., Leopold I. und Joseph I. vor geladenen Gästen.

Für eine Serie von drei Konzerten mit Meisterwerken der niederländischen Schule konnte der damals sehr renommierte „Amsterdamer a capella-Chor"[141] unter Daniel de Lange gewonnen werden, an drei Abenden gastierte die gefeierte Altistin Amalie Joachim mit einem Zyklus „Das deutsche Lied", der die Entwicklung vom 15. Jahrhundert bis zur Gegenwart darstellte. Deutsche Kirchenlieder aus dem 11. bis 17. Jahrhundert wurden in einem Konzert der Zöglinge des k.k. Waisenhauses, der Schulbrüderschule Fünfhaus und des Waisenasyls „Norbertinum" zu Gehör gebracht. In letzter Minute musste auf die geplante Mitwirkung des „Riedelschen Chorvereins zu Leipzig" verzichtet werden. Das Engagement dieses weit über die Grenzen Deutschlands hinaus bekannten Chors, der Meisterwerke des A-capella-Stiles ab dem 16. Jahrhundert und das Oratorium in seinen

---

[141] *So bezeichnet in „Sammlung der Programme" 1892*

bedeutendsten historischen Phasen präsentieren sollte, hätte den engen finanziellen Rahmen gesprengt.[142]

Die drei Konzerte der Chor-Akademie unter Josef Böhm wurden zum Höhepunkt der Karriere dieses bedeutenden Kirchenmusikers und brachten die späte Anerkennung seiner langen Aufbauarbeit.

„Der Ambrosius-Verein hat sich so in die Anerkennung und Beliebtheit der tonangebenden musikalischen Kreise eingesungen, sodass er, von alten und neu erworbenen Sympathien getragen, in dem musikalischen Wintersaisonprogramm eine noch vornehmere Rolle spielen dürfte, als dies bisher sein Fall war."[143]

Das Thema des ersten Konzerts war *„Der römische Choralgesang und das deutsche Kirchenlied. Die Anfänge der Mehrstimmigkeit und deren Entwicklung zum kirchlichen a capella-Stil des 16. Jahrhunderts"*, vor allem für damalige Hörgewohnheiten ein eher sperriges Programm mit *„Probestücken aus uns sehr fernabliegenden Gebieten, welche außerhalb des Rahmens eines historischen Konzertes kaum denkbar sind"*; das dritte Konzert war kirchlichen Werken der deutschen, venezianischen und neapolitanischen Schule (16. bis 18. Jh.) gewidmet. Die Kritik bescheinigte den Ausführenden ein *„gourmandhaftes Schwelgen in derjenigen Musik, welche gegenwärtig die der Vergangenheit heißt."*[144]

„Chordirektor Böhm, welcher über eine seltene Spezialkenntnis in der älteren Musikliteratur verfügt, verstand es auch, die junge Sängerschar zu gewinnen und zu dirigieren, dass sie mit sichtlichem Verständnisse solch schwierige Tonwerke, welche fernab liegen von der landläufigen Liedertafelmusik, vortrugen."[145]

Den größten Eindruck als Vokalensemble in den historischen Konzerten hinterließ der „Amsterdamer a capella-Chor" unter Daniel de Lange. Ein wertender Vergleich der Leistungen dieses Ensembles mit

---

[142] *„Historische Concerte der internationalen Musik- und Theaterausstellung in Wien 1892", Einlageblatt*
[143] *Sonn- und Feiertags-Courier 13.6.1892*
[144] *„Sonn- und Feiertags-Courier" vom 13.6.1892*
[145] *„Vaterland" 11.6.1982*

denen der beiden Wiener Chöre wäre nicht gerecht. Die Niederländer waren ein aus achtzehn erstklassigen Gesangssolisten gebildetes Ensemble mit internationaler Erfahrung, während die Wiener Chöre jeweils an die achtzig Sänger stellten, beinahe durchwegs Amateure. Derart ungleiche Konfrontationen im Rahmen der Ausstellung waren in einer Zeit ohne Radio und Musikkonserven dennoch durchaus sinnvoll, weil sie den Fachleuten und dem Publikum die Möglichkeit boten, fremde Standards kennen zu lernen.

Wie schon erwähnt gab es neben den historischen eine Fülle von anderen Konzerten. Die Hindernisse, die die Veranstalter dabei bewältigen mussten, beschreibt der Comité-Bericht:

„Ohne Orchester – das musste wohl jedermann einleuchten – konnte etwas Bedeutendes unmöglich geleistet werden. Die Hauptschwierigkeit lag aber in den Wiener Orchesterverhältnissen, da Wien für Musikaufführungen ernsten Charakters nur ein einziges Orchester besitzt: das des k. k. Hofoperntheaters, welches allabendlich im Theaterdienste steht und daher unmöglich der Musikausstellung sich zur Verfügung stellen konnte. – Man musste also darauf bedacht sein, ein Orchester zu acquiriren, sei es durch Engagement eines auswärtigen, oder durch Neuschaffung eines eigenen Orchesterkörpers. Der letztere Gedanke stieß vielfach auf Widerstand, besonders bei den Fachmusikern, die es geradezu als eine Unmöglichkeit bezeichneten, in der kurzen Frist von einigen Wochen ein neues Orchester zu bilden, zu schulen und für gute Musikaufführungen leistungsfähig zu machen. Außerdem spielte auch der finanzielle Punkt keine geringe Rolle. Nachdem man mit ausländischen Orchestern zeitraubende Unterhandlungen geführt hatte, siegte endlich die ursprünglich zum Ausdrucke gebrachte Idee, ein eigenes Concertorchester zu schaffen."[146]

Gutmann war für die Bewältigung solcher Probleme zweifellos der rechte Mann. Er hoffte, in dieser Ausstellung den Grundstein für das zweite Wiener Berufsorchester zu legen. Es gelang ihm tatsächlich, ein leistungsfähiges 80 Mann-Orchester auf die Beine zu stellen. Neben

---

[146] *Bericht der Referenten des Musikcomités Albert Gutmann und Albert v. Hermann in Schneider, Siegmund: Die Internationale Ausstellung für Musik- und Theaterwesen in Wien, 1892*

zahlreichen Wiener Musikern wirkten, vor allem in den Bläsergruppen, auch ausländische Kräfte mit, die Gutmann dank seiner vielfältigen Kontakte für diese Aufgabe gewinnen konnte. Als Orchesterleiter für die Proben und als Dirigenten für den Großteil der Aufführungen engagierte man Hermann Grädener[147], auch dies erwies sich als guter Griff. Obwohl die Probenarbeit erst im April 1892 begann, spielte das Orchester ab 7.Mai 1892 in den regelmäßigen Konzerten ein breites Programm und erntete damit uneingeschränktes Lob der Fachwelt.

Abbildung 27: Hermann Grädener

Am 13.5.1892 schreibt die „Neue Freie Presse":

„Das erste populäre Symphonie-Concert.

Das Orchester, welches von der Commission der Ausstellung begründet wurde, hielt heute seinen officiellen Einzug.

Die andächtige Zuhörerschaft, welche sich in der Tonhalle versammelt hatte, zollte den Gründern, Spielern und dem Leiter des Orchesters, Herrn Professor Grädener, den wohlverdienten Tribut der Anerkennung. Die Leistungen des jungen Concert-Instituts waren um so überraschender, als das Orchester

---

[147] *Hermann Grädener, 1844 Kiel – 1929 Wien; Organist, Geiger, Komponist; Lehrer an den Horakschen Musikschulen und am Konservatorium der Gesellschaft der Musikfreunde, Dirigent der Wiener Singakademie, Lektor an der Universität Wien. Albert Hermann kannte Grädener vom Akademischen Gesangverein. Am 10.12.1887 leitete Grädener dort ein Konzert, in dem der „Altdeutsche Minnespruch" von Hermann aufgeführt wurde.*

erst vier Wochen Proben abhält und in dieser kurzen Zeit sich zu einem wirklich künstlerischen Organismus erhoben hat.

Die namhaften Opfer, welche die Ausstellungs-Commission brachte – die Bildung des Orchesters kostete 40.000 fl. – fielen auf fruchtbaren Boden.

Es wurde nicht nur einer Reihe von tüchtigen Musikern des In- und Auslandes die Möglichkeit geschaffen, sich im Dienste der Oeffentlichkeit zu bethätigen, sondern auch den Besuchern der Ausstellung, besonders aber unserem bürgerlichen Mittelstande, ist Gelegenheit geboten, sich an den classischen Werken der Tonkunst zu erbauen. Und mit welcher Aufmerksamkeit und Pietät lauschte das andächtige Publikum! Es ist erfreulicher, in der Tonhalle einen begeisterten Zuhörer mit einem Schöpplein Bier am Tische sitzend zu sehen, als im Concertsaale einen blasirten Gaffer, welcher nur der Mode halber sich als ,Musikfreund' geberdet. Die ersten und besten Tondichter und Dirigenten finden es nicht unter ihrer Würde, solche Volkskonzerte zu leiten. Brahms, Rubinstein, Bülow schwangen wiederholt in Berlin ihren Tactstock, von einer enthusiastischen Menge begrüßt und gefolgt. Und gerade Wien ist berufen, Concert-Unternehmungen dieser Art, wenn sie wohl fundiert sind, zu stützen und zu fördern. Hier ist eine Bevölkerung, welche, grundmusikalisch, sich edlen Kunstgenüssen freudig hingibt – allerdings müssen dieselben auch materiell zugänglich gemacht werden. Die Bedenken, welche von Berufs-Dirigenten erhoben werden, es sei nicht möglich, in so kurzer Zeit ein dem künstlerischen Rufe Wiens würdiges Orchester zu bilden, sind behoben durch den Erfolg des heutigen Abends. Mit den höheren Zielen werden auch die Leistungen selbst wachsen.

Das Programm bot mannigfache Abwechslung. Nach Mendelssohn's selten gehörter Trompeten-Ouvertüre kamen Haydn (Variationen über die Volkshymne, aus dessen Quartett op.76, vom Streichorchester vorgetragen), Mozart's Symphonie A-Dur, Gade's Symphonie G-moll (in Wien seit den Siebziger-Jahren nicht aufgeführt), Schubert's Ballettmusik zur ,Rosamunde', ferner Glinka's ,Komarinskaja' und zum Schlusse Brahms' ,Ungarische Tänze' und Lanner's ,Walzerweisen' zur Aufführung. Mit der Zusammenstellung dieser Compositionen ist *auch für die Zukunft die Richtung eingeschlagen, in welcher sich die Programme zu bewegen haben. Und auch Componisten, welchen es sonst versagt ist, in den patentirten Concert-Unternehmungen Aufnahme zu finden, oder die nach dem ersten Misserfolge für immer in der Versenkung verschwinden, werden wol in diesen Concerten zu Wort kommen. Es wäre zu wünschen, dass diese für die Zwecke der Ausstellung begründete Concert-Unternehmung unserer Stadt dauernd erhalten bliebe. Das Interesse, welches der Bürgermeister Herr Dr. Prix schon durch Einführung von Militär-Concerten vor dem Rathhause bethätigte, wird, so darf man annehmen, noch erhöht werden, bei der Möglichkeit, populäre Symphonie-Concerte als veredelndes Bildungsmittel zu einer ständigen Institution zu erheben. Dann hält das Ausstellungsorchester auch seinen Einzug in das Rathhaus selbst – dies wäre fürwahr eine der bedeutungsvollsten culturellen Folge-Erscheinungen der Musik- und Theaterausstellung."[148]*

Mitte Juni 1892, also etwa einen Monat nach Beginn der Ausstellung, heißt es in einer Kritik:

„Mit dem Auftreten des Ausstellungsorchesters, um das ja jetzt so vieles in der Ausstellung rotiert, ist auch der Name des Professor Grädener auf das Engste verknüpft. Der ‚Orchesterverein für classische Musik' besitzt an ihm seit Jahren einen hingebungsvollen Dirigenten. Seine Schwingen aber konnte der letztere eigentlich erst auf seinem jetzigen Platze entfalten. Er unterzieht sich dieser Aufgabe wöchentlich dreimal mit einer nervösen Agilität, welche zu dem behäbigen Erinnerungsbilde Jahns und Richters in ziemlich grellem Kontrast steht, bald wie feuerspeiend, bald das Orchester förmlich mit einem Blick, einer Gebärde umklammernd, wenn es gilt aus diesem Fond von Tönen ein den akustischen Umständen angemessenes Crescendo herauszupressen. Jedenfalls hat man in Herrn Grädener eine gute, vielleicht eine sehr gute Wahl getroffen ... So bildet oft ein Dirigent sich in der Stille ..."[149]

---

[148] Bericht in der „Neuen Freien Presse" vom 13.5.1892, gezeichnet „G. Ar."(Guido Adler??). Auffällig sind die inhaltlichen Gemeinsamkeiten mit der „Petition" Gutmanns von 1890 und dem viel später erschienen Referentenbericht.
[149] Sonn- und Feiertags-Courier, 13.6.1892

Im Referentenbericht heißt es unter anderem:

„... Und im weiteren Verlaufe der Concerte, als das Orchester mit seinen Aufgaben wuchs, als Symphonien von Beethoven, Schumann, Bruckner, Brahms, Werke von Berlioz, Liszt und Wagner die Programme füllten, da konnte man oft von vorurtheilfreien Musikern den Ausspruch hören, dass sich das Ausstellungsorchester unter Grädener's Leitung nur noch durch die Quantität, nicht durch die Qualität der Ausführenden von den Wiener Philharmonikern unterscheide. Voll begeisterter Anerkennung sprachen sich die aus der Ferne gekommenen Componisten und Gastdirigenten aus."[150]

Besonders hohe Anforderungen stellten die Konzerte mit Werken lebender Komponisten, zumal das Comité bemüht war, diese zur persönlichen Leitung ihrer Werke zu gewinnen.

„Die Regelmässigkeit der populären Concerte sollte keine Unterbrechung erleiden, und doch ist es klar, dass Compositions-Concerte unter der Componisten eigener Leitung, deren Programme ausschliesslich neue – von diesem Orchester noch nicht gespielte – Werke enthielten, eine grössere Anzahl von Proben erforderten, was tatsächlich eine oft übermenschliche Anstrengung seitens des Orchesters und des betreffenden Dirigenten verlangte. In dem kurzen Zeitraume von fünf Monaten wurden mehr Meisterwerke aufgeführt, als sonst in ebensoviel Jahren in Wien erklungen waren."[151]

Trotz intensiver Vorarbeit und guter Organisation gab es Zwischenfälle, die vom Comité viel verständnisvolles Eingehen auf die Vorstellungen der Künstler und ein hohes Maß an Flexibilität und Improvisation verlangten.

„Selbst das Bestreben, wenigstens die Concerte der Componisten und Gastdirigenten bei Sesselaufstellung [also ohne Konsumation] zu veranstalten, scheiterte an den von der Ausstellungsleitung mit dem Unternehmer getroffenen Abmachungen – Bedingungen, unter denen allein der Bau der Musikhalle zu Stande kommen konnte. Da hiess es

---

[150] *Referentenbericht, aaO*
[151] *Referentenbericht, aaO*

eben, sich in das Unvermeidliche fügen, wollte man nicht das Kind mit dem Bade ausschütten. Die meisten auswärtigen Künstler waren übrigens an diese Einrichtung gewöhnt. Hatten doch Hans von Bülow und Anton Rubinstein es nicht unter ihrer Würde gefunden, in den populären Symphonie-Concerten der Philharmoniker Berlins zu dirigiren und zu spielen. Nur einer unserer Künstlergäste konnte sein »Shoking« [sic!] nicht überwinden. Es war der berühmte Componist Peter von Tschaikowsky aus Petersburg. Trotzdem ihm die Concession der Aenderung des Saalarrangements (Sesselaufstellung) gemacht wurde, reiste er plötzlich ab, nachdem er mehrere Proben abgehalten hatte. Da sich verschiedene Gerüchte über das Unterbleiben dieses Concertes verbreitet hatten, seien hier einige Stellen aus dem Abschiedsbriefe Tschaikowsky's angeführt:

> *< ... Quand vous recevrez cette lettre je serai déjà parti! Je pars pour les raisons suivantes: je croyais en venant ici, que j'aurais à conduire l'orchestre dans un grand local spécialement consacré à des solennités musicales. Il se trouve que c'est un local de restaurant ... .J'ai trop souffert aux répétitions à cette idée et ne puis m'y habituer. – L'Orchestre est très bon>.*

> *[Wenn Sie diesen Brief erhalten, werde ich schon abgereist sein. Ich reise aus folgendem Grund ab: als ich kam, glaubte ich, ich hätte ein Orchester in einem speziell für feierliche Musikaufführungen bestimmten Saal zu dirigieren. Es stellt sich heraus, dass es sich um ein Restaurant handelt ... Ich habe bei den Proben sehr darunter gelitten und kann mich nicht damit abfinden. – Das Orchester ist sehr gut.]*

Es kann durchaus nicht in Abrede gestellt werden, dass die Musikhalle einen provisorischen Charakter aufwies; allein nachdem der Geist Mozart's, Beethoven's und Wagner's dort seinen Flügelschlag vernehmen liess, war für Tschaikovsky's Suiten die Gefahr einer ‚Profanierung' wohl nicht zu befürchten!"[152]

Die große Hoffnung Gutmanns und Alberts, die Politiker und die Musikverantwortlichen in Wien würden sich auf Grund der Leistungen

---

[152] *Referentenbericht, aaO*

des Ausstellungsorchesters und seiner Erfolge bei einem breiten Publikum von der Notwendigkeit eines zweiten Berufsorchesters in Wien überzeugen lassen und vielleicht aus dem provisorischen Ausstellungsorchester eine ständige Einrichtung machen, erfüllte sich allerdings nicht. Albert hatte diese Forderung in seinen Rezensionen immer wieder erhoben. Die „Neue Freie Presse" hob in einem Abschlussbericht über die Ausstellung hervor, das budgetmäßig vorgesehene Defizit von 23.000 fl. allein für das Ausstellungsorchester wäre

„wahrlich eine geringe Summe, wenn der Versuch gelingt, dem großen Publicum in Hinkunft den Genuß classischer Musik bieten zu können".[153]

Gutmann überreichte den Referentenbericht über die Ausstellung auch dem Wiener Bürgermeister Prix, offenbar in der Absicht, vielleicht doch noch etwas zu bewirken, erhielt aber nur eine bedauernde abschlägige Antwort, die Albert im „Vaterland" veröffentlichte:

„...und erlaube mir, die Herren Referenten zu der durchaus richtigen und ungeschminkten Darstellung, sowie zu dem unbestreitbaren Verdienste, das sie sich durch ihre erfolgreichen Bemühungen erworben haben, auf das herzlichste zu beglückwünschen. Auch ich bedaure lebhaft, dass das Orchester der Stadt Wien nicht erhalten wurde. Genehmigen Sie die Versicherung meiner vorzüglichen Hochachtung. Dr.N. Prix".[154]

Auf die Theater- und Opernproduktionen der Ausstellung einzugehen besteht hier kein Anlass, weil Albert damit nichts zu tun hatte, allerdings mit einer bedeutsamen Ausnahme: Albert besuchte im Auftrag der „Neuen Freien Presse" alle vier Aufführungen des Gastspiels des Czechischen Nationaltheaters vom 1. bis zum 8. Juni 1892 und schrieb darüber Rezensionen. Eröffnet wurde mit der „Verkauften Braut" von Smetana, die einen triumphalen Erfolg hatte. Das Gastspiel sollte ursprünglich nur bis 7. Juni dauern, wurde aber für eine weitere Aufführung dieser Oper um einen Tag verlängert. In Wien wurde der Grundstein für die Weltgeltung des Werks gelegt, das bis dahin nur

---

[153] „Neue Freie Presse" vom 8.10.1892
[154] „Vaterland" vom 30.12.1892

nationale Bedeutung hatte. Die weiteren Produktionen der Prager, die in Wien vorgestellt wurden, waren Smetanas „Dalibor", Dvořáks „Dimitrij" und das Melodram „Pelop's Brautwerbung" von Jaroslav Vrchlicky mit der Musik von Zdenko Fibich. Der Direktor des Nationaltheaters, František Šubert, schrieb einen umfassenden Bericht über das Gastspiel. Darin sind die Rezensionen Alberts wiedergegeben.[155]

Während der Vorbereitungsarbeiten für die Ausstellung kam am 25.2.1892 Alberts erster Sohn zur Welt. Im Andenken an Westmeyer erhielt er den Namen Wilhelm.

Die Ausstellung war eben erst eröffnet, als die engsten Mitarbeiter im Ausstellungs-Comité schon wieder neue Pläne wälzten. Diesmal stand die Singakademie im Mittelpunkt.

Die Wiener Singakademie nach der Ausstellung

Weinzierl leitete noch die beiden Ausstellungskonzerte seines Chors, nämlich am 26.5. und am 28.6.1892 im Vortragssaal der Rotunde. Die Generalversammlung des Vereins vom 9.6.1892 verlieh ihm die Ehrenmitgliedschaft. Nach dem zweiten Konzert wurde er in Anerkennung seiner Verdienste durch Überreichung eines Lorbeerkranzes geehrt. Da war sein Ausscheiden als künstlerischer Leiter bereits beschlossene Sache. Max von Weinzierl als artistischer Direktor und zwei Ausschussmitglieder hatten schon vor dem Sommer erklärt, sie würden für eine Wiederwahl nach Ende des Vereinsjahres nicht mehr zur Verfügung stehen.

Zum neuen Artistischen Direktor bestellte der Ausschuss Hermann Grädener, den erfolgreichen Dirigenten des Ausstellungsorchesters. Nicht weniger als vier Mitglieder des Ausstellungs-Comités wurden neu in den Ausschuss kooptiert: Albert Gutmann, Albert Hermann, Dr.Robert Hirschfeld und Wilhelm Freiherr von Weckbecker. Alle diese Änderungen waren ein Signal, dass das erfolgreiche Team auch

[155] Šubert, František Adolf: Das böhmische National-Theater in der ersten Internationalen Musik- und Theater-Ausstellung zu Wien im Jahre 1892. – Prag, Verl. d. Nationaltheater-Consortiums, 1892

nach der Ausstellung auf die Singakademie bestimmenden Einfluss nehmen wollte und sollte.

Der Geist des neuen Teams zeigte sich schon in der Programmgestaltung der Konzertsaison 1892/93.

In der Weihnachtszeit gab man im Großen Musikvereinssaal ein Konzert mit Werken von Palestrina und Lasso, zu dem Robert Hirschfeld einen einführenden Vortrag hielt. Hirschfeld war auch deshalb in den Vorstand geholt worden, weil man die von ihm einige Jahre zuvor ins Leben gerufenen „Renaissance-Abende" in geänderter Form fortführen und diesem Projekt eine bessere wirtschaftliche Basis schaffen wollte. Grädeners „Orchesterverein für classische Musik" wirkte bei dem Konzert mit; es wurde mit geringfügig erweitertem (Chor)-Programm für den niederösterreichischen Volksbildungsverein im Turnsaal einer Schule wiederholt; dieser Versuch, der Musik ein neues Publikum zu erschließen, war schon im Jahr zuvor mit Erfolg praktiziert worden und entsprach den Intentionen Alberts und Albert Gutmanns.

Die Kaiserkompositionen

Im Jänner 1893 folgte im Kleinen Musikvereinssaal, dem heutigen Brahmssaal, ein Konzert mit Kompositionen der Kaiser Leopold I. und Ferdinand III. Hervorzuheben ist, dass – von zwei Ausnahmen abgesehen – diesmal andere Werke zur Aufführung kamen als bei der Musikausstellung. Zu ihrem 35-jährigen Bestandsjubiläum führte die Singakademie schließlich am 7.Mai 1893 in der Augustinerkirche die vollständige „Missa angeli custodis" von Kaiser Leopold I. auf, aus der in den bisherigen Konzerten bei der Ausstellung und im Kleinen Musikvereinssaal jeweils nur einzelne Sätze zu hören gewesen waren.

Die Aufführungen der Kaiserkompositionen verfolgten auch den Zweck, das Interesse der Öffentlichkeit an der bevorstehenden Veröffentlichung wach zu halten. Zunächst legte der Verlag Artaria eine Monumentalausgabe von nur 220 Exemplaren auf, die von vornherein nur für einen sehr kleinen Interessentenkreis konzipiert war. Daneben bereitete er eine schlichte Volksausgabe in größerer Auflage zu erschwinglichen Preisen vor.[156] Guido Adler übertrug Albert die Redaktion dieser Volksausgabe. Dazu führte Albert zu 17 Nummern, vorwiegend Tänzen, den Basso continuo aus. Außerdem versah er die Stücke mit Vortragszeichen und mit einem kleinen Partiturauszug mit Beifügung der Orgel- bzw. Klavierstimme, um die Probenarbeit und die Aufführung der Stücke zu erleichtern. Im Mai 1893 konnte Artaria diese Volksausgabe den Zeitungsredaktionen „zur Beurteilung durch die Musikreferenten" übermitteln.[157]

Gegen Ende des Jahres 1893 konstituierte sich die „Gesellschaft zur Herausgabe von Denkmälern der Tonkunst in Österreich", der Guido Adler, der Verleger C. August Artaria, Johannes Brahms, Eduard Hanslick, Wilhelm Ritter von Hartel, Engelbert Mühlbacher, Hans Richter, Wilhelm Baron Weckbecker und Albert Hermann (als Schrift-führer der leitenden Kommission) angehörten. Die Statuten dieser Gesellschaft erstellte Albert gemeinsam mit Artaria; dieser brachte einige Änderungswünsche an[158].

Kurz nach der Konstituierung wurden Guido Adler und Wilhelm Hartel als „Deputation der Gesellschaft" am 8.1.1894 in Audienz beim Kaiser empfangen und legten den ersten Band der „Denkmäler" (Kompositio-nen von Fux und Muffat) vor. In einem gesonderten Rundschreiben der „Gesellschaft zur Herausgabe von Denkmälern der Tonkunst in Österreich" gibt diese bekannt,

„dass Hofrat Ritter von Hartel und Guido Adler am 8.1.1894 in Audienz beim Kaiser den I. Band des Werkes ehrfurchtsvoll überreich-ten und dieser behufs Förderung der wissenschaftlichen Bestrebungen

---

[156] *Dr.Robert Hirschfeld, „Von der Musikwissenschaft", in „Neue musikalische Presse" 1896, Nr.47, kritisierte allerdings heftig, dass die „Denkmäler" nur in einer Prachtausgabe herausgegeben wurden: „neues Staubfutter für grössere Bibliotheken, ... dass speciell in Österreich die Musikwissenschaft in eine Art Geheimniskrämerei ausgeartet ist ... Früher wusste Keiner, welche Schätze in manchem österreichischen Archive verborgen sind. Nun weiß es durch Jahrzehnte vielleicht Einer, in dessen Hand das gesammte Material ruht. Ist das Wissenschaft, oder nicht vielmehr Geheimdienst?"*
[157] *Brief von Artaria, im Familiennachlass*
[158] *Brief von Artaria*

der Gesellschaft die Subskription fünf weiterer Exemplare aller-gnädigst zu bewilligen geruhte".

Der hier geschilderte Ablauf der Ereignisse scheint generalstabsmäßig geplant gewesen zu sein. Das von den Proponenten unterzeichnete Programm der „Gesellschaft zur Herausgabe der Denkmäler der Tonkunst in Österreich" bestätigt dies ganz deutlich:

„Erst seitdem sich das öffentliche Interesse allgemeiner den kunsthistorischen Studien und ihren Ergebnissen zuwendet – wovon die Wiener Musikausstellung in ihrer wissenschaftlichen Abteilung einen auch von ihren Gegnern anerkannten Beweis gab – erst seitdem das österreichische Ministerium für Cultus und Unterricht auch hierin fördernd wirkt, wovon wiederum die im Auftrag desselben edierten musikalischen Werke der Kaiser Ferdinand III., Leopold I., Joseph I. ein beredtes Zeugnis geben – erst jetzt ist wohl die Hoffnung berechtigt, eine Unternehmung wie die „Denkmäler der Tonkunst in Österreich" nicht nur zu gründen, sondern auch zu erhalten. "[159]

Die Vorgangsweise der „Gesellschaft" ist ein Paradebeispiel dafür, wie viel Geschick es erfordert, einem so umfangreichen, schwierigen Projekt das Interesse der Öffentlichkeit und die staatliche Unterstützung zu verschaffen und in weiterer Folge die Finanzierung auf die Beine zu stellen.

Alberts Wirken bei der Wiener Singakademie

Albert leistete für die Singakademie nicht nur wesentliche Beiträge zur Programmgestaltung. Er stellte sich auch als Musiker bereitwillig zur Verfügung. Johanna erinnert sich:

„Um die zahlreichen schönen aber ungeschulten Stimmen, welche sich zur Aufnahme meldeten, dem Zweck dienstbar zu machen, veranstaltete Albert mit ihnen Vorübungen für die regelmäßigen Vereinsproben. Seine liebenswürdige Art zu belehren ließ ihn bald allgemeine

---

[159] *„Vaterland" vom 18.2.1894, der Artikel ist mit „F.r." gezeichnet*

*Sympathien gewinnen. Nun wurde ihm die aus freien Stücken übernom-
mene Pflicht doppelt wert. Es entwickelte sich in der Folge ein ,Vorbe-
reitungskurs' welchen Albert mit Freude und Hingebung durch zwei
Jahre leitete. Als er sich genötigt sah, die Führung niederzulegen, ver-
schwand auch die nützliche Institution, deren Seele er gewesen."*

Gutmanns Initiative verdankte die Singakademie ein großes Konzert.
Er hatte schon zur Musikausstellung Anton Rubinstein eingeladen,
eigene Werke zu dirigieren. Dieser hatte die szenische Aufführung
seiner Oper „Moses" zur Bedingung eines Auftritts gemacht, was aus
finanziellen und organisatorischen Gründen unerfüllbar war. Mehr
Glück hatte Gutmann, als er Rubinstein vorschlug, in einem von der
Singakademie zu veranstaltenden Konzert im Großen Musikvereinssaal
sein Oratorium „Das verlorene Paradies" zu dirigieren. Die repräsen-
tative Aufführung am 16. März 1893 mit namhaften Solisten, dem
k.k. Hof-Opernorchester und der in den Männerstimmen durch den
„Schubertbund" verstärkten Singakademie[160] war binnen kurzer Zeit
ausverkauft und wurde nicht nur künstlerisch ein Erfolg sondern ließ
auch Geld in die bedürftige Vereinskasse fließen.

Gutmann berichtet in seinen Memoiren über dieses Konzert:

*„Aller Augen waren damals auf die Wiener Singakademie gerichtet, die
lange Zeit hindurch nur noch ein Scheinleben führend, plötzlich zu
neuen, kühnen Taten sich emporschwang ... Einmal auf der Höhe
angelangt, behauptete sich die ,Wiener Singakademie' bis in die neu-
este Zeit als erstrangiger Chorverein und wusste durch ihre Programme und Kunstleistungen das Wiener Publikum, das bekanntlich
keine geringen Anforderungen stellt, zu interessieren."*

Der Bericht Gutmanns erweckt zu Unrecht den Eindruck, das von ihm
organisierte Konzert habe eine kontinuierliche, reibungslose Aufwärts-
entwicklung der Singakademie ausgelöst.

---

[160] *Schon damals herrschte bei den gemischten Chören ein Mangel an Männerstimmen
(s. dazu auch Mantuani, Joseph Böhm), während gleichzeitig die Männergesangvereine
ihre Hochblüte erlebten.*

Abbildung 28: Otto Müller-Martini und Johanna, nach 1900?

Davon kann keine Rede sein, herbe Rückschläge blieben nicht aus, doch davon später.[161]

Bei den Hermanns gab es wieder ein großes Familienfest zu feiern, die Hochzeit Johannas. Schon in einem Brief Alberts an Henriette vom Jänner 1891 war von dem „Herrn Müller" die Rede gewesen, der zur Freude der Familie Hermann sein Jusstudium abgeschlossen hatte. Im Juni 1892 wurde die Verlobung gefeiert, mehr als ein Jahr später, am 19. Oktober 1893, heirateten die beiden.

(Karl) Otto Müller wurde am 13. Mai 1868 in Innsbruck geboren. Sein Vater war dort Universitäts-professor, die Mutter entstammte einer bekannten Juristenfamilie: Karl Anton Martini Freiherr zu Wasserburg war der Verfasser des Westgalizischen Gesetzbuchs und damit einer der Ahnherren des österreichischen Allgemeinen Bürgerlichen Gesetzbuchs von 1811. Solcherart vorbelastet entschloss sich Otto Müller zum Jusstudium, studierte vier Semester, von 1886 bis 1888, in Innsbruck, übersiedelte dann für die verbleibenden vier Semester nach Wien, erlangte am 21.10.1890 das Absolutorium und kurz darauf das Doktorat. In Wien wohnte er bei einer Hofrätin Von in der Mauer im Schottenhof, wie die Familie Hermann auf der IV. Stiege, nur zwei Stockwerke höher. Nach

---

[161] *Gutmann, Aus dem Wiener Musikleben, 1914; S 66 f. Die sehr interessanten Memoi-ren Gutmanns sind – vielleicht wegen des großen zeitlichen Abstands – in manchen Details nicht verlässlich.*

Abschluss des Studiums bewarb er sich um einen Posten bei den Staatsbahnen und wurde nach einer kurzen Verwendung in Linz ab Dezember 1892 zum Dienst in die Generaldirektion nach Wien einberufen.

Schauplatz der Trauung war die Schottenkirche. Trauzeugen waren Albert und ein Dr. Robert Steiner, Primarius und Dozent, gleichfalls im Schottenhof wohnhaft. Gefeiert wurde im Familienkreis in der Hermannschen Wohnung, Alois Hermann, der Brautvater, brachte als Hausherr die Toaste auf das Brautpaar, die anwesenden Eltern des Bräutigams und schließlich auf die übrigen Gäste aus.

Das „Weihnachtsspiel"

Auf Albert wartete eine große Aufgabe.

Zu den unterstützenden Mitgliedern der Singakademie gehörten der Hofglaswarenhändler und Herrenhausabgeordnete Ludwig Lobmeyr und seine Schwester Luise, die mit dem böhmischen Glasfabrikanten Wilhelm Kralik Ritter von Meyrswalden verheiratet war. Der Sohn der beiden, Dr. Richard Kralik von Meyrswalden, Hof- und Gerichtsadvokat, der vorwiegend als freier Schriftsteller und Privatgelehrter tätig war, war gleichfalls unterstützendes Mitglied der Singakademie.[162]

Richard Kraliks großes Ziel war die Erneuerung der europäischen Kultur auf der Grundlage der christlichen Vergangenheit, unter anderem versuchte er die Tradition der mittelalterlichen Mysterienspiele und des jesuitischen Schuldramas wieder zu beleben. So stellte er Textvorlagen der Mysterienliteratur, der Meistersingerzeit und der späteren Adventspiele, sowie Musik unter Verwendung alter katholischer Kirchenlieder mit Sorgfalt und Sachkenntnis zu einem „Weihnachtsspiel" zusammen.

---

[162] *Jahresbericht der Singakademie 1893/94; Richard Kraliks Schwester, Mathilde Kralik von Meyrswalden, trat bereits um diese Zeit als Komponistin in Erscheinung. Zu ihrem Freundeskreis gehörte Albert Gutmann, der ihre Werke verlegte. (www.kralikklassik.de/biografie.htm).*

Abbildung 29: Richard Kralik

Der ehrgeizige Plan einer szenischen Aufführung dieses Werks im Großen Musikvereinssaal mit Dekorationen, mit einer Vielzahl von Akteuren, teils Laien, teils Berufsschauspielern, mit zwei Chören, einem Bläserensemble, Harmonium und Orgel hätte jedenfalls die finanziellen Möglichkeiten der Singakademie bei weitem überstiegen. Zur Realisierung konnte es nur kommen, weil die renommierte „Leo-Gesellschaft" als Veranstalter auftrat.[163]

Das im Druck erschienene Werk Kraliks war sehr umfangreich und musste für die Aufführung erheblich gekürzt werden.

Die Vorbereitung der Öffentlichkeit auf diese Veranstaltung durch Zeitungsmeldungen und ausführliche Referate sowie die Mobilisierung der „guten Gesellschaft", kurzum die Publicity, trägt deutlich die Handschrift Albert Gutmanns. Schon am 19.11.1893 findet sich in der „Neuen Freie Presse" eine kurze Ankündigung des „Weihnachtsspiels". Es heißt dort unter anderem, die „Leo-Gesellschaft habe die Bearbeitung und Herausgabe des Spiels durch Kralik veranlasst", den musikalischen Teil werde Hermann Grädener leiten.

Warum Grädener in der Folge aus dem Projekt ausschied, ist mir nicht bekannt. Er leitete lediglich am 22.12.1893 ein vorweihnachtliches A cappella-Konzert der Singakademie im Bösendorfersaal mit Werken von in Wien lebenden Komponisten. Neben Brahms, Bruckner und Wolf kamen unter anderem auch je zwei Chöre von Albert („Röslein im Dornbusch" und „Ständchen") und dem Ausschussmitglied Wilhelm Weckbecker zur Aufführung und fanden bei der Kritik Ge-

---

[163] *die „Leo-Gesellschaft" war ein im Jahr 1892 von J. A. Helfert (s. S. 123) und F.M. Schindler gegründeter, nach Papst Leo XIII. benannter Verein zur Förderung katholischen Wissens, der zahlreiche Veröffentlichungen finanzierte, sowie Kurse, Kongresse, Vorträge und Ausstellungen organisierte.*

fallen[164]. Es wäre denkbar, dass Grädener, der Vielbeschäftigte, die größere Aufgabe der musikalischen Leitung des „Weihnachtsspiels" wegen der damit verbundenen umfangreichen Vorarbeiten nicht übernehmen konnte oder wollte. An seiner Stelle sprang Albert ein.

Eine umfassende Vorbereitung des Publikums war erforderlich, weil das Projekt „weitab von der Schablone der Musikaufführungen und theatralischen Veranstaltungen" lag.[165] Durch informative Presseaussendungen wurde das Interesse der Musikrezensenten geweckt, über die bevorstehende Aufführung ausführlich zu berichten. So umreißt ein Referat in der „Montagsrevue" die Ausgangslage:

„ Es ist nicht das erste Mal, dass eine originelle Idee, ein kräftiger Impuls auf künstlerischem Gebiete anderswoher ihren Ursprung nehmen, als von jenen Faktoren, die dazu verpflichtet sind, Ideen zu haben und Impulse zu geben. Das Wiener Kunstleben geht seit Jahr und Tag den breit ausgetretenen Pfad, auf dem sich die Lenker desselben mit Sicherheit und – Bequemlichkeit zu bewegen wissen. Kunst und Erwerb leben in gemeinsamem Haushalt – nicht nur in der armseligen Theaterbude im Prater, sondern auch in den stolzen Palästen, welche berufen wären, den idealen Zauber der r e i n e n Kunst in ihren Mauern unverkümmert festzuhalten. Und doch liegt in der Art, wie speziell die Wiener Theaterdirektoren dem Erwerbe nachjagen, ein hübsches Mäßlein von Unkenntnis der Menschen und speziell der Wiener. ... In diesem Punkt haben sich die Wiener Theaterleiter kaum höher aufgeschwungen, als bis zur – alljährlich am Allerseelentage wiederkehrenden – Aufführung eines Raupach'schen Schauerdramas[166] – ein trauriger und wohl gänzlich verfehlter Anfang! Nicht einmal die glänzenden Erfolge der Oberammergauer und Höritzer Passionsspiele, nicht die Tiroler Volksschauspiele, welche erst im heurigen Sommer so sensationell wirkten, nichts davon hat unsere Theatermenschen dem Gedanken näher gebracht, durch zeitgemäße Belebungen volkstümlicher, speziell geistlicher Spiele dem großen Publikum der Residenz etwas zu bieten,

---

[164] „Sonn- und Montagspost" vom 23.12.1893
[165] Gutmann, Aus dem Wiener Musikleben S 117
[166] „Der Müller und sein Kind"

das – sei es nun vom rein menschlichen oder vom literarisch-künstlerischen Standpunkt betrachtet – unter allen Umständen an eine immer wieder mit Macht erklingende Saite im Gemüt der Wiener Bevölkerung rühren muss.

Einer gelehrten Gesellschaft, welche die Fehde gegen Materialismus und Unglauben abseits vom Parteiengezänke mit den Waffen wissenschaftlicher Forschung führt, war es vorbehalten, jene Saite zu rühren ... "[167]

Nicht weniger polemisch, wenngleich aus anderem Blickwinkel, argumentiert die folgende Rezension:

„ ...Es gibt freilich Leute, die eine Gänsehaut bekommen, wenn sie das Wort „Mittelalter" hören. Fin-de-siècle-Narren, für welche die Welt erst in dem Moment Sinn und Bedeutung erhalten hat, wo sie in ihr erschienen, Gecken der Modernität, welche die Vergangenheit wie ein abgelegtes Kleidungsstück betrachten, laufen ja zu Dutzenden unter uns herum ... Weshalb sollten wir uns gerade dem volkstümlichen Drama des Mittelalters gegenüber ängstlich verschließen? Schwärmen wir nicht für altdeutsche Bilder und Möbel, Lieder und Sprüche, Antiquitäten und Goldschmiedearbeiten, Erker und Butzenscheiben? ... Nach Oberammergau und Höritz pilgern aus allen Weltgegenden Tausende, um sich von diesem Stoff begeistern zu lassen ... Niemand bedarf dringender der reinen, schlichten Kunst als der blasierte Großstädter, der seinen Gaumen durch Pikanterien der bedenklichsten Art abgestumpft hat..."[168]

Die im Musikvereinssaal aufgeführte Fassung des Werks bestand aus einer Reihe von Bildern, die das Geschehen von der Verlobung Marias bis zur Anbetung vor der Krippe szenisch darstellten, „in denen der Dialog in einfachen, oft recht naiven Versen mit Chorgesängen kirchlicher Lieder aus den verschiedensten Zeitepochen abwechselte."[169] Die Aufgabe, den musikalischen Teil einzurichten, fiel Albert als dem musikalischen Leiter zu. Er arrangierte die Chorsätze, versah sie mit

---

[167] *„Montagsrevue" 25.12.1893*
[168] *Rezension in einer nicht identifizierbaren Tageszeitung vom 28. 12.1893*
[169] *Rezension im „Deutschen Volksblatt" vom 28.12.1893*

stützenden Bläserharmonien, schrieb und vervielfältigte die Stimmen und studierte die Chöre (Singakademie und 70 Zöglinge des Waisenhauses) ein. Die Leitung des szenischen Teils (Inszenierung, Regie) hatte Alfred Freiherr (Baron) von Berger[170] inne.

Das Presseecho auf die insgesamt drei Aufführungen war sehr lebhaft und durchwegs positiv. Die mitwirkenden Burgschauspieler Stella Hohenfels (am dritten Abend an ihrer Stelle eine Elevin des Wiener Konservatoriums als „Neuentdeckung": die nachmalige Burgschauspielerin Lotte Medelsky) und Joachim Schreiner sowie die Laiendarstellerin der Maria, Maja von Kralik, die Gattin des Dichters, werden vor allem wegen der Schlichtheit und Natürlichkeit ihrer Darstellung gerühmt. Alberts Vorbereitungsarbeit und sein Dirigat werden in allen Berichten mit großem Lob bedacht.

„Ein großer Teil des Erfolges dieses Weihnachtsspieles darf der Wiener Singakademie, den sangeskundigen Zöglingen des k.k. Waisenhauses und in erster Linie dem Leiter des musikalischen Teiles, Herrn Albert R.v.Hermann, zuerkannt werden."[171]

„ ... [für den künstlerischen Ernst und den erlesenen Geschmack bürgt, dass] „die musikalische Führung Alfred[!] Ritter von Hermann anvertraut ist, der als geistvoller Schriftsteller wie als praktischer Musiker unter den Besten der Jüngeren sich einen Platz errungen hat."[172]

„Die Chöre – Sänger, Sängerinnen und Bläser haben ihren Platz vor der improvisierten Bühne – sind aus den ambrosianischen und gregorianischen Hymnen, aus Chorälen und kirchlichen Liedern kompiliert und von Herrn v. Hermann mit geradezu meisterhafter Geschicklichkeit in charakteristische, wirksame Form gebracht. Aus den Chören in der

---

[170] *Berger, Alfred Freiherr von, * 30. 4. 1853 Wien, † 24. 8. 1912 ebenda, Theaterdirektor und Schriftsteller; Ehemann von Stella von Hohenfels-Berger. 1887 Privatdozent für Philosophie und Ästhetik in Wien (1896 Professor), 1910 – 12 Direktor des Wiener Burgtheaters. Neben der als Vorbild empfundenen Weimarer Klassik setzte er auch Ibsen, Hauptmann, Hebbel, Wilde, Kleist, Schnitzler und Shaw auf den Spielplan des Burgtheaters. 1895 wurde Berger Präsident des „Vereins zur Abhaltung akademischer Vorträge für Damen".*
[171] *„Fremdenblatt" 24.12.1893 (von der Generalprobe)*
[172] *„Wiener Tagblatt" 24.12.1893 (von der Generalprobe)*

Geburtsszene, den Engels- und Hirtenchören strömt eine innig bewegende Kraft."[173]

Sonderbar martialisch klingt die folgende Rezension:

„Die Leitung des musikalischen Teiles lag in den Händen des bewährten Musikschriftstellers Albert Ritter von Hermann. Ein schneidiger Kämpe für den Ruhm und die Anerkennung der neudeutschen Musik in der Oper und im Konzertsaale zeigte Herr von Hermann gestern, dass er den Taktstock nicht minder energisch und gewandt zu führen versteht, als seine ob ihrer Schärfe gefürchtete Feder. Er hat die zum Teile recht schwierigen und hie und da sogar recht undankbaren Chöre, die die Vorgänge auf der Bühne begleiten, mit großer Präzision einstudiert, und beherrscht seine Sänger und die die Chöre stützende Bläserharmonie mit souveräner Gewalt. Herr von Hermann hat sich gestern als ein außerordentlich energischer Dirigent bewährt, von dem wir wünschen, dass er seine bisherige Zurückhaltung in Zukunft aufgebe und zu Nutz und Frommen unseres Musiklebens eine führende Rolle an einer unserer großen Musikgesellschaften übernehme."[174]

Über die Wortwahl seines Kollegen wird Albert, dessen Rezensionen stets als unvoreingenommen, sachlich fundiert und niemals absichtlich verletzend gerühmt wurden, wohl nicht glücklich gewesen sein. Die durchwegs positiven Berichte über das „Weihnachtsspiel" bestärkten ihn jedoch in seiner Absicht, eine Dirigentenlaufbahn anzustreben. Er war nach diesem Erfolg mehr denn je zuvor davon überzeugt, auch dazu die nötigen Fähigkeiten zu besitzen.

Es soll nicht unerwähnt bleiben, dass die Produktion die Wiener High Society, allen voran die höchsten kirchlichen Würdenträger, im gänzlich ausverkauften Musikverein versammelt sah, was in den Zeitungsberichten detailliert erörtert wurde. Auch Freiherr von Helfert und Alois Hermann wurden unter den Zuschauern gesichtet. Gutmann, dessen Hof-Musikalienhandlung den ausschließlichen Kartenverkauf besorgte, hatte ganze Arbeit geleistet.

---

[173] *„Österreichische Volkszeitung" 28.12.1893*
[174] *„Deutsches Volksblatt" vom 28.12.1893*

Albert blieb der Singakademie, auf die wieder turbulentere Zeiten zukamen, allen Widrigkeiten zum Trotz bis zu seinem Tode verbunden.

Am 29.3.1894 wagte die Singakademie eine große Eigenveranstaltung mit den Wiener Philharmonikern unter Hermann Grädener („Chorfantasie" und „Christus am Ölberg" von Beethoven; der unterstützende Wiener Männergesangverein sang außerdem noch den „Germanenzug" von Bruckner). Das Vorhaben geriet zum Fiasko. Das Konzert brachte einen weit größeren als den ohnehin schon veranschlagten Verlust. Den daraufhin verordneten Sparmaßnahmen fielen die „Renaissance-Abende" zum Opfer. Robert Hirschfeld schied aus dem Ausschuss aus. Auch Albert Gutmann und Wilhelm Weckbecker verließen den Ausschuss, den Zeitpunkt ihres Ausscheidens konnte ich nicht ermitteln, im Mai 1895 werden sie nicht mehr als Ausschussmitglieder genannt, doch „bewahrte Gutmann dem Vereine sein freundschaftliches Entgegenkommen sowohl in künstlerischer als auch in materieller Hinsicht".

Albert blieb. Das „Weihnachtsspiel" ging in wesentlich erweiterter Fassung zur Jahreswende 1894/95 nochmals über die Bühne des Musikvereinssaals. Dem eigentlichen Weihnachtsspiel wurde ein „Dreikönigsspiel" angefügt, wodurch die Aufführung nun von 19 Uhr bis 22.30 Uhr (!) dauerte. Teile des Publikums warteten das Ende der Aufführung nicht ab. Gleichwohl waren sich alle Kritiker einig, dass die musikalischen Leistungen und insbesondere die Neuerungen hervorragend gelungen waren.

„So hatte ferner Herr Albert Ritter v. Hermann (zugleich der vortreffliche Leiter der Aufführung) die ganze Instrumentierung in sorgfältigster Weise umgearbeitet und außerdem sehr wirksame, theils melodramatische, theils selbstständig auftretende Orchestersätze (zum Beispiel ein stimmungsvolles Hirtenspiel und einen ungemein charakteristischen orientalischen Marsch) hinzucomponirt. Endlich waren als Mitwirkende zu der neuerlich gewonnenen Wiener Singakademie diesmal noch die Chorakademie des Ambrosius-Vereines, der Rudolfsheimer Männergesangverein, die Capelle Strauß und ein besonders gut

studierter Frauenchor der Engel und Hirtinnen auf die Bühne getreten."[175]

Was hier eher nebenbei als Umarbeitung der Instrumentierung erwähnt wird, war – zusätzlich zu den Neukompositionen – eine sehr umfangreiche Arbeit. In der Fassung 1893 hatte nur ein Bläserensemble als Stütze der Chöre mitgewirkt, nun wurde ein ganzes Orchester einbezogen. Albert komponierte dafür neue Nummern und schrieb wiederum eigenhändig die Stimmen aus.

Mit der Einladung der Chorakademie des Ambrosius-Vereins zur Mitwirkung wollte Albert nach dem Tod des Gründers und Leiters dieses Ensembles, seines verehrten Lehrers Joseph Böhm (1893), zur Sicherung ihrer Existenz beitragen, was letztlich aber nicht gelang.

In einer sehr ausführlichen Rezension in der „Neuen Freien Presse", die auch die geschichtliche Entwicklung des Mysterienspiels beleuchtet, ist zu lesen:

„... *Die dramaturgische Leitung des Ganzen lag in den bewährten Händen des Freiherrn Alfred v. Berger. Ein gleich großes Verdienst ist Herrn Albert Ritter v. Hermann bezüglich des musikalischen Theiles des Weihnachtsspieles nachzurühmen. Dieser unseren Lesern wohlbekannte Musik-Kritiker und gründlich geschulte Tonkünstler hatte die Auswahl der Chöre zu treffen, dieselben den Sängern einzustudiren, die Orchester-Begleitung und die melodramatischen Sätze zu schreiben und die ganze Aufführung am Pulte zu dirigiren. Eine ebenso schwierige wie mühevolle Aufgabe, welche Herr v. Hermann in ausgezeichneter Weise erfüllt hat".*[176]

Über den damaligen Publikumsgeschmack machte sich eine Rezension im „Neuen Wiener Tagblatt" kritische Gedanken:

„*Soll man wirklich lediglich einen Zufall darin sehen, dass das Publikum, nachdem es der Arena-Musik Mascagni's und seiner minderwerthigen Nachtreter zugejubelt, jetzt an dem neumodisch appretirten Märchen von ‚Hänsel und Gretel' Gefallen findet und*

---

[175] „Deutsche Zeitung" 3.1.1895
[176] „Neue Freie Presse" 4.1.1895

*nebenher gar noch die nazarenischen Bilder des Kralik'schen ,Weih-
nachts- und Dreikönigsspieles' goutirt? Ich meine, man muss darin
gerade etwas Folgerichtiges erkennen. Der Wunsch, aus einem abge-
grasten, dazu widerwärtigen Gedankenkreise herauszufinden, das pro-
fane Verlangen nach Abwechslung, diese sind es, die mehr als alle
Annoncen und Zeitungsberichte diesen neusten Modestücken den
Zulauf sichern. Der übersättigte Feinschmecker sucht seinen müden
Geschmack durch den Genuss roher Blätter und Stengel zu kitzeln, das
Publikum, das der Ehebrüche und Mordthaten überdrüssig ist, schreit
nach Naivetät und nimmt sie, wo es dieselbe findet. Hier die, im Kunst-
werk latente, gemachte Naivetät Humperdinck's, dort die theils im Text
gebundene und bei der Darstellung schier unbewusst frei werdende
Naivetät des Weihnachtsspieles, eines kolossalen ,Krippel-Spieles' für
Große und Kleine ".*

Die dritte und letzte Aufführungsserie des „Weihnachtsspiels" im
Dezember 1895/Jänner 1896 stand unter der musikalischen Leitung von
Carl Schön – Albert war am 18. November 1895 verstorben.

An den Begräbnisfeierlichkeiten in der Piaristenkirche nahm die Singakademie „corporativ" teil und sang Schuberts „Ruh'n in Frieden"[177].
In einem Konzert im Kleinen Musikvereinssaal am 14.12.1895 standen
unter der Leitung Grädeners nochmals Alberts Chöre „Röslein im
Dornbusch" und „Ständchen" auf dem Programm.

Kurz möchte ich hier die Entwicklung der Singakademie in den Jahren
nach Alberts Tod darstellen:

Am 12. Jänner 1896 fand das Verhältnis zum bisherigen artistischen
Leiter Hermann Grädener seine Lösung.[178] Die Hintergründe dieser
Veränderung finden im Jahresbericht keinen Niederschlag. Ein Artikel
über Hermann Grädener in der „Neuen musikalischen Presse" enthält
folgende kryptische Bemerkung:

*„ ... Der Singakademie wurde Grädener ein Führer und Lenker zu einer
Zeit, da kaum ein Zweiter sich getraute, sie überhaupt über Wasser zu*

---

[177] *Jahresbericht der Singakademie 1895/96*
[178] *Jahresbericht 1895/96 Seite 7.*

halten. Seine Tüchtigkeit gab ihr den Schein einer wirklich bildungs-
fähigen Körperschaft. Er hat Undank geerntet, verließ das Schiff aber
erst, nachdem Unvernunft und verderbliches Gezänke es völlig zum
Sinken gebracht hatten...".[179]

Das Schiff schlingerte zwar, aber es sank nicht. In der Publikation
„Wiener Singakademie hundertfünfzig"[180] widmet die Verfasserin dem
Zeitabschnitt zwischen dem Abgang Weinzierls 1892 und der Jahrhun-
dertwende allerdings nur einen einzigen Satz: „Nach einigen Intermezzi
wurde Carl Lafite (1872 – 1944) im Jahr 1900 für fünf Jahre zum künstlerischen Leiter berufen."

Am 17. Februar 1901 brachte der Verein mit einem Heer von Sängern
vor einem staunenden Publikum Gustav Mahlers „Klagendes Lied" unter der Leitung des Komponisten zur Uraufführung.[181]

Albert als Dirigent

Nach seinem Erfolg mit der ersten Serie des „Weihnachtsspiels" ließ
Albert nicht mehr locker: Er strebte neben seinen wissenschaftlichen
und schriftstellerischen Aktivitäten eine Dirigentenlaufbahn an. Guido
Adler sollte ihm dabei helfen.

Johanna berichtet über Briefe, die ihr Adler nach Alberts Tod für die
Abfassung der „Erinnerungen" übergab. Albert schrieb da

„ ... nicht nur von seiner Begeisterung für die Sache, sondern auch von
den gründlichen Studien, die er gemacht, und zählt eine Reihe von
Werken auf, die er Note für Note im Kopf hat und sofort dirigieren
könnte".

Er schlug Adler vor, durch ein Probedirigieren in Prag den
Befähigungsnachweis zu liefern.

„Ich hätte die größte Lust, einmal einen Versuch zu machen. Glückt er
– und ich fühle mich wirklich sehr sicher – dann kann sich ja vielleicht

---

[179] *„Neue musikalische Presse" 1896, Nr.11 (Juni 1896)*
[180] *Marie-Theres Arnbom, „Wiener Singakademie hundertfünfzig" 2008, S.24*
[181] *„Neue Freie Presse" 18.2.1901*

doch noch mein Lebenswunsch erfüllen ... Du siehst, dass mich die Sache nicht auslässt, und dass ich immer wieder auf einen Gegenstand zurückkomme, den ich nach meiner ehrlichsten Selbstprüfung und bei gewissenhafter Erwägung aller Umstände nicht zurückdrängen kann ... "

Adler hatte zunächst Bedenken. Albert suchte diese zu zerstreuen und dem Freund klar zu machen, dass es nicht eine augenblickliche Begeisterung war, die ihn antrieb, sondern dass er den Plan schon lange hegte und sich auch der Risiken bewusst war:

„Mein gegenwärtiges Arbeiten im Beruf und in der Kunst ist auf die Dauer unvereinbar; das Amt befriedigt mich nicht, der Kunst aber kann ich nicht so nachgehen, wie ich möchte, weil ich nicht genug Zeit habe. Auch meine Frau ist im Herzen ganz überzeugt, dass ich recht thue, einmal einen ersten Schritt zu einer Art Selbstprüfung zu unternehmen. Ihre einzige Besorgnis ist, dass ich körperlich den Anforderungen der Dirigententhätigkeit nicht gewachsen bin. Aber ich bin ganz gesund und nur jetzt übermüdet von der Hetzerei eines Doppelberufes ... Natürlich mache ich einen Berufswechsel davon abhängig, wie ich für meine Familie sorgen kann. Sollte da der geringste Zweifel aufkommen, so trete ich den Rückzug an ... "

Albert fuhr nach Prag, um sich mit den Gegebenheiten vertraut zu machen. In seinem Nachlass findet sich der Theaterzettel der Erstaufführung der „Meistersinger" im Narodni Divadlo, dem tschechischen Nationaltheater, am 7.2.1894, dem eine Meldung einer nicht namentlich genannten deutschsprachigen Prager Zeitung vom 14.2.1894 beigeheftet ist. Darin heißt es:

„Der Erstaufführung dieser Oper wohnte der Musikreferent des ,Vaterland', Herr Ritter von Hermann, bei, welcher im Sonntagsfeuilleton seines Blattes über die Aufführung sich in einer für unser Nationaltheater sehr schmeichelhaften Weise geäußert hat. "

Danach nahmen Adler und Albert Verbindung mit F.A. Šubert auf, dem Direktor und Dirigenten am Narodni Divadlo, den Albert bei der Internationalen Musikausstellung in Wien kennengelernt hatte. Tatsächlich gelang es, ein Probedirigieren zu arrangieren. Johanna berichtet:

„Am 10. Mai reiste er abends nach Prag, am 11. erhielt ich nachmittags sein Telegramm: ‚Sehr gut gegangen‘. Als er am nächsten Morgen zu mir gestürmt kam, leuchteten seine Augen vor Glück. Er hatte ‚die Meistersinger‘ dirigiert und die schwere Aufgabe glänzend gelöst, trotzdem er zum erstenmal in seinem Leben vor einem großen Orchester gestanden war. Einstimmig hatten die anwesenden Sachverständigen, unter denen sich auch Adler befand, seine hohe Begabung zum Dirigenten erkannt. Nun war er voll der frohsten Hoffnung, umsomehr als durch Vermittlung seines liebenswürdigen Freundes Gutmann ein Probedirigieren in Karlsruhe vor Felix Mottl in Aussicht stand."

Aus unbekannten Gründen kam dieses nicht zustande.

Weitere Aktivitäten

Etwa zur selben Zeit, im März 1894, wurde Albert eingeladen, im Staatsbeamten-Casino-Verein in Wien einen wissenschaftlichen Vortrag über das Thema „Musikalisches aus Alt-Wien" zu halten. Im Saisonprogramm dieses Vereins für 1893/94 finden wir unter den Referenten der insgesamt elf Vorträge über die verschiedensten Themen prominente Persönlichkeiten wie Baron Josef Helfert und den Hofburgtheaterschauspieler Josef Lewinsky.

Ein weiteres großes Vorhaben Alberts, das langer Vorarbeit und sehr genauer Planung bedurfte, reifte schon geraume Zeit heran, doch war es ihm nicht mehr vergönnt, es zum Abschluss zu bringen. Immer wieder hatte er in Rezensionen den einseitigen Spielplan der Hofoper bemängelt, der insbesondere kleinere Spielopern vernachlässigte, zum Teil schon wegen der räumlichen Gegebenheiten. Für viele Opern war das Haus einfach zu groß. Aber auch die Auswahl der Opern, die in der Hofoper zur Aufführung kamen, stieß immer wieder – nicht nur von Seiten Alberts – auf Kritik. Der Hauptvorwurf war, dass oft mit großem Aufwand unbedeutende Werke herausgebracht wurden, während man Wesentliches vernachlässigte.

Schon im Herbst 1893 beschäftigte sich Albert mit seinem Opernprojekt. Das beweist ein Brief des Musikkritikers Richard Heuberger vom Oktober 1893, der sich im Nachlass findet. Heuberger beantwortete darin eine Anfrage Alberts nach dem Repertoire der jungen Sopranistin Paula Mark[182]. Im Mai 1894 war Alberts Vorarbeit dann so weit gediehen, dass er einen gedruckten „Programm-Entwurf" für die Veranstaltung von „Wiener Operabenden"[183] vorlegen konnte.

„Die ‚Wiener Opernabende' bezwecken, durch sorgfältig vorbereitete scenische Aufführungen kleinerer Spielopern älterer und neuerer Zeit unserem Musikleben ein neues Glied einzufügen, dadurch auf den Kunstgeschmack läuternd einzuwirken, die zeitgenössische Production dem arg vernachlässigten Genre der Spieloper wieder zuzuwenden und schliesslich auch junge Talente, welche sich der Bühnenlaufbahn widmen, in ihren ersten Schritten in der Öffentlichkeit zu unterstützen.

Es kommen hiebei ausschliesslich solche Werke in Betracht, welche nach ihrer Anlage auf intimere Wirkung berechnet und daher von der grossen Opernbühne ausgeschlossen sind. Künstlerische Vollwerthigkeit und scenische Einfachheit sollen die Hauptmomente bilden, welche bei der Auswahl massgebend sind."

Es folgt eine Auflistung von achtzehn Werken der Opernliteratur, die er bereits in die engere Wahl gezogen und offenbar auch gründlich durchgesehen hatte, unter anderem Stücke von Boieldieu, Cherubini, Dittersdorf, Lortzing, Paisiello und Pergolesi. Von einigen dieser Opern fanden sich in seinem Nachlass Klavierauszüge. Albert dachte an zwei bis drei Produktionen pro Saison in einem einfachen, intimen Rahmen. Auf die positiven Erfahrungen des „Weihnachtsspiels" bezüglich Bühnenbild und Inszenierung nahm er in seinem Entwurf direkt Bezug. Und weiter:

„Das Orchester soll fallweise – je nach der Schwierigkeit der zu lösenden Aufgabe – dem Opernorchester entnommen oder von der Kapelle Strauß beigestellt werden.

---

[182] *Paula Mark wurde 1893 an die Hofoper engagiert. Nach ihrer Heirat mit Edmund Neusser nahm sie 1897 von der Bühne Abschied und gab fortan Gesangsunterricht. (https://www.geschichtewiki.wien.gv.at/Paula_Mark-Neusser).*
[183] *im Nachlass*

Als Solisten sind zur Mitwirkung solche junge Kräfte zu berufen, welche mit hervorragender Begabung ausgestattet und auf dem Wege der Ausbildung begriffen sind. Berufskünstler sollen nur in Ausnahmsfällen herangezogen werden. Auch Chor soll nur ganz ausnahmsweise in Verwendung treten; er wäre aus den bestehenden Chorvereinen zusammenzustellen."

Dass er die Kapelle Strauß bereits im Frühjahr 1894 ausdrücklich als Orchester vorsah, ist bemerkenswert, denn ihre Zusammenarbeit mit Albert ergab sich erst in der zweiten Aufführungsserie des „Weihnachtsspiels" im Dezember 1894.

Typisch für Albert ist, dass er sich schon in diesem frühen Planungsstadium mit juristischen bzw. organisatorischen Fragen befasste.

„Die Kosten der Unternehmung sollen durch den Ertrag der Vorstellungen gedeckt werden. Der Reinertrag fließt wohlthätigen Zwecken zu, wobei die Verleihung von Stipendien an mittellose Talente, die sich der Bühnenlaufbahn zuwenden, ins Auge zu fassen wäre."

Die Erfahrungen, die er bei der Internationalen Musikausstellung machen konnte, schwingen da mit:

„Um das Unternehmen vom Anbeginn auf eine sichere finanzielle Basis zu stellen, wäre die Aufbringung eines Garantiefonds von etwa 2000 fl. in Angriff zu nehmen, dessen allmähliche Rückzahlung aus den laufenden Einnahmen stattfinden könnte.

Auch die Eröffnung einer Subscription (z. B. 30 fl. für das Bezugsrecht von zwei Cercle-Sitzen zu allen Premieren der Saison) würde sich empfehlen.

Zur Durchführung des Unternehmens tritt unter hohem Patronate ein Comité zusammen, dem der artistische Leiter, der Regisseur, ein mit dem ökonomischen Theile betrauter Cassier und eventuell von den Patronessen zu berufende Persönlichkeiten bis zur Maximalzahl von zusammen sieben Comitémitgliedern angehören, welche aus ihrer Mitte einen Präsidenten wählen."

Zuletzt dann die wichtige Abgrenzung der Kompetenzen:

„Die Durchführung des künstlerischen Programmes ist dem artisti-schen Leiter und dem Regisseur übertragen. "

Wer als artistischer Leiter in Aussicht genommen wurde, geht aus dem Entwurf zwar nicht hervor, doch darf man annehmen, dass Albert diese Aufgabe sich selbst zugedacht hatte; vielleicht hoffte er für die Regie Baron Alfred Berger zu gewinnen.

Gutmann dürfte bei der Ausarbeitung dieses Konzepts mitgewirkt haben. Die Aufbringung der Finanzen durch Garantiefonds und Sub-skriptionen könnte seine Idee gewesen sein.

Weitere unmittelbar auf das Projekt bezogene Unterlagen sind nicht vorhanden, doch bringt eine mittelbare Quelle etwas mehr Licht in die Sache: Im Juni 1896 erschien in der Zeitschrift „Wiener Mode" als Buchbesprechung zu den „Erinnerungen" ein großer Artikel von Marie Herzfeld, der in Wahrheit einen späten, aber besonders gehaltvollen, warmherzigen Nachruf[184] auf Albert darstellt. Die Autorin verwertet darin auch persönliche Kenntnisse, die sie nicht aus dem Büchlein Johannas gewonnen haben kann. Im Zusammenhang mit den „Opern-abenden" schreibt sie:

„Hermann wollte nun eine Gesellschaft gründen, die für private ‚Opernabende' die Mittel schaffen würde. Das Project war bis ins kleinste Detail ausgedacht. Eine Miniaturbühne, wie z.B. die im kleinen Musikvereinssaal. Das Zöglingsorchester des Conservatoriums, etwa. Als Mitwirkende: Künstler wie die Damen Mark und Renard, wie die Herren Dippel und Schrödter. "

Nach der Aufzählung des vorgesehenen Repertoires, die mit dem „Entwurf" übereinstimmt, schreibt Herzfeld weiter:

„Achtzehn Partituren waren vorhanden, ja theilweise schon die Rollen ausgeschrieben, denn die Sache schien reif: einflussreiche Kreise inte-ressirten sich dafür, hervorragende Sänger waren gewonnen, Dittersdorf's ‚Apotheker' und Pergolese's ‚Serva padrona' für die ersten ‚Wiener Opernabende' bestimmt, die im Winter 1894/95 stattfin-

---

[184] *„Wiener Mode" X., Heft 3,*

den sollten. Da trat etwas anderes aufschiebend dazwischen. Ein liebenswürdiger und einsichtsvoller Vorgesetzter, Sectionschef Graf Latour[185], überraschte Herrn v. Hermann mit dem Vorschlag, einen halbjährigen Urlaub zur Vorbereitung und Ablegung der philosophischen Rigorosen zu benutzen und sich dann als Docent für Musikwissenschaft zu habilitiren ..."

Das Verzeichnis der in die engere Wahl genommenen Spielopern zeigt, dass die musikalische „Weltanschauung" Alberts keineswegs einseitig auf die „Neudeutschen" fixiert war, sondern dass er qualitätvolle Musik aller Richtungen fördern wollte. Nach Erstellung des gedruckten Programmentwurfs trieb er die Detailplanung voran. Wenn das Projekt letztlich nicht zustande kam, lag das daran, dass Albert nicht ausreichend Zeit dafür fand. Die überraschende Freistellung vom Dienst im Ministerium umfasste die wenigstens moralische Verpflichtung, das Studium und die Habilitation mit Nachdruck zu betreiben.

Bronislaw Huberman

Im Herbst 1894 hatte Albert mit der zweiten Aufführungsserie des Kralik'schen „Weihnachtsspiels" alle Hände voll zu tun. Im März 1895 erhielt er unerwartet nochmals Gelegenheit, im Musikvereinssaal als Dirigent aufzutreten. Wieder stand Albert Gutmann dahinter, diesmal mit einer Aktion, die besonders eindrucksvoll seinen geschäftlichen Spürsinn und sein Improvisationstalent beweist.

Hier zunächst die trockenen Fakten der Vorgeschichte: Die berühmte Sopranistin Adelina Patti – Alois Hermann hatte 32 Jahre zuvor ihr Wiener Debüt miterlebt! – gastierte im Rahmen einer „Abschiedstournee" durch Europa am 22. Jänner 1895 im Musikvereinssaal.

---

[185] *Latour, Vincenz Karl Max, Graf Baillet de, ehemaliger österreichischer Minister, geb. 5. Okt. 1848 in Graz, trat 1871 in den Staatsdienst, wurde 1886 Rat und 1892 Sektionschef im Unterrichtsministerium. 1897–98 war er unter Gautsch einige Monate Unterrichtsminister (Meyers Großes Konversations-Lexikon, Band 12. Leipzig 1908, S. 228).*

Manager und Veranstalter des Konzerts in Wien war Albert Gutmann. Den Saal bis zum letzten Platz mit einem „Elitepublikum" zu füllen war angesichts der Bekanntheit der Operndiva kein Problem. Im Beiprogramm waren, wie bei solchen Anlässen üblich, einige Instrumentalstücke vorgesehen, die erst im Abendprogramm bekannt gegeben wurden, unter anderem wurde ein „Herr Bronislaw Hubermann" angekündigt. Er werde den ersten Satz des Violinkonzerts von Mendelssohn (mit Klavierbegleitung) spielen.

Der Auftritt des zwölfjährigen [!] Bronislaw Hubermann (auch Huberman) wurde zum Ereignis des Abends. Er spielte den ersten Satz des Violinkonzerts von Mendelssohn und danach als Zugabe ein Präludium für Solovioline von J.S. Bach. Die erzürnte Patti soll erklärt haben, sie werde nicht mehr auf die Bühne gehen, wenn der junge Mann den Forderungen des Publikums folge und noch eine weitere Zugabe spiele. Tags darauf war im „Fremdenblatt" zu lesen: „Wir waren

Abbildung 30: Bronislav Huberman

gekommen, einem untergehenden Sterne Lebewohl zu sagen und hatten die Freude, einen aufgehenden zu begrüßen"[186].

Tatsächlich begann an diesem Abend die Weltkarriere eines der größten Violinvirtuosen des 20.Jahrhunderts.

Um das Zustandekommen des Wiener Auftritts ranken sich Legenden. Die vorhandenen Quellen unterscheiden sich in so wesentlichen Details, dass es unmöglich ist, die Wahrheit verlässlich festzustellen.

Als ich vor rund zehn Jahren das Internet nach Informationen über Bronislaw Huberman durchsuchte, geriet ich auf die ausgezeichnete Website *www.huberman.info* eines Patrick Harris, der von Neuseeland aus agiert und nicht nur eine umfangreiche Sammlung von Tondokumenten dieses Ausnahmekünstlers angelegt hat, sondern eine ausführliche Biografie mit einigen Quellen, auch aus der Frühzeit, zur Einsicht bereit hält.

Der Biografie, die Harris präsentiert, ist zu entnehmen, dass Huberman, am 19.9. oder 19.12.1882 in Warschau geboren, in bescheidenen Verhältnissen aufwuchs, in Warschau Geigenunterricht erhielt und von den Eltern unter großen finanziellen Opfern nach Berlin gebracht wurde, um dem berühmten Josef Joachim vorzuspielen. Nur widerstrebend hörte dieser den neunjährigen Knaben an, war aber von seinem Spiel so begeistert, dass er ihm schriftlich ein ausgezeichnetes Zeugnis ausstellte und seine Ausbildung zu fördern versprach. Huberman blieb ein halbes Jahr in Berlin. Joachim selbst dürfte ihn nie unterrichtet haben. 1892 trat Huberman erstmals (bei der Musikausstellung) in Wien auf und soll von Kaiser Franz Joseph eine Violine zum Geschenk erhalten haben. 1893 unternahm er ausgedehnte Konzertreisen nach Holland, Belgien, Frankreich und England, hatte aber nirgends durchschlagenden Erfolg. In London spielte er über Empfehlung seines Förderers, des polnischen Grafen Zamoyski, der Operndiva Adelina Patti vor, die ihm versprach, ihn auf ihrer Abschiedstournee auftreten zu lassen. Als

---

[186] *Speidel im „Fremden-Blatt" zitiert nach Gutmann, Aus meinem Leben, S. 79. – Andere Quellen schreiben diesen Ausspruch Eduard Hanslick zu – in der Kritik von Hanslick über das Patti-Konzert in der Neuen Freien Presse vom 23.1.1895 ist er allerdings nicht zu finden.*

Hubermans Eltern im Jahr darauf die Patti dezent an dieses Versprechen erinnerten, hieß es, es seien schon andere Künstler für das Beiprogramm engagiert. Die Familie reiste daraufhin nach Wien, um den Manager des Wiener Patti-Konzerts, Albert Gutmann, doch noch umzustimmen.

Albert Gutmann stellt die Geschehnisse anders dar:[187] Der Besuch des jungen Huberman in seinem Büro habe ohne Zusammenhang mit dem Patti-Konzert stattgefunden. Er, Gutmann selbst, habe nach dem Vorspiel des jungen Virtuosen spontan den Entschluss gefasst, der ahnungslosen Patti die Mitwirkung Hubermans „unterzujubeln", was ihren besonderen Zorn erklären würde, als ihr der Knabe auch noch die Show stahl. – Vielleicht war achtzehn Jahre danach die Erinnerung Gutmanns an die Vorgänge um das Patti-Konzert bereits getrübt. Mit bewegten Worten beschreibt er die Spannung, mit der das Publikum den Auftritt der Diva erwartete, während Hellmesberger zur Einleitung des Abends die „Figaro"- Ouvertüre dirigierte. Jedoch: Es gab an dem Abend kein Orchester, zunächst spielte eine Gruppe von drei Instrumentalisten ein Stück von Vieuxtemps, sowohl die Patti als auch Huberman wurden vom Klavier begleitet. Die Version von der „zufälligen Entdeckung" des genialen Geigers durch Albert Gutmann ist auch deshalb unwahrscheinlich, weil Gutmann es war, der schon bei der Musikausstellung 1892 den Knaben auf die Bühne stellte. Die Eintrittskarten für den eher improvisierten Auftritt konnten unentgeltlich in Gutmann's Hof-Musikalien-Handlung bezogen werden.[188]

Das sind aber noch nicht genug der Widersprüche um Bronislaw Huberman: Eine dritte Version präsentiert Marie-Theres Arnbom[189]: Der Wiener Großindustrielle Max von Gutmann (1857 – 1930), für sein Mäzenatentum „bis ins äußerste Galizien" bekannt, habe, nachdem Bronislaw Huberman, „aus einem galizischen Stettl stammend"[!], ihn in seinem Haus aufgesucht habe, beschlossen, ihn zu fördern. Huberman soll im Haus Max Gutmanns ein und aus gegangen sein, der

---

[187] Gutmann, Albert: „Aus dem Wiener Musikleben", 1913
[188] Neue Freie Presse vom 21.9.1892
[189] Marie-Theres Arnbom: „Friedmann, Gutmann, Lieben, Mandl, Strakosch. Fünf Familienporträts aus Wien vor 1938", Böhlau, Wien 2002

Tochter Elsa Unterricht gegeben und sogar die Absicht gehabt haben, sie zu heiraten. Als Quelle beruft sich die Autorin auf Erzählungen in ihrem engeren Familienkreis.

Auffällig ist, dass alle drei Quellen detailverliebt über das Vorspiel berichten, wie der kleine Bronislaw mit seiner in einem schäbigen Tuch verwahrten Geige zunächst beinahe hinauskomplimentiert wird, bevor er Gehör findet und mit seinem Spiel begeistern kann. Nur die Person des Zuhörers wechselt jeweils: im ersten Fall ist es Josef Joachim, in der zweiten Version Albert Gutmann und bei Marie-Theres Arnbom der mit Albert Gutmann nicht verwandte Max Gutmann.

Nach hymnischen Presseberichten wollte ganz Wien Huberman hören. Hanslick empfahl in seiner Kritik des Patti-Konzerts nachdrücklich den Besuch des Soloabends Hubermans am 28.1.1895.[190] Dieses Konzert war bis zum letzten Platz ausverkauft und bestätigte den überwältigenden Erfolg des Patti-Abends. Huberman spielte das ganze Mendelssohn-Konzert, die Bach'sche Chaconne und Sarasates „Zigeunerweisen". Albert besuchte den Abend als Referent der „Neuen Freien Presse", berichtete[191] zunächst über die technische Meisterschaft des Zwölfjährigen und fuhr dann fort:

"Und doch ist das Technische des Spieles bei ihm bereits zum Requisit geworden. Er verblüfft wol durch die Exactheit der Ausführung, der Enthusiasmus der Hörer aber wird wol zuvörderst durch all das wachgerufen, was die herrlichen Anlagen des Kindes enthüllt: der reine süße Ton, die kindlich-naive Empfindsamkeit des Vortrages, die makellose Phrasirung und vor allem das rhythmische Feuer, welches im Spiel Hubermann's lodert."

Gutmann reagierte rasch und organisierte spontan acht weitere Konzerte des neuen Stars, teils Soloabende mit Klavierbegleitung, teils Konzerte mit Orchester. Für diese engagierte er die Strauß-Kapelle mit Albert als Dirigenten.

---

[190] *„Neue Freie Presse" vom 23.1.1895*
[191] *„Neue Freie Presse" vom 29.1.1895*

Im Konzert vom 8. Februar 1895 spielte Hubermann mit Klavierbegleitung das Violinkonzert von Bruch, Bachs Air aus der D-Dur Suite und
die Faust-Fantasie von Wieniawski. Wieder referierte Albert[192]. Er beteuerte, keines der drei Stücke „je mit größerer Vollendung in der Tech-
nik, Rhythmik, Phrasirung, mit rührenderem Ausdruck, mit wärmerem
Ton spielen gehört zu haben, wie von dem genialen Knaben."

Die Konzerte Hubermans boten Gutmann die Gelegenheit, junge Sänger dem zahlreichen Publikum vorzustellen.

Abbildung 31: Tona als Konzertsängerin, 1896

Am 15.2.1895, im III. Konzert, das
im Saal Bösendorfer stattfand,
wirkte Tona von Hermann mit und
sang zwei Lieder aus dem Zyklus
„Brautlieder" von Peter Cornelius,
sowie „Ein Traum" von Grieg,
„Bonjour, Suzon" von Delibes und
das „Ständchen" von Richard
Strauss. Auch hier vermerkt der
Programmzettel lakonisch: „Sitze
vergriffen".

Im V. Konzert am 12.3.1895, dem
ersten mit Orchester, kamen die
Violinkonzerte von Beethoven und
Mendelssohn sowie der erste Satz
aus Schuberts „Unvollendeter"
und eine Arie aus dem
„Freischütz", gesungen von Bertha
Gutmann, der Gattin Albert
Gutmanns, zur Aufführung, Im
VII. Konzert am 27.3.1895 wieder
dieselben Violinkonzerte, gekoppelt mit zwei anderen Orchester-
stücken, im VIII. Konzert am 29.3.1895 das Konzert von Bruch, eine
Arie aus Glucks „Orpheus", ein von Liszt instrumentierter Marsch von
Schubert, die „Air für Solovioline mit Orchester" von J. S. Bach (in

einer Bearbeitung), sowie Ballade und Polonaise von Vieuxtemps, und schließlich in einem Wohltätigkeitskonzert am 30.4.1895 das Violinkonzert und die Faust-Fantasie von Wieniawski, die Ouverture zum „Freischütz" und eine Mazurka von Zarzycki, insgesamt also eine dicht gedrängte Folge von anspruchsvollen Aufgaben auch für den Dirigenten, der die Werke ja noch mit dem Orchester einstudieren musste.

Über das V. Konzert vom 12. März können wir in einer ausführlichen Kritik lesen:

„Der Zufall will es, dass eben jetzt in der Welt des Virtuosenthums drei noch sehr jugendliche Künstler das Hauptinteresse absorbiren: Bronislaw Hubermann, Joseph Hofmann und Mark Hamburg. Alle drei polnisch-jüdischer Abstammung, was den Philosophen der Rassen-Theorie allerlei zu denken geben mag. Je nach ihrem Standpunkte werden sie entweder diese Erscheinung als eine Manifestation göttlicher Gnade zu Gunsten des ‚auserwählten Volkes' deuten, oder sie werden in solcher Cumulation des Genies und der geistigen Frühreife einen sicheren Beleg für die Degeneration der Rasse erblicken. Wir aber haben nur alle Ursache, diese verheißungsvolle Morgenröthe auf dem Horizonte der reproducirenden Tonkunst freudig zu begrüßen. Der Baum der Kunst altert nicht und verdorrt nicht und setzt gerade zu der Zeit, wo in Bülow und Rubinstein seine stolzesten Aeste dahingesunken, neue kräftige Triebe an. ... Bronislaw Hubermann aber verdunkelt mit seinen Erfolgen Alles, was seit Menschengedenken die Kunstfreunde Wien's enthusiasmirt hat. Gestern gab er im gedrängt vollen Musikvereinssaale sein Abschiedsconcert. Der ‚Abschied' ist nicht tragisch zu nehmen: denn noch drei weitere Concerte des kleinen Wundermannes sind bereits nicht nur angekündigt, sondern auch schon – ausverkauft. Er könnte in solcher Weise sich bis in den Sommer hinein ‚verabschieden', und der Zulauf des Publicums zu seinen Productionen würde sich nicht erschöpfen. Leicht erklärlich. Man hört einen großen Künstler und sieht ein göttliches Wunder, dessen Enträthselung keiner psychologischen und physiologischen Weisheit gelingen wird.

Ein elfjähriger Knabe, der die Violin-Concerte von Beethoven und Mendelssohn mit höchster technischer Vollendung, zureichender physischer Kraft, mit vollständiger Erfassung des geistigen Gehalts, mit

Gemüthstiefe, Humor und Esprit – Alles an richtiger Stelle – mit nie versagendem Gedächtniß, mit sorgfältigster Ausarbeitung jedes Details und mit einer stupenden Mannigfaltigkeit der Stricharten vorträgt: das ist eine Erscheinung, aus welcher unabweislich die Stimme der Gottheit zu uns spricht. Das ist die einzige Lösung des Räthsels. Und nur ein verknöchertes, für das Schöne und Edle abgestumpftes Gemüth kann einer solchen Erscheinung ein pathologisches Interesse entgegenbringen. Der kleine Hubermann vermag den schlimmsten Skeptiker gläubig zu stimmen. Welche Wunder, so in der Bibel berichtet werden, können noch für unglaublich gelten, wenn in unserem überaufgeklärten Jahrhundert ein solches Kunstwunder Wahrheit geworden?

Im gestrigen Hubermann-Concerte hat sich der treffliche Musikschriftsteller Albert Ritter v. Hermann, bereits bekannt als musikalischer Leiter der Kralik'schen Weihnachtsspiele, erfolgreich als Orchester-Dirigent eingeführt. Er besorgte nicht nur mit Umsicht und großer Sorgfalt die Orchesterbegleitung der Violin-Concerte, sondern brachte auch einige symphonische Stücke (darunter den 1. Satz der Schubert'schen H-moll-Symphonie) in gelungener, geistvoller Weise zur Aufführung."[193]

Der 27. März 1895 war für Albert und seine Familie ein großer Tag. Henriette brachte ihren zweiten Sohn, meinen Vater Walter, zur Welt. Abends dirigierte Albert das VII. Huberman-Konzert. Taufpate des kleinen Walter wurde Albert Gutmann. Dem Taufgeschenk, einem silbernen Becher, legte er ein Billett bei:

„Lieber Walther! Sei Walter des Glücks und der Freude

Wie Dein Ahnherr: genannt „von der Vogelweide".

Leere des Lebens Freudenbecher –

Sei mir gegrüßt, Du fröhlicher Zecher!

27.März 1895

---

[193] *„Wiener Allgemeine Zeitung" vom 13.3.1895*

„Was aber schenken wir dem Kind? Was geben wir ihm nur geschwind?"

Dieser letzte Satz des Billetts ist ein Zitat aus dem „Weihnachtsspiel".

Johanna besuchte eines der Huberman-Konzerte, das Albert dirigierte, und

„staunte über seine äußere Ruhe. Als er nach einer Orchesternummer lebhaft applaudiert wurde, und ich ihm die Freude darüber ansah, übermannte mich ein wohlbekanntes Wehgefühl. Ich vermochte es nicht anders als schmerzlich zu empfinden, dass seine vielseitige Begabung die große Kraft in ihm fortgesetzt zerlegte. Wohl reichte sie ja auch in ihren Theilen nach jeder Richtung aus – aber welch intensive Anstrengung, welch ruheloses Arbeiten wurde dadurch nöthig!"

Das Wohltätigkeitskonzert am 30. April 1895 war Alberts letzter Auftritt als Dirigent. Im letzten Halbjahr seines Lebens widmete er sich ausschließlich seiner wissenschaftlichen und schriftstellerischen Tätigkeit.

Albert als Wissenschafter, Schriftsteller und Journalist

Trotz seiner vielfältigen künstlerischen Aktivitäten verfolgte Albert stets die musikwissenschaftliche Laufbahn und nahm schon frühzeitig jede Gelegenheit wahr, mit Aufsätzen, Referaten und Vorträgen über einschlägige Themen an die Öffentlichkeit zu treten. Noch nicht zwanzig Jahre alt hatte er unter dem Einfluss seines streitbaren Lehrers Josef Böhm eine Abhandlung „Zur Reform der Kirchenmusik" geschrieben, die unveröffentlicht blieb und deren Verbleib nicht bekannt ist.

Zahlreiche Rezensionen, die er als Musikreferent der Tageszeitung „Das Vaterland", gelegentlich auch in der „Montagsrevue", in der Münchner „Allgemeinen Zeitung" und seit 1894 auch in der „Neuen Freien Presse" schrieb, liefern wertvolle Hinweise auf seine Sicht der (musikalischen) Dinge. Aus einigen dieser Beiträge habe ich bereits zitiert.

Mit der Internationalen Ausstellung für Musik und Theater beschäftigte sich bereits im Dezember 1891 ein Artikel Alberts im Feuilleton der

Tageszeitung „Vaterland"[194]. Er nimmt darin zunächst Stellung zu den offenbar zahlreichen kritischen Bemerkungen, die von Anbeginn an gegen dieses Unternehmen vorgebracht wurden.

„Pessimismus und Blasiertheit, diese beiden Erzfeinde jeglicher Unternehmungslust, haben ... nicht gezögert, zu nergeln[sic!] und zu spotten, wo es besser gewesen wäre, Hand anzulegen zu gemeinsamer freudiger Arbeit".

Inzwischen hätten sich jedoch die Vorarbeiten günstig gestaltet.

„So hat sich denn aus der Musik- und Theaterausstellung, welche ursprünglich als eine möglichst concentrierte Sammlung von einschlägigen Manuscripten, alten Drucken, Instrumenten, Costumen und Decorationen gedacht war, ein Werk entwickelt, dessen großartige Ausgestaltung wohl heute noch gar nicht überblickt werden kann."

Die Anziehungskraft der Ausstellung sieht Albert sowohl für das breite Publikum, das durch die „ehrwürdigen Reliquien vergangener Kunstepochen" und durch die dem Laien noch leichter verständliche moderne (gewerbliche) Spezialausstellung angesprochen werden soll, als auch vor allem für den Fachmann gegeben, so etwa für den Musikforscher, der *„eine Fülle von Materialen aus einer Unzahl von Bibliotheken an einem Platz vereinigt vorfindet."*

Das Ziel des Artikels ist nicht schwer zu erraten: Albert berichtet, dass nicht nur eine große Anzahl öffentlicher Institutionen, Bibliotheken und Sammlungen ihre Schätze präsentieren werden, sondern dass auch die Stifte Heiligenkreuz, Melk, Michaelbeuren und die Domkapitel von Olmütz und Gran ihre Unterstützung zugesagt haben. Auch aus dem Ausland lägen bereits Zusagen vor, bedeutende Ausstellungsbeiträge zu liefern, um „so reich als möglich vertreten zu sein". Daran knüpft er die Hoffnung auf eine möglichst glänzende Beschickung der Ausstellung durch die österreichischen Stifte und Klöster und appelliert an

„Jeden, sein Scherflein dazu beizutragen, damit unser geliebtes Vaterland auch bei diesem festlichen Anlasse so aufzutreten vermöge, wie es

---

[194] *„Die internationale Musik- und Theater-Ausstellung in Wien 1892" in „Das Vaterland" vom 20.12.1891*

seiner herrlichen Traditionen auf dem Gebiete der schönen Künste würdig ist."

Albert hatte speziell die Aufgabe übernommen, die Programme der zwölf Historischen Konzerte zu erstellen. Ich habe dies bereits oben beschrieben. Der Bericht der Referenten des Musikcomités, den Albert gemeinsam mit Albert Gutmann verfasste, gibt über die Intentionen der Organisatoren, die minutiöse Planung und über die mannigfachen Schwierigkeiten Aufschluss, die sich bei der Umsetzung dieses großen Vorhabens ergaben.

In mehreren Zeitungsartikeln befasste sich Albert mit der Publikation der Kaisermusiken durch Guido Adler. Bereits am 24.4.1892 nahm er die Enthüllung des Radetzky-Denkmals von Zumbusch auf dem Platz Am Hof zum Anlaß, unter dem Titel „Ein österreichisches Kaiserdenkmal"[195] das „andere" Denkmal, die in Vorbereitung stehende Drucklegung der Kaiserkompositionen, als „die erste große musikalische Publication des Staates" zu würdigen. Er weist darin auf den hohen künstlerischen Wert der Kompositionen hin; sie wären auch dann „würdige Denkmale einer hochbedeutsamen Epoche der Musikgeschichte, wenn ihre Schöpfer nicht die Kaiserkrone getragen hätten". Guido Adlers Leistung als Herausgeber hebt er besonders hervor und nennt sein Vorwort „nach Inhalt und Form ein Meisterstück". Auch die übrigen Teilnehmer an diesem Projekt (Joseph Labor, Rudolph Bibl und Rudolph Weinwurm) werden gebührend erwähnt. Abschließend schreibt Albert:

„Dass aber Oesterreichs Antheil an der Entwicklung der Tonkunst zurückreicht bis auf die Zeit, da die berühmtesten Minnesänger am Hofe der Babenberger eine Heimstätte hatten, und dann durch Jahrhunderte in der österreichischen Kaiserstadt zu immer größerer Bedeutung gelangte, ist eine noch lange nicht genügend gewürdigte Thatsache. Es wäre ein dankenswerthes Unternehmen, einmal diesen Antheil Oesterreichs festzustellen ..."

In diesem Sinn begrüßt er das Werk als „ein eminent patriotisches Unternehmen."

---

[195] *„Das Vaterland" vom 24.4.1892*

In weiterer Folge schrieb Albert einen umfassenden Aufsatz „Die musikalischen Werke der Kaiser Ferdinand III., Leopold I. und Josef I.", abgedruckt (unter anderem) im Jahresbericht 1892/93 der Wiener Singakademie" und in etwas geänderter Form unter dem Titel „Tondichter aus dem Hause Habsburg" in einer Münchener Zeitung.

Zum 70. Geburtstag Anton Bruckners am 4. September 1894 erschienen zwei Aufsätze Alberts, einer im „Vaterland"[196] und einer in der „Musikalischen Rundschau".[197]

Im „Vaterland" kritisert Albert das Unverständnis, das Bruckner in Wien immer noch entgegengebracht wird; er richtet

„ein Wort der Mahnung an Alle, welche in einer der wichtigsten Fragen unseres Kunstlebens auch nur gleichgiltig geblieben sind, ... nicht zu sprechen von Jenen, welche ihre eigene Ablehnung mangels eigener Urtheilsfähigkeit mit dem Hinweis auf die kritische Frühsuppe motiviren, welche ihnen ihr Leibblatt auch in der Bruckner-Frage bisweilen – allerdings jetzt schon weniger scharf gewürzt – vorsetzt. "

Nach einer kurzen Darstellung von Bruckners Werdegang heißt es:

„Unsere hyperkluge Welt ... meint, Bruckner wäre noch bedeutender geworden, wenn er – nun sagen wir es nur heraus – in Kunstsachen mehr weltmännische Formen an den Tag gelegt hätte. Man liebt es heute, wenn der Componist mit der Uhr in der Hand arbeitet, damit die Dauer des Stückes nicht über das Zulässige hinausgehe; man riecht in jeder modernen Modulation Wagnerismus und meint, ganz klipp und klar, das gehöre nur auf die Bühne, nicht in den Concertsaal; endlich verlangt man riesig viel Logik von den Componisten: es soll nicht anders kommen, als es erwartet werden kann ... So weit sind wir also, dass wir vom Künstler verlangen, er solle seiner Phantasie die Ketten

---

[196] Hermann, „Dr .Anton Bruckner. Zum 70.Geburtsfeste des Meisters", in „Das Vaterland" vom 2.9.1894

[197] Hermann, „Zum 70.Geburtstage Anton Bruckner's" in „Musikalische Rundschau" vom 1.9.1894, Nummer 16

von Gesetzen anlegen, welche ein immer mehr der Flachheit verfallendes Geschlecht als einziges Inventarstück aus der Zeit des Idealismus zu retten für gut befunden hat!"

In der „Musikalischen Rundschau" ist zu lesen:

„…Viele, die gegen Bruckner schrieben, haben nie einen Blick in die Partituren gemacht, deren Inhalt sie nach einmaligem flüchtigen Anhören zu beurtheilen wagten.…so hat es doch eine gewisse Berechtigung, wenn man immer und wieder an das Volk und die Künstler appellirt und Letzteren zuruft: Macht das Volk mit der Kunst mehr bekannt, dann wird es selbst der Erkenntnis zuschreiten und selbst sein Urtheil bilden …"

Einige Aufregung verursachte Albert in Fachkreisen mit einem umfangreichen Aufsatz „Das Wiener Conservatorium",[198] der in sechs Fortsetzungen in der „Neuen Musikalischen Presse" veröffentlicht wurde.[199] Es war Albert von vornherein bewusst, dass er bei vielen Betroffenen mit seinen Ausführungen Missfallen erregen würde. Dass das Conservatorium reformbedürftig sein könnte, hatte bis dahin niemand zu äußern gewagt.

„Diese Abstinenzpolitik der kritischen Stimmen fand jederzeit ihr Gegengewicht in der Ueberzeugung vieler leitender Persönlichkeiten des Conservatoriums, dass das Bestehende seinem Zwecke entspreche und daher einer Verbesserung nicht bedürfe."

Albert ging daran, eine heilige Kuh zu schlachten.

„Der Grundfehler in der Organisation der Anstalt, welcher derselben zugleich den Charakter einer Hochschule nimmt, liegt in der mangelnden Scheidung der Begriffe ,Künstlerschule' und ,Dilettantenschule'. … Das Wiener Conservatorium repräsentirt sich heute nach seiner Schülerstatistik als eine grosse Mittelschule für Musik, in welcher dem

---

[198] *Die Aufsätze betreffen das Conservatorium der Gesellschaft der Musikfreunde, das in die Akademie bzw. Universität für Musik und darstellende Kunst in Wien (Kunstuniversitäten) überging (austria-forum.org.)*
[199] *„Neue Musikalische Presse" (vormals „Internationale Musik-Zeitung", IV. Jg. (1895) Nr. 6 ff*

Clavierunterrichte die erste Stelle eingeräumt ist und deren Absolvi-
rung im besten Falle zur Aufnahme in eine Hochschule befähigt. "

Er vergleicht dann in einem sehr weit gesteckten Rahmen das Wiener
Institut mit ähnlichen Unterrichtsanstalten in der Provinz und im Ausland. Dem Prager Conservatorium attestiert er „unverkennbare Vorzüge
gegenüber allen anderen österreichischen Musiklehranstalten". Die
aktuelle Situation in Leipzig, Würzburg, Stuttgart, Berlin und München
beschreibt er eingehend und kommt zum Ergebnis:

„Man wird daher schwerlich zu dem Schlusse gelangen können, dass
die in Deutschland bestehenden Musikhochschulen ihrer Aufgabe ge-
wachsen sind, sonst würde sich das Vollblut-Talent nicht instinctiv von
diesen Anstalten fernhalten und im Privatunterrichte sein Heil suchen.
Zweifellos aber stehen alle die erwähnten Anstalten in ihrer Einrich-
tung und ihren Erfolgen noch immer hoch über dem – Wiener
Conservatorium. "

Dem Ideal einer musikalischen Hochschule im Sinne einer „ausschließlichen Kunstschule" kommt nach Ansicht Alberts das königliche
Conservatorium in Brüssel am nächsten. *„Die Schule wird vom Staate*
erhalten, kann daher auch auf Einnahmen leichter verzichten. Belgier
werden unentgeltlich unterrichtet, Ausländer müssen Schulgeld
zahlen. " Die Schülerzahl ist sehr viel niedriger als in Wien, viele orga-
nisatorische Details beschreibt er als vorbildlich, so etwa würde in der
Instrumentalschule auch der Gebrauch alter Instrumente (Laute,
Clarintrompete etc.) unterrichtet, *„die vom Lehrkörper der Schule*
herausgegebenen Unterrichtswerke zählen zu dem Besten, was auf die-
sem Gebiete geschaffen wurde. "

Bei den Nutzanwendungen seiner Ausführungen auf das Wiener
Conservatorium bleibt Albert realistisch. Er sieht die Notwendigkeit,
die „Abtheilung für Dilettanten" beizubehalten, vor allem aus finanziellen Gründen, fordert aber eine völlige Trennung, „sowohl äußerlich
als auch innerlich", von der eigentlichen Hochschule. Diese darf sich

„weder mit dem elementaren Unterrichte, noch mit der jahrelangen
Vorbereitung für die höhere Ausbildung, sondern nur mit letzterer ganz
allein befassen. Eine Ausnahme möchten wir für den Gesang feststellen,

bei dem auch die Elemente der Stimmbildung gänzlich der Hochschule überlassen sein sollen; das erforderliche Mass musikalischer Vorbildung hätte der Gesangschüler natürlich mitzubringen."

Schließlich gibt er nochmals zu bedenken, dass mit den am Conservatorium vorhandenen Lehrkräften allein die Reform nicht zu verwirklichen sein werde.

"Solange nicht Männer wie Brahms, Goldmark, Dvořak, Hans Richter, d'Albert, Leschetizky, Ress, Ondriček für die Sache gewonnen sind, wird es mit der Realisirung des Hochschulprojectes ernste Schwierigkeiten haben. Möge die Gesellschaft der Musikfreunde rechtzeitig daran denken, ihr Conservatorium in eine Hochschule umzuwandeln. Es könnte sonst passiren, dass eine solche plötzlich entsteht, ohne, daß die Gesellschaft der Musikfreunde davon etwas weiß."

Dissertation Antonio Salieri

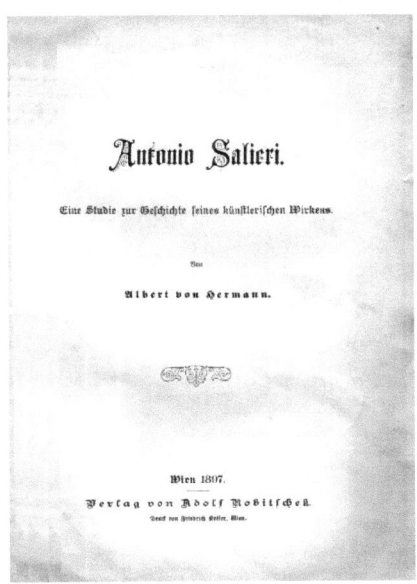

Wie es dazu kam, dass Albert über Antonio Salieri dissertierte, ist zwar nicht überliefert, doch liegt es nahe, dass Guido Adler das Thema vorschlug, dürfte Albert doch von Anfang an beabsichtigt haben, die Dissertation als Grundlage für eine Habilitationsschrift zu verwenden. Albert betrieb, so berichtet Johanna, sowohl vor der Einreichung als auch danach „eingehende Studien in Bibliotheken". Zu einer Erweiterung des ursprünglichen Textes sollte es jedoch nicht mehr kommen. Posthum erschien das Werk 1897 im Verlag Adolf Robitschek im

Abbildung 32: Druckfassung der Dissertation

Druck.[200] In der kurzen Vorbemerkung heißt es, die „vorliegende Studie" sei „ursprünglich nicht für die Oeffentlichkeit bestimmt" gewesen. *„Möge das kleine Werk seinen Namen in jenen Kreisen lebendig erhalten, denen völlig anzugehören sein letztes Hoffen und Wünschen galt!"* Etwa gleichzeitig, vom 15.1.1897 bis zum 1.5.1897, veröffentlichte die „Deutsche Kunst- und Musik-Zeitung" den Volltext[201] in Fortsetzungen. Das Ziel von Alberts Darstellung ist eine Ehrenrettung des Künstlers Salieri. Er will vor allem

„einen großen Irrthum richtigstellen, in den mit wenigen Ausnahmen alle älteren und neueren Darstellungen jener glanzvollen Epoche verfallen sind: den Irrthum, dass Salieri als Italiener, id est als Vertreter des italienischen Opernstiles, auch in sachlicher Beziehung Mozart's Gegner war."

Albert nahm im Rahmen seiner Dissertation davon Abstand, eine umfassende Biographie Salieris zu verfassen. Diese behielt er sich für ein künftiges größeres Werk vor. Hier fasste er (nur) alle in Betracht kommenden Materialien zusammen und entwickelte „gewisse leitende Grundsätze". Zwei für das Schaffen Salieris typische Opern, die „Armida" und den „Rauchfangkehrer" behandelte er genauer und belegte an Hand von einigen Notenbeispielen die Richtigkeit seiner These. Albert sah im Zuge seiner Forschungsarbeiten aber auch die übrigen in der Wiener Hofbibliothek befindlichen, meist eigenhändig geschriebenen Opernpartituren durch[202] und entdeckte dabei in 12 Partituren *„sehr eingehende, für das künstlerische Glaubensbekenntnis Salieri's ungemein charakteristische Excurse dramaturgischer Natur, welche Salieri eigenhändig ... niedergeschrieben hat."* Albert sah darin die „Congruenz mit Gluck's Theorie"; das *„Märchen von der italienischen Richtung Salieri's"* sei damit „gründlich zerstört".

---

[200] *„Antonio Salieri. Eine Studie zur Geschichte seines künstlerischen Wirkens"*, Verlag von Adolf Robitschek, Wien 1897
[201] *„Deutsche Kunst- und Musik-Zeitung. Central-Organ für Musik, Theater, Literatur u. bildende Kunst. Officielles Organ von Gesangvereinen Oesterreich-Ungarns. Eigenthümer und Herausgeber: Otto Keller"*, Musikalienverlag Rebay & Robitschek (Besitzer Adolf Robitschek), Wien, XXIV. Jahrgang, 1897, Nr.2
[202] Druckfassung der Dissertation, S 8.

Die skizzenhafte Beschreibung des Lebenslaufs erwähnt die kurze Studienzeit in Venedig, in der Salieri die Lehren und Traditionen eines Tartini, Lotti und P. Martini vermittelt wurden – *„drei Namen, die mit dem nichts zu thun haben, was man zu Mozart's Zeit als italienische Mode-Musik bezeichnete",* und die neunjährige Ausbildungzeit bei Florian Gaßmann, einem Schüler von Johann Joseph Fux. Nochmals macht Albert damit klar, dass er mit seiner Geringschätzung der italienischen Musik nicht eine nationale sondern eine künstlerische Position einnimmt. Schon in Salieris Erstlingswerk „Le donne letterate" findet Albert das von der Gluck'schen Lehre bestimmte Bestreben, „das dramatische Element unter allen Umständen vor musikalischer Ueberwucherung zu schützen". Seine eingehende Beschäftigung mit der „Armida" und dem „Rauchfangkehrer" führt Albert zum Ergebnis, dass ein sachlicher Gegensatz zwischen dem Italiener Salieri und dem Deutschen Mozart nicht besteht. Salieri *„stand hinter beiden (Gluck und Mozart) an genialer Anlage zurück, aber nicht an ernster Auffassung des Kunstideals".* [203] Als ein weiteres Ergebnis seiner Forschungsarbeit enthält der Anhang der Dissertation ein Verzeichnis der dramatischen Werke Salieris.

Aufschlussreich ist eine Rezension über Alberts Dissertation.[204] Es heißt darin:

„Ernste Forscher wie Marx, Jahn, Bulthaupt propagirten falsche Bilder seines (Salieris) künstlerischen Wesens, und die Welt nimmt ohne Prüfung an, was Autoritäten ihr sagen ... Die kleine Schrift über Salieri ist nicht ein Stück kleinlicher Gelehrtentüftelei. Jedermann, der sich für Musik interessirt, wird sie mit Nutzen und mit Vergnügen lesen. Hermann stellte einen begabten Zeitgenossen Mozart's, einen – man darf sagen – österreichischen Komponisten auf den Ehrenplatz, der ihm gebührt. Wie schade, dass es nur mit flüchtigen Strichen geschah! Die Sicherheit und der Reiz, die schon diese flüchtigen Striche haben, verrathen, was die ausgeführte Biographie Salieri's geworden wäre."

---

[203] *Druckfassung der Dissertation, S 23*
[204] *„Fremden-Blatt" vom 2.12.1897*

Albert legte seine Dissertation am 25.5.1895 dem Professoren-Collegium vor. Das zweistündige Hauptrigorosum aus „Geschichte und Aesthetik der Musik in Verbindung mit der Geschichte" und das einstündige Nebenrigorosum aus Philosophie bestand er am 4.7.1895 mit dem höchsten Kalkül. Seiner Frau Henriette, die mit den beiden Kindern in der Sommerfrische in Klein-Wien am Fuße des Stiftes Göttweig weilte, sandte er ein Telegramm mit der knappen Mitteilung: „Einstimmig mit Auszeichnung. Komme abends. Doktor Albert". Der glänzende Studienerfolg veranlasste ihn noch im Juli, um die Promotion sub auspiciis imperatoris anzusuchen.

Auch jetzt gönnte er sich keine Pause. Der „Verein zur Abhaltung akademischer Vorträge für Damen", den er mitbegründet hatte und dessen Vorstand er angehörte[205], berief ihn als „Dozenten für Musik". Er hielt dort Kurse zu den Themen „Geschichte und Ästhetik des musikalischen Dramas" und „Erklärung musikalischer Kunstwerke".

Am 11. September 1895 feierte Eduard Hanslick seinen siebzigsten Geburtstag. Albert wurde die Ehre zuteil, in der „Neuen Freien Presse" eine Laudatio zu schreiben[206]. Er benützte die Gelegenheit, um Hanslicks Bedeutung für die Musikästhetik hervorzuheben. Sein lesenswerter Aufsatz gibt einen Überblick über die Aufnahme der Schrift „Vom Musikalisch-Schönen" in der Fachwelt und würdigt auch die „Geschichte des Concertwesens in Wien" (1862) als wichtigen Beitrag zur historischen Forschung.

Viel Beifall fand Alberts Vortrag „Die vorclassischen Compositionen Goethischer Lieder und Balladen" am I. Goethe-Abend des Wiener Goethe-Vereins am 29.10.1895, drei Wochen vor seinem Tod. Es war sein letztes öffentliches Auftreten, sieht man von seiner Kurstätigkeit

---

[205] *der Verein begann seine Tätigkeit mit einer Eröffnungsfeier im Alten Rathaus am 15.10.1895, bei der Wilhelm Ritter von Hartel als Curator und Alfred Freiherr v. Berger als Präsident Ansprachen hielten. Die Singakademie unter Hermann Grädener führte einen Schubert'schen Psalm für Frauenchor auf („Neue Freie Presse" vom 15.10.1895). Die Rede von Baron Berger über „Das Weib auf der Bühne Shakespeare's" ist in der „Neuen Freien Presse" vom 16.10.1895 abgedruckt. Die Vorlesungen des Vereins fanden meist am Vereinssitz in 1010 Wien, Weihburggasse oder im Alten Rathaus statt.*

[206] *„Neue Freie Presse" vom 11.9.1895*

bei der „Damenakademie" ab. Johanna berichtet, er sei an diesem Abend sehr blass gewesen und habe über Unwohlsein und Fieber geklagt. Beim Vortrag selbst erschien er ihr nicht so ruhig und beherrscht wie bei früheren ähnlichen Anlässen. Einen Auszug aus diesem Vortrag hat Albert noch selbst zusammengestellt und dem Verein übergeben[207].

Am 8. November erhielt Albert die Nachricht von seiner Ernennung zum Ministerial-Vice-Secretär. Auch die positive Erledigung seines Gesuchs um Promotion sub auspiciis, die nur noch der formalen Bestätigung[208] bedurfte, erfüllte ihn mit Freude und Genugtuung. Es wäre die erste Sub-auspiciis-Promotion in diesem Studienfach an der Wiener Universität gewesen.

Auf dem Heimweg von einem Konzert am 12. November erkältete er sich. Da er fieberte, blieb er am Vormittag des 13. November im Bett. Gegen den Widerstand seiner Frau verließ er aber am Abend das Haus, weil er für seinen Kursabend über die Holzblasinstrumente in der „Damenakademie" vier Bläser des Strauß-Orchesters zur Demonstration ihrer Instrumente eingeladen hatte. Am nächsten Tag ging er anscheinend wiederhergestellt ins Büro, kehrte aber bald mit Schüttelfrost und Gliederschmerzen zurück und legte sich erneut zu Bett. Der Arzt konstatierte zunächst nur einen Grippeanfall, bei einem späteren Besuch hochgradige Nervosität. Drei Tage nach Ausbruch der Grippe trat eine Rippenfellentzündung dazu. Das Fieber stieg weiter an, heftiges Herzklopfen beunruhigte nun auch den Arzt, der für den nächsten Morgen einen Kollegen zur Beratung hinzuziehen wollte. Dazu kam es nicht mehr. Am 18. November 1895 um ½ 5 Uhr früh verstarb Albert ohne Todeskampf, ohne Schmerz.

Nach der feierlichen Einsegnung am 20. November 1895 in der Piaristenkirche wurde Albert auf dem Zentralfriedhof beigesetzt.

---

[207] *„Chronik des Wiener Goethe-Vereins" X. Band Nr. 1 vom 15.12.1895*
[208] *In der Sitzung des Professorencollegiums der philosophischen Fakultät der Universität Wien wurde nach dem Bericht des Dekans Albrecht Penck, der namens der Professorenkommission die Promotion sub auspiciis imperatoris empfahl, ein entsprechender einstimmiger Beschluss gefasst.*

Rückschau und Ausblick

Es scheint nur auf den ersten Blick einfach, aus der Fülle von Materialien ein umfassendes Bild vom Menschen Albert zu gewinnen. Liegt die Schwierigkeit darin, dass wir über sein Wesen stets nur Positives in den Quellen finden? Johanna, die Schwester, hat mit den „Erinnerungen" eine Biographie verfasst, die mit Herzblut geschrieben ist. Man spürt aus jeder Zeile die Liebe, mit der sie an ihrem Bruder hing. Es ist bewundernswert, mit welcher Objektivität sie dennoch ans Werk ging. Jedes an Hand von anderen Quellen überprüfbare Detail hält einer solchen Prüfung stand. Ihr Büchlein enthält darüber hinaus auch manche Beschreibungen familiären Charakters.

Wir erfahren, dass Albert ein fröhlicher, geselliger Mensch war, der schon im Kindesalter kleinere und größere Gruppen von Freunden und Bekannten aller Altersgruppen, z.B. in den Sommerfrischen, um sich scharte, um „Events" zu organisieren: musikalische Akademien, Theateraufführungen, festliche Umzüge in Phantasiekostümen, Feuerwerke. Er genoss es, wenn er bei solchen Gelegenheiten im Mittelpunkt stand. Seine Rednergabe wird immer wieder hervorgehoben. Bei allem Lerneifer kamen in seiner Studentenzeit die geselligen Veranstaltungen nicht zu kurz. Johanna betont, dass er sich auch in häuslichen Dingen als praktisch denkender Helfer erwies, der überall Hand anlegte. Nach der Familiengründung fand er trotz seines gedrängten Arbeitspensums auch noch Zeit, sich seiner Frau und seinen Kindern zu widmen.

In den zahlreichen Nachrufen wird immer wieder seine besondere Liebenswürdigkeit hervorgehoben. Neben seinen vielen Geistesgaben besaß er das unschätzbare Talent, auf die Menschen in seiner Umgebung einzugehen, ihnen Verständnis entgegenzubringen und sie für sich zu gewinnen. Sein kurzer Lebensabschnitt in Krems ist dafür ein eindrucksvolles Beispiel. Auffällig ist, dass jene Menschen, mit denen er sich freundschaftlich verband und die für sein künstlerisches und berufliches Leben Bedeutung erlangten, durch die Bank erheblich älter waren als er selbst. In mehreren Fällen erwuchs aus dem Lehrer-Schüler-Verhältnis eine Freundschaft fürs Leben, so mit Rudolf Weinwurm, in gewisser Weise wohl auch mit dem sehr viel älteren Franz Krenn, vor allem aber mit Josef Böhm. Guido Adler und Albert Gutmann, die in seiner dritten Lebensdekade bestimmend für seine Weiterentwicklung wurden, waren beinahe zehn Jahre älter als er. Insbesondere die dauerhafte Freundschaft mit dem genialen Musikforscher Guido Adler zeugt von dessen Wertschätzung für den Studienanfänger Albert.

Alberts musikalische Weltsicht wurde zunächst zweifellos vor allem von Josef Böhm geprägt. Von daher rührt sein für damalige Verhältnisse unüblich großes Verständnis für die Alte Musik, das er durch das Studium des Ambros'schen Nachlasses noch vertiefen konnte. Groß war seine Begeisterung für Wagner, dessen Werke er „Note für Note" studiert hatte, und für die musikdramatischen Ideen, die von dort ihren Ausgang nahmen. Wie sehr er Bruckner schätzte, zeigen die Zitate aus seinen Aufsätzen zum 70. Geburtstag des Meisters. Dennoch wäre es verfehlt, ihn als „Wagnerianer" abzustempeln. Er wusste stets, und je älter er wurde umso mehr, zu differenzieren und schätzte auch Musik anderer Richtungen, wenn sie nur qualitätvoll war. Sein geplantes Repertoire für die „Wiener Opernabende" ist dafür der beste Beweis. Wenn er sich in seinem Aufsatz über das Wiener Conservatorium Brahms an der Spitze dieses Instituts wünschte, werden ihm das eingefleischte Bruckner- und Wagner-Fans vielleicht übel genommen haben. Er sah in dem Parteiengezänk offenbar keinen tieferen Sinn. Anders wäre auch schwer verständlich, dass Hanslick ausgerechnet ihn für die Arbeit im Musikreferat der „Neuen Freien Presse" heranzog.

Zahlreiche Nachrufe in praktisch allen Wiener Tageszeitungen würdigten in bewegten Worten die Persönlichkeit Alberts und bedauerten den schweren Verlust für das Wiener Musikleben. Besondere Erwähnung verdient eine kurze Gedächtnisrede, die Baron Alfred Berger, der Regisseur des „Weihnachtsspiels", in der Damenakademie hielt (Berger war auch Mitglied der Prüfungskommission, vor der Albert sein Rigorosum abgelegt hatte). In seiner Ansprache heißt es:

„Durch gemeinsame Arbeit an einem künstlerischen Werke, der Erneuerung der Mysterienspiele des Mittelalters bin ich Albert nahe gekommen. Da erkannte ich ihn als einen der Seltenen, die in der Musik nicht nur Wissende sind, sondern auch Könnende. Und nur jenes Wissen hat

*in der Kunst Leben, das vom Können ausstrahlt, das nur ein Wider-
schein des Könnens ist...* "[209]

Marie Herzfeld schrieb, an anderer Stelle war davon bereits die Rede,
in der Zeitschrift „Wiener Mode" eine Rezension über die „Erinnerungen" von Johanna. Die folgenden Passagen beschreiben sehr treffend
das Wesen von Alberts Persönlichkeit:

*„Man ist von der Oeffentlichkeit rasch vergessen, wenn man in so
jungen Jahren von dannen geht. Die Spur, die man in's Leben grub,
war nicht lang noch tief genug. ... [Albert] verband eine große
Empfänglichkeit für neue Ideen mit ausdauerndem Feuer, einen leiden-
schaftlichen Trieb, zu wirken, mit organisatorischem Talent. An zehn
Punkten zugleich griff er an, bald eigenen, bald fremden Impulsen
gehorsam. Er war Beamter, Musiker, Kritiker, Lehrer; doch immer
wollte er anregen, aufbauen, neu gestalten, organisiren. Das war den
Eingeweihten wohl bewusst, – nicht allzu Vielen; denn Albert's
Bescheidenheit war groß. Nicht seine Person, was zu leisten war, stand
ihm voran... Herr v. Hermann war Mitarbeiter verschiedener Blätter,
ja, er erlebte den Triumph, dass Hofrath Professor Hanslick – in vielen
Ansichten ein principieller Gegner – sich an ihn wendete und in stei-
gendem Maße ihm die Concertberichterstattung für die „Neue Freie
Presse" übertrug. ... Obendrein war er radical, ultraradical, wie alle
Jugend, die etwas taugt, Wagner und Bruckner und die großen strengen
Alten. Ueberdies nur die Unbekannten und die Verkannten. Doch bald
gohr [sic!] der junge Wein sich hell. Die Jüngsten und die Aeltesten
rückten in Albert's Schätzung sachte auf den Platz, der ihnen gebührte.
Brahms wuchs ihm jedes Jahr höher empor ..."*

Für die Familie war Alberts plötzlicher Tod *„ein Blitzschlag, der alle
meine Hoffnungen für das Leben, das mir noch beschieden sein kann,
grausam vernichtet hat"*.[210] Zu der Trauer um den Verstorbenen gesell-
ten sich wirtschaftliche Probleme. Alois setzte sich im Unterrichtsministerium dafür ein, dass die verzweifelte Witwe, die ohne das geringste
eigene Vermögen einer düsteren Zukunft entgegen ging, die sehr

---

[209] *„Fremden-Blatt",* 23.12.1895
[210] *Alois Hermann, Memoiren*

geringe staatliche Pension von jährlich 350 Gulden und aus kaiserlicher Gnade eine Pensionszulage von jährlich 70 Gulden für sich und die Kinder erhielt. Alois selbst sicherte ihr aus seiner Pension und „höchst minimalen Ersparnissen einen Subsistenzbeitrag von jährlich 600 Gulden" bis zu seinem Lebensende zu. In Wien konnte sie damit nicht leben, daher übersiedelte sie im Mai 1896 nach Krems. Dort fand sie bei den Verwandten ihrer Mutter, die ihr aber „keine materielle Beihilfe" bieten konnten, bleibenden Aufenthalt.

„Dass ich und die Meinen von den Hinterbliebenen unseres Sohnes uns räumlich trennen müssen, ist nach dem Tode unseres Sohnes der größte Schlag, den wir beim besten Willen nicht abwenden können. Festes Gottvertrauen ist unser einziger Trost."[211]

Abbildung 33: Alois mit den Enkeln Wilhelm und Walter

Die einst so glückliche Familie löste sich endgültig auf. Johanna und ihr Mann Otto waren bereits nach ihrer Heirat 1893 in eine Wohnung in der Lederergasse 5 gezogen, später wohnten sie bis zum Tod Johannas in der Hegelgasse 7. Nur Tona blieb bei ihren Eltern in der Oppolzergasse 4.

Alois Hermann starb am 30.6.1903, wenige Tage nach seinem 80. Geburtstag, in der Sommerfrische in Küb, Gemeinde Payerbach. Mutter und Tochter wohnten weiterhin in der Oppolzergasse 4, für Tona

---

[211] *Alois Hermann, Memoiren*

war dies die erste Station ihres langen Berufslebens als „Konzert-sängerin und Musiklehrerin".[212]

Abbildung 34: Tona 1917

Sie heiratete nicht. Nach dem Tod der Mutter am 25.5.1909 übersiedelte sie in die Universitätsstraße 10 und behielt diesen Wohnsitz bis zu ihrem Tod. Sie starb am 15.2.1969 im 98. Lebensjahr.

---

[212] *Eintrag im „Lehmann" von 1906*

Johanna und Tona hatten keine Kinder. Ihr Lebensinhalt war die Musik. Johanna konnte sich unbelastet von finanziellen Sorgen dem Komponieren und später ihrer Lehrtätigkeit am Neuen Wiener Konservatorium widmen, Tona gab aus gesundheitlichen Gründen ihren Plan einer Laufbahn als Sängerin auf und machte als international sehr angesehene Gesangspädagogin Karriere.

Die Erkenntnisse, die sie aus ihrer Lehrtätigkeit gewann, fanden Niederschlag in ihren pädagogischen Schriften:

„Textetüden zur Vorbereitung für das deutsche Lied" für Gesang und *Klavier* (Universal-Edition 1915),

„Grammatik des Singens", eine *theoretisch-praktischen Stimmbildungslehre* (Universal-Edition 1929) und

„Das Singen mit Text" (Akademische Druck- und Verlagsanstalt Graz 1955).

Bei der Universal-Edition erschienen 1925 eine von ihr revidierte Auflage der „Kunst der Kehlfertigkeit" von B. Lütgen und 1941 je drei Lieder op. 9 und op. 10 über eigene Gedichte. Eine Sammlung von Gedichten und Aphorismen mit dem Titel „Lebenstag" veröffentlichte sie 1937 im Selbstverlag.

Den Werdegang von Johanna hat unter Bedachtnahme auf die gesellschaftlichen Rahmenbedingungen die Musiksoziologin Ann-Kathrin Erdèlyi in ihrer Diplomarbeit „Johanna Müller-Hermann. Leben und Werk einer Wiener Komponistin", Wien, Juni 1995, dargestellt. Einige wenige Kompositionen, darunter ihr Streichquartett, die Orchesterwerke „Heroische Ouverture" und „Brand", sowie eine Cellosonate sind bisher auf CD erschienen.

Abbildung 35: Johanna um 1900

Nach dem Tod Johannas bemühte sich Tona in der langen Lebenszeit, die ihr noch beschieden war, die Erinnerung an Johanna durch Aufführungen ihrer Werke, vor allem der zahlreichen Lieder, wach zu halten.

Bis ins hohe Alter erteilte Tona Schülern aus aller Welt Gesangsunterricht. Sie galt als Spezialistin für Stimmkorrekturen. Hunderte Anerkennungs- und Glückwunschschreiben, die sie penibel gesammelt und aufbewahrt hat, geben davon Zeugnis. Manches davon befindet sind im Familiennachlass, in der Nationalbibliothek wird ihr künstlerischer Nachlass aufbewahrt. Alle diese Unterlagen zu sichten und daraus eine Beschreibung ihres Lebens und Wirkens zu formen, könnte eine Aufgabe für die Zukunft sein.

Quellenverzeichnis

Briefwechsel von Friedrich und Johanna von der Decken 1837 bis 1847

Briefe von Aloys Hermann an Antonia von der Decken 1862/1863

Adelsarchiv Schwarzenberg in Trebon, Staatliche Regionale Archive

„Nachlass Aloys Ritter von HERMANN" im Österreichischen Staatsarchiv

Bruchstücke von Memoiren von Tona von Hermann

„Geschichte der Rossatzer Schiffmeisterfamilie Herzog", Manuskript von Wilhelm Herzog, 1982

Stammtafeln der Familie von der Decken

Jahresberichte der Wiener Singakademie 1891–92, 1893–94, 1895–96

Konzertarchiv der Wiener Singakademie, online

„Chronik des Wiener Goethe-Vereins" X. Band Nr.1 vom 15.12.1895

Rezensionen und Artikel in diversen Wiener und internationalen Zeitungen, im Text soweit möglich jeweils genauer bezeichnet.

Literaturverzeichnis

„A.W.Ambros' musikalischer Nachlass": in „Musica Sacra", 10. Jahrgang 1877, Heft 7 S. 77

„Aloys Ritter von Hermann": A.Ch.Jessen in „Neue pädagogische Blätter" Jg. 1891, Nr. 3

Adler, Guido: August Wilhelm Ambros, in Neue Österreichische Biographie, Wien 1931 Abt. 1 Band 7 S 33

Antonicek, Theophil: Kurze Geschichte der DTÖ in www.dtoe.at

Antonicek, Konrad/Hermann, Erich: „Albert Ritter von Hermann" in http://www.dtoe.at/Infos/Hermann.php

Arnbom, Marie-Theres: „Friedmann, Gutmann, Lieben, Mandl, Strako-sch. Fünf Familienporträts aus Wien vor 1938", Böhlau, Wien, 2002

Arnbom, Marie-Theres: „Wiener Singakademie hundertfünfzig"

Eisenberg, Ludwig: Das geistige Wien: Künstler- und Schriftsteller-Le-xikon /hrsg. von Ludwig Eisenberg und Richard Groner. – Wien, 1889–1893

Erdèlyi, Ann-Kathrin: „Johanna Müller. Leben und Werk einer Wiener Komponistin", Diplomarbeit Wien, 1995

Gutmann, Albert: „Volksconcerte in Wien. Vorschläge zur Bildung ei-nes Concertorchesters", Wien, undatiert

Gutmann, Albert: „Aus dem Wiener Musikleben", Wien, k. u. k. Hof-musikalienhandlung Albert Gutmann, 1914

Hermann, Albert: „Zum 70. Geburtstage Anton Bruckner's" in „Musi-kalische Rundschau" vom 1.9.1894, Nummer 16

Hermann, Albert: Zum Thema Konservatorium der Gesellschaft der Musikfreunde: „Neue Musikalische Presse" (vormals „Internationale Musik-Zeitung", IV.Jg. (1895) Nr.6 ff.

Hermann, Albert: „Antonio Salieri. Eine Studie zur Geschichte seines künstlerischen Wirkens", Verlag von Adolf Robitschek, Wien, 1897

Herzfeld, Marie: „Albert v.Hermann, ein Wiener Musiker" in „Wiener Mode X., Heft 3 (1896)

Hirschfeld, Dr.Robert: „Von der Musikwissenschaft", in „Neue musi-kalische Presse" 1896, Nr. 47,

Hörmannseder, Eva Maria: „ Schulbildung zwischen Politik und Reali-tät", Diplomarbeit 2013,

Huber, Kurt Augustinus, Bahlke Joachim: Katholische Kirche und Kul-tur in Böhmen; Lit-Verlag, 2005

Jetschgo, Johannes: Schlösser in Böhmen, Reisereportagen und Fami-liengeschichten Linz, Landesverlag, 1996

Mantuani, Josef: Prof. Josef Böhm, Abriss seines Lebens und Wirkens, Wien, 1895

Müller, Johanna, geb. von Hermann: „Erinnerungen an Albert von Hermann", Wien 1896, Hölder.

Rostek, Viktor: „Wer war eigentlich Prof.Dr.Johann Karl Christian Kuh?" in MINOR, die Heimat- und Bürgerzeitung der Deutschsprachigen im Hutschiner Ländchen und Umgebung Nr. I/03

Schneider, Siegmund: Bericht der Referenten des Musikcomités Albert Gutmann und Albert Hermann: Die Internationale Ausstellung für Musik- und Theaterwesen in Wien, 1892

Steiner, Rudolf: „Monsignore Greuter", Erstveröffentlichung: „Deutsche Wochenschrift 1888, VI. Jahrgang, Nr. 26 (GA 31, S. 127–129)

Šubert, Frantisek Adolf: Das böhmische National-Theater in der ersten Internationalen Musik- und Theater-Ausstellung zu Wien im Jahre 1892 . – Prag, Verl. d. Nationaltheater-Consortiums , 1892

Thonhauser, Josef: Hermann, Johann Ritter von. In: Neue Deutsche Biographie (NDB). Band 8. Duncker & Humblot, Berlin 1969, S. 659 f.

Tragl, Karl Heinz: Chronik der Wiener Krankenanstalten, Böhlau, Wien, 2007

Tscherne, Werner: Unerwartete Folgen des Reichsvolksschulgesetzes, Mitteilungen 47 des Landesarchivs Steiermark, 1996

Weinzierl, Erika: "Helfert, Joseph Freiherr von" in: Neue Deutsche Biographie 8 (1969), S. 469–470 [Online-Version]

Wiatr, Marcin: „Oberschlesien und sein kulturelles Erbe", V&R unipress GmbH, Göttingen, 2016

297

Genealogische Übersicht

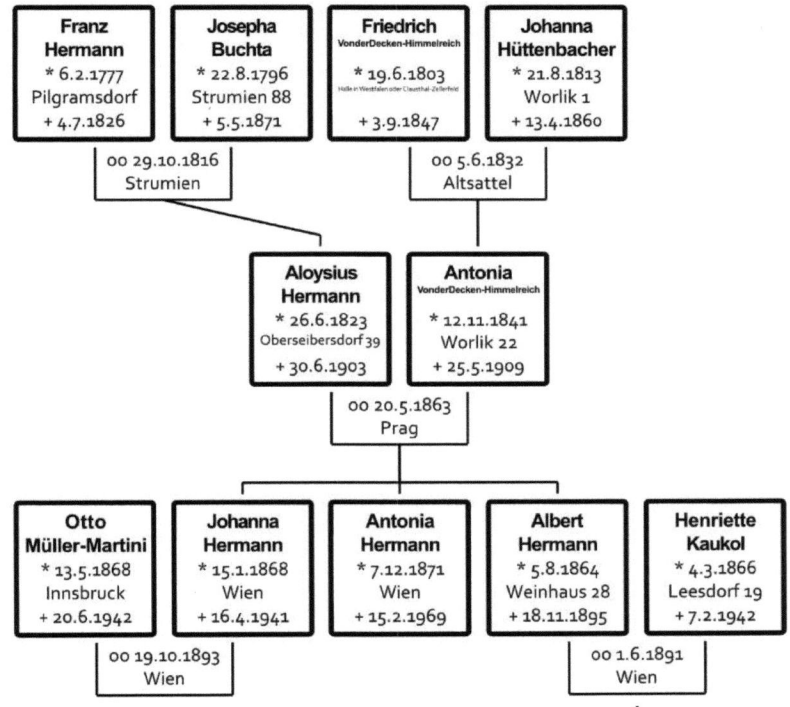

Abbildungsnachweis

Familienbesitz: 1–3, 5, 6, 9–15, 18, 19, 21–25, 27, 29–35

Fremd: 4, 8, 16, 20, 26, 28 gemeinfrei wikipedia

7 Lodygowice wikipedia; © Gower

17 Josef Böhm dtoe